中国国情调研丛书·企业卷
China's national conditions survey Series · **Vol enterprises**
主　编　陈佳贵
副主编　黄群慧

国网浙江省电力公司考察
——全面社会责任管理引领者

Study of State Grid Zhejiang Electric Power Company:
The Pioneer of Total CSR Management

黄速建　肖红军　王　欣　等 / 著

经济管理出版社
ECONOMY & MANAGEMENT PUBLISHING HOUSE

图书在版编目（CIP）数据

国网浙江省电力公司考察：全面社会责任管理引领者/黄速建，肖红军，王欣等著.
—北京：经济管理出版社，2017.3
ISBN 978 - 7 - 5096 - 5036 - 3

Ⅰ.①国…　Ⅱ.①黄…　②肖…　③王…　Ⅲ.①电力工业—企业责任—社会责任—
浙江　Ⅳ.①F426.61

中国版本图书馆 CIP 数据核字（2017）第 050106 号

组稿编辑：张永美
责任编辑：王格格　胡　茜　范美琴
责任印制：黄章平
责任校对：超　凡　王纪慧

出版发行：经济管理出版社
　　　　　（北京市海淀区北蜂窝 8 号中雅大厦 A 座 11 层　100038）
网　　　址：www. E - mp. com. cn
电　　　话：（010）51915602
印　　　刷：玉田县昊达印刷有限公司
经　　　销：新华书店
开　　　本：720mm×1000mm/16
印　　　张：22.25
字　　　数：375 千字
版　　　次：2017 年 3 月第 1 版　　2017 年 3 月第 1 次印刷
书　　　号：ISBN 978 - 7 - 5096 - 5036 - 3
定　　　价：68.00 元

国网浙江省电力公司考察
国情调研项目课题组

课 题 负 责 人：黄速建　　肖世杰　　陈安伟

课 题 研 究 设 计：黄速建　　余兆忠　　董毓华

课 题 报 告 总 撰：黄速建　　余兆忠　　董毓华

课 题 组 成 员：肖红军　　刘建丽　　王　欣　　李先军

程俊杰　　张　哲　　赵　欣　　胡叶琳

胡加明　　汪华强　　王楚东

《中国国情调研丛书·企业卷·乡镇卷·村庄卷》

序　言

　　为了贯彻党中央的指示，充分发挥中国社会科学院思想库和智囊团的作用，进一步推进理论创新，提高哲学社会科学研究水平，2006年中国社会科学院开始实施"国情调研"项目。

　　改革开放以来，尤其是经历了近30年的改革开放进程，我国已经进入了一个新的历史时期，我国的国情发生了很大变化。从经济国情角度看，伴随着市场化改革的深入和工业化进程的推进，我国经济实现了连续近30年的高速增长。我国已经具有庞大的经济总量，整体经济实力显著增强，到2006年，我国国内生产总值达到了209407亿元，约合2.67万亿美元，列世界第四位；我国的经济结构也得到了优化，产业结构不断升级，第一产业产值的比重从1978年的27.9%下降到2006年的11.8%，第三产业产值的比重从1978年的24.2%上升到39.5%；2006年，我国实际利用外资为630.21亿美元，列世界第四位，进出口总额达1.76万亿美元，列世界第三位；我国人民生活水平不断改善，城市化水平不断提升。2006年，我国城镇居民家庭人均可支配收入从1978年的343.4元上升到11759元，恩格尔系数从57.5%下降到35.8%，农村居民家庭人均纯收入从133.6元上升到3587元，恩格尔系数从67.7%下降到43%，人口城市化率从1978年的17.92%上升到2006年的43.9%以上。经济的高速发展，必然引起国情的变化。我们的研究表明，我国的经济国情已经逐渐从一个农业经济大国转变为一个工业经济大国。但是，这只是从总体上对我国经济国情的分析判断，还缺少对我国经济国情变化分析的微观基础。这需要对我国基层单位进行详细的分析研究。实际上，深入基层进行调查研究，坚持理论与实际相结合，由此制定和执行正确的路线方针政策，是我们党领导革命、建设和改革的基本经验和基本工作方法。进行国情调研，也必须深入基层，只有深入基层，才能真正了解我国国情。

为此，中国社会科学院经济学部组织了针对我国企业、乡镇和村庄三类基层单位的国情调研活动。据国家统计局的最近一次普查，到 2005 年底，我国有国营农场 0.19 万家，国有以及规模以上非国有工业企业 27.18 万家，建筑业企业 5.88 万家；乡政府 1.66 万个，镇政府 1.89 万个，村民委员会 64.01 万个。这些基层单位是我国社会经济的细胞，是我国经济运行和社会进步的基础。要真正了解我国国情，必须对这些基层单位的构成要素、体制结构、运行机制以及生存发展状况进行深入的调查研究。

在国情调研的具体组织方面，中国社会科学院经济学部组织的调研由我牵头，第一期安排了三个大的长期的调研项目，分别是"中国企业调研"、"中国乡镇调研"和"中国村庄调研"。"中国乡镇调研"由刘树成同志和吴太昌同志具体负责，"中国村庄调研"由张晓山同志和蔡昉同志具体负责，"中国企业调研"由我和黄群慧同志具体负责。第一期项目时间为三年（2006～2009 年），每个项目至少选择 30 个调研对象。经过一年多的调查研究，这些调研活动已经取得了初步成果，分别形成了《中国国情调研丛书·企业卷》、《中国国情调研丛书·乡镇卷》和《中国国情调研丛书·村庄卷》。今后，这三个国情调研项目的调研成果还会陆续收录到这三卷书中。我们期望，通过《中国国情调研丛书·企业卷》、《中国国情调研丛书·乡镇卷》和《中国国情调研丛书·村庄卷》这三卷书，能够在一定程度上反映和描述在 21 世纪初期工业化、市场化、国际化和信息化的背景下，我国企业、乡镇和村庄的发展变化。

国情调研是一个需要不断进行的过程，以后我们还会在第一期国情调研项目基础上将这三个国情调研项目滚动开展下去，全面持续地反映我国基层单位的发展变化，为国家的科学决策服务，为提高科研水平服务，为社会科学理论创新服务。《中国国情调研丛书·企业卷》、《中国国情调研丛书·乡镇卷》和《中国国情调研丛书·村庄卷》这三卷书也会在此基础上不断丰富和完善。

陈佳贵

中国社会科学院副院长、经济学部主任

2007 年 9 月

《中国国情调研丛书·企业卷》

序　言

　　企业是我国社会主义市场经济的主体，是最为广泛的经济组织。要对我国经济国情进行全面深刻的了解和把握，必须对企业的情况和问题进行科学的调查和分析。深入了解我国企业生存发展的根本状况，全面把握我国企业生产经营的基本情况，仔细观察我国企业的各种行为，分析研究我国企业面临的问题，对于科学制定国家经济发展战略和宏观调控经济政策，提高宏观调控经济政策的科学性、针对性和可操作性，具有重要的意义。另外，通过"解剖麻雀"的典型调查，长期跟踪调查企业的发展，详尽反映企业的生产经营状况、改革与发展情况、各类行为和问题等，也可以为学术研究积累很好的案例研究资料。

　　基于上述两方面的认识，中国社会科学院国情调查选择的企业调研对象，是以中国企业及在中国境内的企业为基本调查对象，具体包括各种类型的企业，既包括不同所有制企业，也包括各个行业的企业，还包括位于不同区域、具有不同规模的各种企业。所选择的企业具有一定的代表性，或者是在这类所有制企业中具有代表性，或者是在这类行业中具有代表性，或者是在这个区域中具有代表性，或者是在这类规模的企业中具有代表性。我们期望，通过长期的调查和积累，中国社会科学院国情调查之企业调查对象，逐步覆盖各类所有制、各类行业、不同区域和规模的代表性企业。

　　中国社会科学院国情调查之企业调查的基本形式是典型调查，

针对某个代表性的典型企业长期跟踪调查。具体调查方法除了收集查阅各类报表、管理制度、文件、分析报告、经验总结、宣传介绍等文字资料外，主要是实地调查，实地调查主要包括进行问卷调查、会议座谈或者单独访谈、现场观察写实等方式。调查过程不干扰企业的正常生产经营秩序，调查报告不能对企业正常的生产经营活动产生不良影响，不能泄露企业的商业秘密，"研究无禁区，宣传有纪律"，这是我们进行企业调研活动遵循的基本原则。

中国社会科学院国情调查之企业调查的研究成果主要包括两种形式：一是内部调研报告，主要是针对在调查企业过程中发现的某些具体但具有普遍意义的问题进行分析的报告；二是全面反映调研企业整体情况、生存发展状况的长篇调研报告。这构成了《中国国情调研丛书·企业卷》的核心内容。《中国国情调研丛书·企业卷》的基本设计是，大体上每一家被调研企业的长篇调研报告独立成为《中国国情调研丛书·企业卷》中的一册。每家企业长篇调研报告的内容，或者说《中国国情调研丛书·企业卷》每册书的内容，大致包括以下相互关联的几个方面：一是关于企业的发展历程和总体现状的调查，这是对一个企业基本情况的大体描述，使人们对企业有一个大致的了解，包括名称、历史沿革、所有者、行业或主营业务、领导体制、组织结构、资产、销售收入、效益、产品、人员等；二是有关企业生产经营的各个领域、各项活动的深入调查，包括购销、生产（或服务）、技术、财务与会计、管理等专项领域和企业活动；三是关于企业某个专门问题的调查，例如企业改革问题、安全生产问题、信息化建设问题、企业社会责任问题、技术创新问题、品牌建设问题，等等；四是通过对这些个案企业的调查分析，引申出这类企业生存发展中所反映出的一般性的问题、理论含义或者其他代表性意义。

中国正处于经济高速增长的工业化中期阶段，同时中国的经济发展又是以市场化、全球化和信息化为大背景的，我们期望通过

《中国国情调研丛书·企业卷》，对中国若干具有代表性的企业进行一个全景式的描述，给处于市场化、工业化、信息化和全球化背景中的中国企业留下一幅幅具体、生动的"文字照片"。一方面，我们努力提高《中国国情调研丛书·企业卷》的写作质量，使这些"文字照片"清晰准确；另一方面，我们试图选择尽量多的企业进行调查研究，将始于 2006 年的中国社会科学院国情调研之企业调研活动持续下去，不断增加《中国国情调研丛书·企业卷》的数量，通过更多的"文字照片"来全面展示处于 21 世纪初期的中国企业的发展状况。

黄群慧

中国社会科学院经济学部工作室主任

2007 年 9 月

目 录

总论　全面社会责任管理引领者

承担社会责任和全面社会责任管理是国际一流企业成长和管理的新要求，也是贯彻和落实"五大发展理念"，主动转变公司和电网发展方式，加快建设世界一流电网、国际一流企业，充分发挥中央企业责任表率作用，引领中国企业社会责任持续健康发展的战略举措。国网浙江省电力公司（以下简称"国网浙江电力"或"公司"）是国家电网公司（以下简称"国网公司"）全资公司，在国网公司推进全面社会责任试点的过程中，主动探索和积极创新，形成全面社会责任管理引领企业成长的新模式，并取得了显著的进展和成效。

一、国网浙江电力实施全面社会责任管理的重要意义

在国际一流企业推进社会责任管理的大潮下，在国网公司推进全面社会责任管理试点的背景下，国网浙江电力将全面社会责任管理与企业经营管理工作全面、深度融合，并希望通过全面社会责任管理为更好地服务浙江经济社会发展和创建一流电网公司做出卓越贡献。

（一）实施全面社会责任管理是落实国网公司社会责任工作部署的需要

国网公司作为全面社会责任管理的开拓者和先行者，自 2006 年发布了中国首份企业社会责任报告之后，不断推进企业的全面社会责任管理试点。2008 年，国网公司开始了全面社会责任管理总部和省级公司试点，并于 2009 年选择推进市县级供电企业试点，2012 年要求每一家省公司确定一家地市级供电企业作为国家电网公司的全面社会责任管理试点，要求试点单位深入开展"15333"工程，即制定和实施"一个"可持续发展战略，推动社会责任管理融入和服务"五大"体系建设，推动决策管理、流程管理和绩效管理"三项"基础管理融合社会责任管理理念，开展"三项"社会责任管理专项工作和系统梳理"三方面"全面社会责任管理创新成果。2014 年，国网公司

开始探索社会责任根植项目制，选择公司工作或业务，应用项目管理方法，坚持问题导向、价值导向、变化导向、特色导向、品牌导向，以社会责任理念促进提质增效，打造出一批具有示范效应、可借鉴、可推广、可传播的优秀成果。按照国网公司全面社会责任管理的战略部署，国网浙江电力在国网嘉善供电公司和国网嘉兴供电公司全面社会责任管理试点的基础上积极探索，将全面社会责任管理理念和模式进一步延伸，推进企业全面社会责任管理在全公司开展，正是对国家电网推进全面社会责任管理的积极响应。

（二）实施全面社会责任管理是适应国际一流企业社会责任管理新趋势的需要

随着可持续发展理念影响力的不断扩大，企业对社会责任的认知和实践都发生了巨大的变化，全面社会责任管理已成为企业探寻新的管理方式和价值创造方式的重要选择。首先，世界一流企业对企业社会责任的认知已发生了根本性的转变。企业履行社会责任不仅是为了提升企业形象和塑造品牌声誉，也不仅是为了对利益相关方的响应和社会压力的回应，而是对传统发展模式的创新发展，是将企业的经济目标与社会发展目标和环境目标有机融合，是实现综合价值最大化的重要途径。其次，世界一流企业通过实践创新，不断创新企业履行社会责任的方式和模式，并已取得了切实的成效。世界一流企业普遍将企业全面社会责任管理作为推动企业制度创新、管理创新和业务创新的重要动力，通过"全员参与、全过程覆盖、全方位融合"，在企业决策、制度流程、业务运营、日常管理、运行机制和企业文化中贯彻落实社会责任管理理念，通过透明和道德的企业行为，有效管理企业决策和活动对利益相关方、社会和自然环境的影响，推进企业的可持续发展。国网浙江电力实施全面社会责任管理，是响应国际一流企业社会责任管理的趋势，培育动态竞争能力和探寻新的价值创造模式和发展模式的必然选择。

（三）实施全面社会责任管理是更好地服务浙江经济社会发展的需要

第二次工业革命以来，电力在能源体系中的核心地位不断提升，在当前新一轮工业革命和互联网革命的背景下其地位更为凸显。国网浙江电力是国家电网公司的全资公司，是浙江省重要的国有能源骨干企业和公共服务企业，承担着建设、运营、发展浙江电网的重要使命。随着浙江省经济社会的快速发展，电力的需求和消费方式发生了显著变化，这对作为核心能源供应企业的国网浙江电力提出了新的要求。在浙江省高水平全面建成小康社会，建设物质富裕精神富有现代化浙江，建设美丽浙江，创造美好生活战略目标指引下，公司将全面社会责任管理融入电网建设、运营和发展过程中，可以更好地服务于浙江省经济社会发展。第一，国网浙江电力以实现"两个率先"，创建"两个一流"为目标，转变电网发展方式和公司发展方式，以推进浙江"两富"、"两美"为己任，主动融入和服务"一带一路"、"中国制造2025"、长江经济带战略。第二，通过特高压电网建设接入外部的清洁能源，可以有效改善浙江省电力供给结构，缓解浙江省电力供应紧张的局面，并推动浙江能源结构清洁化，满足浙江经济社会可持续发展要求。第三，通过助力新能源和分布式能源发展以及不断推进的电能替代工程，改善浙江省的电力消费结构，并更好地满足用户多样化和差异化能源需求，进一步助推浙江省能源消费的清洁化，服务浙江清洁能源示范省建设。第四，提升普遍服务和优质服务水平，构建和谐供用电环境。第五，积极应对全球气候变化，促进产业和社会节能减排。持续推进全面社会责任管理，提升履责能力，促进浙江经济社会发展更健康、社会更和谐、生活更美好。

（四）实施全面社会责任管理是实现建设"四个更好"电网公司的需要

在"奉献清洁能源，建设和谐社会"使命的指引下，在"建设世界一流电网，建设国际一流企业"愿景的引导下，作为国网公司系统综合实力较强的省级电网公司，同时也作为浙江省内最重要的能源企业之一，国网浙江电力将始终秉持浙江精神，按照"干在实处、走在前列、勇立潮头"的新要求，把浙江公司打造成为供电更可靠、服务更优质、运营更高效、环境更友好的现代公司（简称"四个更好"），实现率先引领、率先发展，在国网公司系统内成为"两个一流"的标杆。实施全面社会责任管理，是国网浙江电力培育新的竞争力、创新管理模式、创新价值创造方式和提升企业绩效的必然选择。第一，全面社会责任管理将利益相关方管理整合到企业的经营管理过程中，是对原有企业主导的发展模式的创新，构建起基于利益相关方的多方共赢的企业生态圈，促进国网浙江电力从基于资源和比较优势的核心竞争力朝着基于动态能力的核心竞争力发展。第二，全面社会责任管理是将社会责任融入企业决策、制度流程、业务运营、日常管理、运行机制和企业文化中，采用的是全员参与、全过程覆盖和全方位融合的管理模式，它对于创新公司现有管理模式具有重要的现实意义。第三，以"发现价值、创造价值、传播价值、提升价值"为手段的全面社会责任管理，有助于全面提升公司综合价值创造能力，促进公司发展与利益相关方和社会各界诉求"最大公约数"的持续增加，最大限度赢得利益相关方和社会对公司的利益认同、情感认同、价值认同，全面提升"国家电网"公司品牌的知名度、认知度、美誉度和卓越水平，为公司可持续发展和电网科学发展创造良好的内外部环境。第四，全面社会责任管理以追求经济、社会和环境的综合价值最大化为目标和准则，国网浙江电力引入全面社会责任管理理念和方式，可促进公司长期可持续发展和绩效提升。

二、国网浙江电力全面社会责任管理的探索与创新

国网浙江电力深入贯彻落实国家电网公司对推进社会责任工作的系列部署，立足浙江电网实际，紧密围绕服务浙江省经济社会创新发展、协调发展、绿色发展、开放发展、共享发展的要求，以可持续发展为核心，以"发现价值、创造价值、传播价值、提升价值"为手段，深入实施全面社会责任管理，努力实现社会责任在各层级、各单位、各专业、各岗位的"全员参与、全过程覆盖、全方位融合"。国网浙江电力在全民社会责任管理方面不断探索，并形成了极具领先意义的管理模式，实现自身在全面社会责任管理领域的标杆地位。

（一）探索历程

自 2006 年以来，国网浙江电力高度重视社会责任工作，在国网公司系统内部开展了一系列具有领先意义的社会责任管理实践，并通过实践总结与理论研究推进社会责任工作的持续改进，奠定了其在国网公司系统和国内全面社会责任管理领先者的地位。总体来看，国网浙江电力全面社会责任管理的探索大致经历了四个阶段。

第一阶段：导入起步阶段（2006～2008 年）。在国家电网公司的指导和带动下，国网浙江电力主动导入社会责任理念，建立社会责任组织机构，率先发布社会责任报告，成为国家电网系统和浙江省企业中的社会责任先行者。基于系统的理论学习和充分的调查研究，国网浙江电力结合浙江当地特色和自身实际情况，明确了公司社会责任推进工作的总体思路，为此后深入推进社会责任工作奠定了坚实的基础。

第二阶段：试点探索阶段（2009～2013 年）。在导入起步阶段奠定良好社会责任工作基础之上，国网浙江电力积极组织各级公司争取成为国家电网

公司试点单位。2009 年 10 月，国网嘉善供电公司成为国家电网公司唯一一家县级试点，这是国家电网公司全面社会责任管理试点工作落到基层的关键一步。2012 年 6 月，国网嘉兴供电公司再次被批准为国家电网公司地市级试点。除两家全面试点单位以外，国网浙江电力还选择国网杭州供电公司和国网宁波供电公司作为专业试点。国网浙江电力通过"自下而上"的试点探索，以及试点经验的总结和推广，奠定了扎实的基层社会责任工作基础，很好地践行了"全员参与、全过程融合、全方位覆盖"的全面社会责任管理模式。

第三阶段：全面根植阶段（2014~2015 年）。国网浙江电力在总结试点经验的基础上，以全面社会责任管理导则 CSR26000E 为指导，启动了社会责任全面根植工作，旨在将社会责任理念融入公司运营和日常管理的全过程。与此同时，公司不断深化社会责任管理工作，在持续发布社会责任报告和白皮书、推动优秀成果转化的同时，积极探索创新社会责任管理方法和工具，如国网义乌供电公司探索构建员工社会责任管理体系，国网嘉善供电公司创新社会责任沟通方式等。通过社会责任全面根植，国网浙江电力在国家电网系统内多项标杆评比中名列前茅。此外，公司作为浙江省企业社会责任促进会的副会长单位，对浙江省其他企业做出了很好的示范，发挥了重要的引领和表率作用。

第四阶段：系统提升阶段（2016 年以来）。2016 年以来，国网浙江电力研究制定了公司中长期社会责任战略规划，并将社会责任战略写入公司总体战略，由此进入了全面社会责任管理的系统部署和全面提升阶段。同年，公司开始筹备社会责任示范基地，加快推进社会责任根植示范"四地"建设，即：建设成为社会责任理念的传播地、社会责任根植项目的孵化地、履责实践和社会化表达的展示地、社会责任管理的推广地。此外，公司进一步扩大全面社会责任管理的广度和深度，增加了 6 家地市（县）公司作为全面社会责任管理试点单位，从而实现社会责任在各层级、各单位、各专业、各岗位的"全员参与、全过程覆盖、全方位融合"。站在新的起点上，国网浙江电力将以更广阔的视野，树立更高远的目标，为浙江省经济社会发展做出更大贡献，引领社会责任运动的新潮流。

（二）模式创新

经过十余年的探索与创新，国网浙江电力形成了具有领先意义的全面社会责任管理模式（如图 0-1 所示）。在全面社会责任管理过程中，国网浙江电力注重机制构建，培育全面社会责任管理动力，以明确社会责任内容确定公司的社会责任定位，以构建有效的治理体系促进社会责任治理完善，以强化沟通管理促进全面社会责任管理的公开透明，以能力建设夯实全面社会责任管理的能力基础，以管理、专业、班组和岗位融合促进社会责任与经营管理的全面融合，以完善科学的绩效管理体系助推社会责任的改进和提升。国网浙江电力创新了企业实施全面社会责任管理的实践与理论，并形成独具特色的全面社会责任管理的"浙江经验"和"浙江模式"，助力扩大"国家电网"的品牌影响。

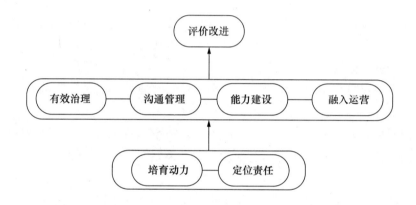

图 0-1 国网浙江电力全面社会责任管理模式

资料来源：作者绘制。

1. 社会责任动力机制——培育动力

国网浙江电力深刻认识到，只有培育良好的社会责任动力机制，才能赋予社会责任管理和实践源源不断的动力，从而促使全面社会责任管理工作常态化，最终实现企业自身发展与全社会价值创造的和谐统一。公司的社会责任动力主要来自两个方面：一方面是社会责任内生动力，主要是公司使命、愿景、企业精神和发展战略的引领和驱动；另一方面是社会责任外生动力，包括能源结构优化、经济转型升级、深化体制改革以及浙江经济社会建设等多重要求。①国网浙江电力履行社会责任最根本的内生动力，来源于公司对自身定位的清醒认识，尤其是在国家电网公司统一的企业文化和发展战略指导下，公司更加明确了履行社会责任的深刻意义。与此同时，积极履行社会责任，也是公司提升管理和经营质量、树立良好社会形象的重要途径。在履行社会责任的同时，公司也赢得了利益相关方的广泛认可，获得了良好的社会声誉，维护了负责任央企的品牌形象，对公司内质外形建设发挥了重要的支撑作用。②国网浙江电力履行社会责任的动机，也来源于多个方面的外在要求。第一，我国各级政府部门发布了一系列督促企业履行社会责任的政策文件，一些地方还出台了相应的考核评价体系，对企业履行社会责任起到了积极的促进作用；第二，新一轮电力体制改革和国资国企改革的步伐明显加快，对处于自然垄断行业的国网浙江电力产生了一定的压力和挑战；第三，浙江省委、省政府提出"两富"、"两美"浙江建设的战略目标，国网浙江电力作为一家传统能源行业的中央企业，也面临着浙江经济社会发展的新要求；第四，从国内外企业社会责任发展趋势来看，随着ISO26000国际标准的发布和国际社会责任组织的壮大，履行社会责任成为国网浙江电力建设"国际一流企业"的必然选择；第五，企业的发展离不开利益相关方的认可与支持，为满足利益相关方日益增长的期望，通过改进沟通赢得利益相关方的认同，最终实现多方共赢的格局，也是国网浙江电力履行社会责任的重要驱动力。

2. 社会责任内容构成——定位责任

国网浙江电力是国家电网公司的全资公司，以建设和运营电网为核心业务，承担着保障更安全、更经济、更清洁、可持续的电力供应的基本使命。国网浙江电力在使命驱动下，以贯彻执行国网公司企业社会责任履行原则为基础，充分发挥主观能动性，结合浙江实际，积极融入自己的理解，并由此分析界定责任内容，为履行社会责任打下了坚实的基础。在基本社会责任内容边界内，国网浙江电力的社会责任内容包括如下五个方面：①保障可靠可信赖的能源供应，包括科学发展、安全供电、卓越管理和科技创新四方面的内容；②负责任地对待每一个利益相关方，包括优质服务、服务"三农"、员工发展、伙伴共赢和企业公民五个方面的内容；③努力做绿色发展的表率，以环保低碳的理念有效管理电网建设和运营过程对环境的影响，推动价值链（发电侧、电网侧、客户侧）节能减排和清洁能源发展，全方位落实保护环境与资源节约型、环境友好型社会和生态文明社会建设；④负责任地开展国际化运营，以全球视野参与经济全球化进程，实施国际化战略，推进国际能源合作和跨国经营，加强国际交流与合作，保障安全、经济、清洁、可持续的能源供应，为应对全球环境和能源问题贡献积极力量；⑤保证运营透明度和接受社会监督，加强沟通合作、坚持透明开放运营，加强与利益相关方的对话与沟通，及时了解和回应利益相关方的要求与建议，建设和谐的利益相关方关系，形成发展共识，凝聚发展合力，共同破解发展难题，推进企业和社会的可持续发展。

3. 社会责任治理体系——有效治理

社会责任工作的扎实推进，依赖于有效的治理体系。在"三集五大"管理战略、"三角六向"管理架构下，国网浙江电力的社会责任管理建立了有效的治理机构和实施体系，依托于社会责任根植项目的组织和推进，公司社会责任管理取得了积极成效，促进了综合社会价值的实现，促进公司负责任的企业公民形象的形成，为当地经济发展、社会和谐做出了积极贡献。第一，强有力的组织机构是社会责任工作推进的首要条件。国网浙江电力在国家电网的科学指导下，形成了领导有方、分层推进、流程清晰、多方参与的共同治理架构和权责明确、分工协调、推进有序的组织结构，保障了社会责任工作的有序开展。第二，国网浙江电力十分重视各级领导在履行社会责任、实施全面社会责任管理方面的表率作用，领导团队带头广泛、深入地学习和宣贯国网全面社会责任管理理念和管理体系，引领广大员工在工作岗位中自觉践行企业核心价值观和社会责任管理要求。第三，国网浙江电力高度重视社会责任管理的制度创新和长效机制建设，不断健全和完善社会责任管理的工作制度和工作流程，并在此基础上构建了"全员参与、全过程覆盖、全方位融合"的"三全体系"，保证社会责任内生于企业运营过程，与企业每一项决策和活动都相关、与企业中的每一个人都相关。第四，为保证社会责任管理体系的有效运行，国网浙江电力社会责任体系建立了基于人力资源保障、财务资源保障、物资生产设备资源保障以及信息、知识和技术资源保障的保障体系。第五，国网浙江电力通过建立健全制度规范，促进公司社会责任推进工作的制度化、规范化和常态化，形成了公司推进全面社会责任管理的长效机制，为公司持续推进全面社会责任管理提供了重要的制度保障。

4. 社会责任沟通管理——确保透明

社会责任沟通管理是社会责任高效实施的重要保障，也是社会责任管理成效向社会公开并获得良好社会评价的前提条件。全面社会责任管理是改善公司形象、提高企业经营绩效的有效价值管理工具。若缺乏内外部社会责任沟通管理，则这一价值管理工具就失去了其发挥作用的途径，社会责任管理也便沦为企业管理的"摆设"。国网浙江电力通过建立完善的沟通体系，与社会各界实现了理性、及时、建设性的全面沟通，促进了企业社会责任体系的建立和社会责任管理目标的达成。第一，国网浙江电力积极探索建立基于价值实现的社会责任沟通机制。根据社会责任沟通工作的需要，国网浙江电力建立了完善的三层次、三维度社会责任沟通体系，即核心层沟通、企业业务层内部沟通和利益相关方沟通三个层次以及纵向序贯沟通、价值链主线业务沟通与价值理念和经验的内外部传播三个维度。第二，全面加强和创新社会沟通管理，探索建立系统化和制度化的社会沟通体系，积极转变沟通方式，确保企业运营透明度，赢得了利益相关方的"利益认同、情感认同、品牌认同、文化认同、价值认同"。第三，重视社会责任信息披露工作，形成以《社会责任报告》和《白皮书》为主要形式的对外信息披露机制，并积极利用纸媒、网络媒体、新兴移动网络等平台，公开发布社会责任管理的创新成果，使信息披露方式更加多元化。第四，公司牢固树立利益相关方意识，保持与利益相关方的积极沟通，了解利益相关方对社会责任管理和根植项目实施的意见和诉求，协调和调动各方资源与优势，改进提升项目实施质量，实现"外部期望内部化"，争取利益相关方的理解、认同和支持。

5. 社会责任能力建设——提升能力

在国家电网公司的统一要求下，国网浙江电力立足浙江省情，着力提升社会责任能力，通过开展全员社会责任培训、举办社会责任重大活动、组织社会责任案例编制、规范社会责任根植项目制、加强对外交流，取得了明显的效果，走出了一条全面社会责任管理的创新发展之路。第一，通过落实"全员培训、全员考试"的人才培养模式，国网浙江电力打造出了一支素质优良、作风过硬、人心凝聚的员工队伍。从抗击自然灾害到重大活动保电，从坚强智能电网建设到体制机制变革，在履责的各个方面均交出了令人满意的答卷。第二，坚持"干中学"和"学中干"相结合的方式，积极通过策划和实施多项重大社会责任活动实现社会责任管理能力的提升。第三，注重知识管理，健全社会责任案例编制制度，持续保持高强度正面传播态势，公司有效深化了全面社会责任管理，提升了品牌形象。第四，不断完善社会责任根植项目制，使得社会责任工作进一步融入各项专业管理，赢得更多员工的积极参与。第五，积极开展与国内外各种机构组织的社会责任交流，掌握和了解企业社会责任领域的国内外最新进展及趋势，强化与不同类型利益相关方的互动沟通，提升公司的社会责任能力和社会责任管理水平。

6. 社会责任融入运营——全面融合

全面融合，就是社会责任的落地与企业的业务运行全过程相融合，就是将其与企业的全体岗位、部门和公司全面融合，通过全过程、全方位和全员的融合实现社会责任的可持续和最终落地，进而促进企业经营绩效的有效改善。国网浙江电力基于这样的认识，将企业社会责任与规划、建设、运行、检修和营销"五大体系"相融合，将企业社会责任与岗位、班组、部门和公司各个组织层级相结合，实现企业社会责任与运营的全面融合。具体来看，国网浙江电力以管理融合、专业融合、班组融合和岗位融合，促进全面社会责任管理与企业运营的全过程和全方位融合。第一，国网浙江电力在国家电网全面社会责任管理的战略部署下，将社会责任工作与战略管理、基础管理、职能管理以及专项管理活动紧密结合，实现全面社会责任管理在企业管理实践中的融合发展。第二，国网浙江电力紧密结合电网企业的专业属性，在电网规划、建设、运营、检修和营销过程中发挥自身的专业优势，将社会责任管理融入五大体系建设行动。通过将整体思路、主要内容、融入标准和重点领域与社会责任融合，实现"负责任的规划、负责任的建设、负责任的运行、负责任的检修、负责任的营销"，构建了覆盖电网运行管理全过程的社会责任推进体系。第三，进一步加强班组建设，夯实社会责任与企业运营融合基础。根据国家电网公司"十三五"班组建设再提升工程指导意见，国网浙江电力从制度建设和标准化建设、强化日常管理、加强考核和知识管理等方面着手，将社会责任理念融入基层、融入班组工作中，提升班组履责能力和水平，促进国网浙江电力班组运营水平的有效改善。第四，国网浙江电力将社会责任导入各层级岗位，实现社会责任融入员工的日常工作。国网浙江电力为推进全面社会责任管理的落地实施，在企业社会责任理论的基础上创新性地提出了员工社会责任的基本理论框架，在此基础上制定了《责任员工行为准则》和《责任公民行为指引》作为对员工行为的制度指引，进而针对公司的每一个岗位制定详细的社会责任履责清单，构建了完善的员工社会责任岗位体系。

7. 社会责任绩效管理——评价改进

绩效管理是全面社会责任管理的重要环节，它是指通过企业社会责任评价，对一定时期内企业的社会责任管理实践和效果进行评估，从而得到企业在一定时期内的社会责任水平或状况，进而为改善企业经营管理水平提供依据。国网浙江电力坚持社会责任的"闭环管理"，以激励和保障实现公司发展的经济、社会和环境的综合价值最大化为目标，主动探索社会责任绩效管理体系构建，建立健全企业社会责任指标体系，并通过开展定期评价和考核实现对社会责任绩效的过程管理，推动社会责任绩效持续改进，促进公司全面社会责任管理目标的有效实现。第一，构建了完善的企业社会责任评价体系"八要素模型"，以社会责任工作领导小组为核心主体，采用自评、上级评价和第三方评价等方法，构建了完善的社会责任评价指标体系，通过定期评价，并对评价结果予以分析，推进国网浙江电力全面社会责任管理的持续改进。第二，国网浙江电力在责任绩效考核时，创新性地提出了责任绩效考核的"5＋1"模型，为公司开展责任绩效考核提供了良好的方向指引，并在推动过程中注重定期考核和评价，确保企业社会责任行动与企业整体战略目标相一致。第三，国网浙江电力构建了闭环的责任绩效管理模型，并不断创新责任改进方式，对于现实中的突发问题实时响应，在此基础上构建和完善各类改进机制，并通过培训等各种方式强化企业的责任管理系统能力，促进国网浙江电力责任绩效的系统改善和可持续发展。

（三）主要特点

国网浙江电力在开展全面社会责任管理过程中，构建"三全体系"，保证全面社会责任管理的"系统性"，以"融入运营"确保全面社会责任管理在电网企业的有效实施，以"三元互动"确保全面社会责任管理对利益相关方的充分关注，形成了独具特色的全面社会责任管理体系。

1. 构建"三全体系"，确保全面社会责任管理的"系统性"

国网浙江电力在开展全面社会责任管理过程中，创新性地构建了"三全体系"，即"全员参与、全过程覆盖、全方位融合"，指导社会责任内生于企业运营过程，与企业每一项决策和活动都相关、与企业中的每一个人都相关。①国网浙江电力积极推动各部门、各层级和各岗位的所有员工在主观上和能力上都能够落实全面社会责任管理，积极推动利益相关方参与企业经营管理决策，并携手外部利益相关方共同推进可持续发展，合作创造综合价值最大化，形成内部员工和外部利益相关方共同发挥作用的最广泛的全员参与。②国网浙江电力将公司全面社会责任管理融入生产经营的每一个环节和职能管理体系，覆盖企业价值链的所有决策和活动，优化企业生产运营流程和职能管理体系。③国网浙江电力将全面社会责任管理要求融入使命和价值观确定、战略制定、规划制定、综合计划制定、全面预算编制、绩效考核和全员绩效管理等公司日常运行机制的全部环节，从思想、战略、组织、制度和考核各个方面实现社会责任管理的闭环循环，优化企业日常管理流程。

2. 以"融入运营"确保全面社会责任管理在电网企业的有效实施

国网浙江电力将企业社会责任与规划、建设、运行、检修和营销"五大体系"相融合，将企业社会责任与岗位、班组、部门和公司各个组织层级相结合，实现企业社会责任与运营的全面融合。①将社会责任工作与战略管理、基础管理、职能管理以及专项管理活动紧密结合，实现全面社会责任管理在企业管理实践中的融合发展。②在电网规划、建设、运营、检修和营销过程中，通过在整体思路、主要内容、融入标准和重点领域与社会责任融合，实现"负责任的规划、负责任的建设、负责任的运行、负责任的检修、负责任的营销"，构建了覆盖电网运行管理全过程的社会责任推进体系。③国网浙江电力从制度建设和标准化建设、强化日常管理、加强考核和知识管理等方面着手，将社会责任理念融入基层、融入班组工作中，提升班组履责能力和水平，促进国网浙江电力班组运营水平的有效改善。④国网浙江电力在企业社会责任理论的基础上创新性地提出了员工社会责任的基本理论框架，在此基础上制定了《责任员工行为准则》和《责任公民行为指引》作为对员工行为的制度指引，进而针对公司的每一个岗位制定详细的社会责任履责清单，构建了完善的员工社会责任岗位体系。

3. 以"三元互动"确保全面社会责任管理对利益相关方的充分关注

社会责任是企业与利益相关方、社会三方互动的结果，是企业与环境共同演化的过程。国网浙江电力在实施全面社会责任管理过程中，充分考虑企业、利益相关方和社会之间的互动，无论是社会责任意识与动力的培育，还是行为与行动的实施，以及绩效与结果的展现，均应从企业、利益相关方和社会三个方面进行考虑。

三、国网浙江电力全面社会责任管理取得的重要进展和成效

国网浙江电力通过全面实施社会责任管理，实现了从内部管理到外部协作的双重素质提升，不但提升了企业的组织管理能力，而且实现了核心利益

相关方的多方共赢，为浙江经济、社会发展环境发展做出了显著的贡献。国网浙江公司实施全面社会责任带来的各方变化，可从组织管理、利益相关方管理和环境管理三个方面对全面实施企业社会责任管理的成效进行总结，具体包括全面社会责任管理带来的企业发展和企业管理素质的提升；员工素质、利益相关方价值创造的提升；国网浙江电力全面社会责任管理带来的社会环境改善等正外部性效应（如图0-2所示）。

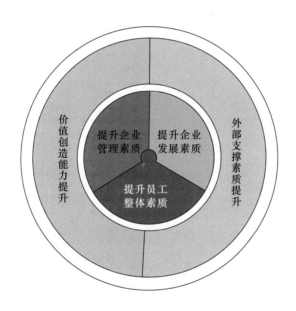

图0-2　国网浙江电力全面社会责任管理实现的内外双重素质提升效果

资料来源：作者绘制。

（一）实现员工整体素质的有效提高

国网浙江电力自实施全面社会责任管理以来，不但全方位履行了对员工这一核心利益相关方的社会责任，而且将社会责任理念潜移默化地根植于企业员工的行为中，使国网浙江电力员工的个人素质、组织公民素质、创新理念、专业素质等有了较大改观。第一，全面社会责任管理促使公司在公益领域的实践明显增多，在开展公益活动过程中大大提升了员工的公益素养，并在此过程中帮助员工注重从利益相关方角度换位思考、从社会发展大局出发，从领导高层到基层员工的行为原则有了明显的变化。第二，通过劳模工作室等平台建设，公司涌现出一批合作团队，活跃在企业的公益事业、业务合作、技术创新等多个领域，并取得了令人瞩目的合作成果，不仅使员工的组织满意度大幅提升，也增强了员工对企业的组织认同感，个人工作更加投入。第三，公司实施全面社会责任管理以来，以履行社会责任为出发点，员工践行"社会多方共赢"理念，在专业技能和服务方面做到精益求精。第四，通过对员工进行社会责任理念的灌输和员工行为的规范，员工的专业技能和创新能力得到提升，员工的业务素质有了较大提升。

（二）实现企业发展素质的有效提升

国网浙江电力自开展全面社会责任管理以来，企业发展理念、发展方式、创新模式和核心能力均得到有效改善。第一，企业发展理念开始从经济绩效导向转向可持续发展导向。公司发展战略不仅考虑企业经营目标的实现和提高，更关注其未来发展环境的可改善性和可持续性。第二，发展方式发生了重大转变。电网的绿色供电能力持续提升，节能减排和电能替代成果明显，特高压供电节能成效显著，企业以负责任的质量管理有效降低了生产过程对环境的负面影响，各部门工作目标从"效益为先"向"责任为先"转变。第三，创新模式更加开放。随着社会责任管理理念和标准与企业管理的融合程度不断加深，以微创新为主，呈现出创新主体多样化、创新数量扩大化、创新模式开放化的特征。第四，企业的核心动态能力开始从硬实力转向软实力。全面社会责任管理大大提升了企业的组织学习能力和利益相关方动态管理能力。

（三）实现企业管理素质的有效改善

国网浙江电力自实施全面社会责任管理以来，将"责任"写入企业核心价值观，提出全面履行社会责任，有效地提升了企业的管理素质。第一，战略决策更科学。实施全面社会责任管理以来，企业在战略决策过程中充分考虑利益相关方的融入，听取利益相关各方的意见，不但有效地规避了社会风险，而且保障一系列重大决策能够获得政府、社会等利益相关方的支持。第二，资源整合能力进一步增强。实施全面社会责任管理以来，随着社会责任管理理念的深度融合，企业整合资源的范围从内而外延伸，不但企业内部资源的整合能力有所提升，而且通过有效的利益相关方沟通与合作，充分利用了外部利益相关方的资源，企业的外部资源整合能力也有了进一步提升。第三，管理效率进一步提升。通过在战略管理、资源整合方面充分融入利益相关方参与，并积极整合外部利益相关方的资源，国网浙江电力及地市公司通过管理创新、业务创新等方式，大大提升了企业管理效率，包括全面社会责任管理带来的生产成本管理效率提升、人力资源管理能力提升以及社会责任管理能力提升。第四，企业社会责任文化初步形成。自国网浙江电力实施全面社会责任管理以来，社会责任理念逐渐在各大领域、各个职能部门中潜移默化地发挥了重要作用，配合以全省各地市进行的社会责任根植项目，目前在浙江省公司以及下属地市公司的企业文化中，社会责任的理念已经逐渐融入，并初步形成了企业社会责任文化。

（四）实现价值创造素质的有效转变

国网浙江电力自实施全面社会责任管理以来，其调动价值网络成员参与价值创造和分配的方式发生了重大转变，从以经济社会的综合价值最大化逐渐向共享价值最大化转变。通过实施全面社会责任管理，企业不但注重经营管理行为的经济、社会、环境综合价值最大化，而且从全面社会责任管理理念出发，以共赢为原则，联合价值链上的其他利益相关方实现了共享价值的最大化。第一，企业经营绩效有所提升。自实施全面企业社会责任管理以来，国网浙江电力经营财务绩效提升明显，远高于地方经济增长速度。与此同时，全面社会责任管理塑造了企业负责任的形象，形成了负责任的品牌价值，创造了企业的无形资产价值。第二，为利益相关方创造共享价值的能力提升。国网浙江电力通过一系列措施来回应其核心利益相关方如员工、消费者、供应商的诉求和期望，利益相关方也通过与国网的合作、沟通实现了自身利益的提升，从而形成了国网浙江电力与利益相关方之间的良性互动。第三，社会、环境共享价值创造能力提升。国网浙江电力自实施全面社会责任管理以来，在实现自我经营绩效改善的同时，通过与利益相关方价值共享，还提升了与社会、环境共享价值的同步提升。

（五）实现环境支撑素质的有效发展

国网浙江电力自实施全面社会责任管理以来，不但企业自身的管理水平有所提升，对外部的支撑能力有所改善，而且在以综合价值最大化、共赢价值最大化为导向的管理过程中建立起与外部核心利益相关方之间良好的社会关系，得到了外部环境的正向回馈，外部环境对企业发展的支撑力较之实施全面社会责任管理之前有了很大的改善。从外部利益相关方对国网浙江电力的发展评价、合作、扶持等情况来看，实施全面社会责任管理以来，国网浙江电力得到了政府、合作伙伴、社会组织和媒体等重要外部利益相关方的支持。第一，国网浙江电力获得了更多政府部门的支持。实施全面社会责任管理后，国网浙江电力服务浙江经济社会发展的诸多行为得到了省政府、地市政府的很多好评和赞扬，并且随着全面社会责任管理的推进，政府对国网浙江电力的正面评价呈现出阶梯性增加的趋势。第二，国网浙江电力获得了良好的产业合作环境。目前，供应商、发电企业、设计施工企业、科研合作单位、金融机构纷纷与国家电网公司建立了紧密合作关系，为公司的电网建设与运营提供了不可或缺的支持，公司的产业带动力也得到进一步凸显。第三，国网浙江电力获得了社会媒体的更多好评。通过网络互动、信息系统建设、组织机构建设、基础设施建设等多种渠道与社会大众、媒体进行沟通，国网浙江电力大大增进了外界对企业的了解和沟通效率，感受到企业的责任心和为社会进步所做出的努力。

四、国网浙江电力全面社会责任管理的未来构想

国网浙江电力自实施全面社会责任管理以来，企业从内而外的管理和绩效都发生了明显的变化，并且在员工管理、价值创造、企业创新能力、透明化沟通等多个方面表现出较大进步。但是，为实现"十三五"期间公司建设成为"四个更好"的现代电力能源综合服务企业，实现"两个率先"，成为国网公司系统内"两个一流"标杆企业，全面实现有效的责任定位、有效治理、透明沟通、履责能力提升、全面融合和绩效管理的不断改进，未来仍有待改进之处。

（一）深化全面社会责任管理的内部制度建设

针对公司在管理制度融入、管理实践融合方面的问题，未来需要在制度建设方面进一步加强，确保全面社会责任管理能够以制度化形式在公司落地生根。第一，以社会责任根植项目为载体，及时纠正部分员工对企业社会责任认知的误区，对企业社会责任管理的认知达成共识；第二，在"领导带头、专人负责、共同参与"原则指引下，组建专门的组织机构，完善全面社会责任管理人才制度建设；第三，探索将社会责任的要求纳入公司的绩效考核，引导各层级单位结合工作实际建立一套科学、合理的社会责任绩效考核指标体系，使企业、员工履行社会责任绩效可衡量；第四，将自上而下的推动和自下而上的驱动相结合，在完善现有创新组织形式的基础上，进一步推

动自下而上微创新组织的发展，优化负责任的创新组织结构，并形成制度规范。

（二）推进全面社会责任管理理念与实践的融合

继续推进社会责任在组织管理、基层组织行为、业务以及员工岗位的融合，推进社会责任理念与企业实践的全面、全过程和全员融合。第一，发挥领导表率作用，为社会责任融入提供内在动力，由公司党组明确要求和积极推动各级领导层按照承诺规范和完善自身行为，切实成为落实企业价值观的榜样和社会责任管理的表率，并将全面社会责任管理作为领导亲自抓的"一把手工程"；第二，推进企业责任核心价值观融入企业文化，尤其是将企业文化落地到社会责任非正式制度中，以社会责任文化传播为手段，带动社会责任理念、价值观内涵的传播；第三，加强管理培训、员工培训和企业社会责任宣传的方式，针对性地加强不同职能部门、不同级别员工有关全面社会责任管理的认知和理解，通过全面社会责任管理培训和宣传推进全员融入；第四，从业务领域融合、企业文化融合和职工管理、岗位管理融合等各个层面分步实施、有序推进，实现社会责任全面融入。

（三）加强全面社会责任管理的内外沟通创新

国网浙江电力应在现有的进展和成果基础上，进一步加强内外部利益相关方管理和沟通的创新。首先，进一步改善和完善员工考核体系，将社会责任考核落到实处，督促员工用社会责任的基本理念行事，从而形成社会责任文化；其次，以利益认同、情感认同和价值认同为基本目标，在履责范围、深度、渠道、项目等方面予以创新，提升外部契合度。

立足浙江电网实际，通过深入贯彻落实国家电网公司对推进社会责任工作的系列部署，紧密围绕服务浙江省经济社会创新发展、协调发展、绿色发展、开放发展、共享发展的要求，国网浙江电力以可持续发展为核心，以"发现价值、创造价值、传播价值、提升价值"为手段，深入实施全面社会责任管理，努力实现社会责任在各层级、各单位、各专业、各岗位的"全员参与、全过程覆盖、全方位融合"。通过全面社会责任管理，国网浙江电力全面提升公司综合价值创造能力，促进公司发展与利益相关方和社会各界诉求"最大公约数"的持续增加，最大限度赢得利益相关方和社会对公司的利益认同、情感认同、价值认同，全面提升"国家电网"公司品牌的知名度、认知度、美誉度和卓越水平，为公司可持续发展和电网科学发展创造良好的内外部环境。未来，通过进一步强化全面社会责任管理，国网浙江电力将实现企业社会责任履责能力显著增强，社会责任管理能力显著提升，经济、社会和环境综合价值创造能力显著增强。

第一章　社会责任发展历程

国网浙江电力是国家电网公司的全资公司,以建设和运营电网为核心业务,承担着保障更安全、更经济、更清洁、可持续的电力供应的基本使命。公司下辖11家市供电企业、64家县供电企业、1家水电厂和12家电力建设、试验科研、培训等单位。截至2015年底,公司资产总额2078.7亿元;主业用工31716人,人才当量密度达1.145,排名保持国网省市公司第一;用电户数2544.11万户,供电服务人数超过5500万人。2015年,公司售电量3086亿千瓦时,统调最高负荷5850万千瓦。近年来,公司业绩和对标水平始终保持在国网公司系统前列,先后荣获中国一流电力公司、全国五一劳动奖章、全国文明单位、全国职工职业道德建设先进单位、全国电力供应行业排头兵企业、浙江省和谐企业及文化建设示范点等称号,六次荣登"浙江省最具社会责任感企业"榜首。

自2006年以来,国网浙江电力高度重视社会责任工作,始终在国网公司系统中,在浙江省内保持领先地位。经过十余年的持续探索、研究和推行全面社会责任管理,大大促进了公司内质外形建设,显著提升了公司综合价值创造能力和责任表率央企品牌形象,进一步优化了公司发展的外部环境,并有力推动了浙江省企业社会责任的深入发展,创造了社会责任发展新价值。回顾这十年的探索之路,国网浙江电力的社会责任发展历程大致经历了四个阶段,即:2006~2008年的导入起步阶段、2009~2013年的试点探索阶段、2014~2015年的全面根植阶段以及2016年以来的系统提升阶段(如图1-1所示)。在此过程中,公司始终坚持全员理念宣贯,开展课题研究与工具开发,加强履责能力建设和制度标准建设,作为社会责任推进工作的重要支撑。

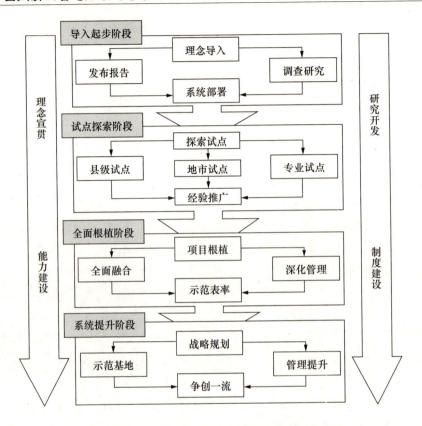

图 1-1　国网浙江电力社会责任发展历程

资料来源: 作者绘制。

第一节　导入起步阶段 (2006~2008年)

　　科学认识社会责任内涵, 树立正确的社会责任理念, 是企业履行社会责任的重要动力来源和理论指导。在国家电网公司的指导和带动下, 国网浙江电力主动导入社会责任理念, 率先发布社会责任报告, 成为国家电网系统和浙江省企业中的社会责任先行者。基于系统的理论学习和充分的调查研究, 国网浙江电力结合浙江当地特色和自身实际情况, 明确了公司社会责任推进工作的总体思路，为此后深入推进社会责任工作奠定了坚实的基础。

一、主动导入社会责任理念

2005年，在国家电网公司高层领导的部署和推动下，国家电网公司率先启动社会责任管理研究工作，并成立了跨部门的社会责任工作小组，由此，社会责任管理推进工作正式起步。国家电网公司党组经过认真研究和周密考虑，立足国情、中国企业社会责任发展阶段和公司实际，决定以编制和发布社会责任报告作为公司推进社会责任管理工作的突破口。2006年3月，国家电网公司成功发布了我国首份企业社会责任报告，引起了全社会的强烈反响。

作为关系浙江能源安全和国民经济命脉的国有重要骨干企业，在国家电网公司科学的社会责任内涵指导下，国网浙江电力主动学习国家电网公司社会责任理念，积极参与国家电网公司社会责任推进活动，深入研究国家电网公司首份社会责任报告。在此基础上，国网浙江电力深入剖析利益相关方的诉求，明确公司在不同领域应承担的社会责任，进一步明确了公司的十二项社会责任，即：科学发展、安全供电、卓越管理、科技创新、沟通交流、国际运营、优质服务、员工发展、合作共赢、服务"三农"、环保节约和企业公民责任。围绕这十二项社会责任，公司致力于不断提高利益相关方的满意度，为浙江经济社会发展和人民生活提供坚强的电力保障，这为公司履行社会责任行为指明了方向。公司通过组织员工培训等多种方式，使科学的社会责任内涵牢牢树立在每一位员工的心中。

二、率先发布社会责任报告

在国家电网公司系统内，国网浙江电力的社会责任工作起步较早，已经形成了良好的思想基础，尤其是主要领导高度重视这项工作。在国家电网公司首份社会责任报告发布后，国网浙江电力积极组织全面学习和深入讨论国网公司报告，并开始酝酿如何结合浙江本地特色，系统梳理并科学指导公司的社会责任行为。2007年2月，国网浙江电力首次发布《2006履行社会责任情况报告》，这是浙江省国有企业发布最早的企业社会责任报告之一。

国网浙江电力在发布的首份社会责任报告中，明确提出了公司的社会责任理念和社会责任模型，全面梳理了公司十二个方面的社会责任内涵，以及过去一年公司在这些领域做出的实践与成效。这份报告是国网公司发布社会责任报告后，第一份由国家电网公司省公司发布的企业社会责任报告，在行业内和浙江省内都引起了很大的共鸣。此后，公司每年编制发布《社会责任报告》和《服务浙江经济社会发展白皮书》，成为国网公司系统首家连续10年发布社会责任报告和白皮书的省公司。

通过持续发布社会责任报告和白皮书，国网浙江电力实现了良好的社会沟通，树立了责任央企的品牌形象，得到了社会各界的广泛认可。在浙江省首届和谐企业评选中，国网浙江电力位列其中，并六次荣登"浙江省最具社会责任感企业"榜首，公司的品牌价值得到明显提升。

三、建立社会责任组织机构

第一份社会责任实践报告的成功发布，表明国网浙江电力的社会责任管理工作取得了阶段性的成效，也为此后的探索之路奠定了良好的基础。就在2007年，国家电网公司经过长期的研究，编制并发布了《国家电网公司履行社会责任指南》（以下简称《指南》），要求各单位按照《指南》的要求，结合各自实际，加快推进公司社会责任管理体系建设，全面、全员、全过程、全方位履行社会责任。《指南》是我国社会责任研究领域的一座重要的里程碑，为我国企业推进社会责任工作提供了理论指导，也成为国家电网公司推进社会责任工作的顶层设计。

《指南》发布以后，国网浙江电力立即组织公司员工深入学习，按照《指南》的要求建立起社会责任工作的专门组织机构。2007年12月，国网浙江电力正式成立社会责任工作领导小组和办公室，并明确相关人员及其职责要求。领导小组由公司总经理担任组长，一名副总经理为常务副组长，公司其他领导班子成员担任副组长，公司副总工程师、各部门（中心）主要负责人、各单位党政主要负责人为领导小组成员。与此同时，国网浙江电力组建了专家咨询委员会，由聘请的国家电网公司社会责任管理有关领导、公司的利益相关方代表和社会责任专家组成，为公司开展社会责任工作提供咨询和帮助。

在建立社会责任组织机构的同时，国网浙江电力抓紧修订和完善公司的社会责任工作制度与流程，并通过全员培训等多种手段，努力将全面社会责任理念和要求宣贯到每一个工作岗位和每一位基层员工，成为公司和员工的统一行为准则。正是国网浙江电力的这一系列举措，为其之后的社会责任工作始终保持领先地位奠定了坚实的基础。

四、启动社会责任调查研究

在发达的市场经济环境下，浙江省政府对企业社会责任工作高度重视，很早便树立了较强的社会责任意识。2008 年 2 月，浙江省人民政府发布《关于推动企业积极履行社会责任的若干意见》（浙政发〔2008〕19 号），要求浙江省各级政府加强对推动企业积极履行社会责任工作的组织领导。各级政府要将推进企业积极履行社会责任工作列入议事日程，切实加强领导，深入调查研究，结合本地实际，明确目标任务，研究解决企业社会责任建设中的重大问题。为推进这项工作的开展，省政府成立了由省经贸委为召集单位、省有关部门参加的省企业社会责任建设联席会议制度。各有关部门要根据企业社会责任建设工作的要求，加强协调，密切配合，合力推动企业社会责任建设工作。

2008 年 11 月，国网浙江电力组织开展的社会责任管理研究课题，形成了最终成果——《浙江省电力公司社会责任管理研究报告》。这份报告根据世界社会责任发展潮流，针对当前国家和地方政府对企业履行社会责任的要求，结合国家电网公司社会责任指南，调研天津市电力公司、内蒙古电力集团等单位社会责任实践，研究探索出国网浙江电力社会责任管理的基本目标、总体要求和工作举措等内容，旨在规范、系统、高效地推进公司社会责任工作。

报告提出以下建议：一是加快实施公司社会责任战略管理；二是开展全员普及社会责任理念，以先进的理念引导转变企业发展方式；三是开展公司履行社会责任评估，总结提炼公司履行社会责任的典型案例，为全员、全面、全过程推进社会责任管理理清改进与发展的方向；四是建立健全公司履行社会责任管理体系，全面系统推进企业履行社会责任的组织、人员、制度保障机制建设，提高履行社会责任的能力。这些研究结论成为国网浙江电力下一步推进社会责任工作的重要指导。

第二节　试点探索阶段（2009～2013 年）

2006 年，国家电网公司全面启动了"网省公司—地市公司—县级公司"

三个层次的全面社会责任管理试点工作,大力推进责任根植,致力于将社会责任理念融入公司核心价值观、发展战略、电网运营的全过程和日常管理体系中。国网浙江电力具有良好的社会责任工作基础,积极组织各级公司争取成为国家电网公司试点单位。2009 年 10 月,嘉善县供电局成为国家电网公司唯一一家县级试点,这是国家电网公司全面社会责任管理试点工作落到基层的关键一步。2012 年 6 月,国网嘉兴供电公司再次被批准为国家电网公司地市级试点。除两家全面试点单位以外,国网浙江电力还选择国网杭州供电公司和国网宁波供电公司作为专业试点。国网浙江电力通过"自下而上"的试点探索,以及试点经验的总结和推广,奠定了扎实的基层社会责任工作基础,很好地践行了"全员参与、全过程融合、全方位覆盖"的全面社会责任管理模式。

一、探索嘉善县级试点工作

国家电网公司启动全面社会责任试点工作以后,国网浙江电力第一时间进行系统部署,积极争取成为国家电网公司的试点单位。在国家电网公司的三级试点中,县级公司是最基层的试点单位,是推动全面社会责任理念真正落地的关键环节,也是检验社会责任工作是否取得实效的重要场地。在国网浙江电力的积极部署和指导下,基于已有的社会责任工作基础和实践经验,2009 年 10 月,国网嘉兴供电公司所辖嘉善县供电局成为国家电网公司唯一一家全面社会责任管理县级试点单位。这开启了国网浙江电力社会责任工作的一个新阶段,由此开始了"自下而上"的试点探索阶段,包括在试点中探索、在试点中总结,再到全面推广的全过程。

嘉善县供电局成为试点单位以后,不断探索和完善社会责任的管理体系,制定了"全面管理、全员参与、全方位覆盖、全过程融合"的试点方案,提出了企业与社会"和谐共成长"的愿景,并立足实际,扎根基层,初步总结出基层供电企业社会责任工作的有效模式和路径。第一是加强社会责任工作的过程管理。嘉善县供电局根据"内部工作外部化、外部期望内部化"的原则,建立了全面社会责任管理文件体系,做到凡事有人负责,凡事有章可循。第二是加强社会责任工作的目标管理。嘉善县供电局建立了社会责任管理的指标体系和评价体系,同时建立了社会责任的监控机制。指标充分考虑了公司行为对利益相关方的影响,强化了对公司履行社会责任的约束和激励,创造了可观的经济价值和社会价值。第三是加强社会责任工作的绩效管理。嘉善县供电局设计了"新农村电气化建设"、"中心镇电网建设"等履责载体，全县实现"村村电气化"；搭建了"标准化供电营业所"、"群众满意站所"等履责平台，涌现了"韩明华劳模工作室"、"红船服务队"等履责团队，优质服务水平显著提升。

经过三年多的努力和实践，嘉善县供电局基层单位"全面履行社会责任管理"模式试点已初见成效，基本形成了县级供电企业的全面社会责任管理体系。嘉善县供电局也先后获得省级文明单位、国家电网公司文明单位、新农村电气化建设先进单位、世博电力保障先进集体等荣誉，被中国质量协会、全国用户委员会授予"用户满意企业"的称号。2010年，在国家电网公司社会责任报告发布会上，嘉善县副县长在人民大会堂发言，充分肯定了嘉善县供电局的社会责任工作，及其对嘉善县经济社会发展的重要贡献。在取得阶段性成果的基础上，国网浙江电力注重将嘉善县供电局的经验推广到其他县级公司，在浙江省内掀起了一股学习试点经验、提升履责能力的热潮。

二、探索嘉兴市级试点工作

2010年，在嘉善县供电局全面社会责任试点工作取得阶段性成果的基础上，在国网浙江电力的统一部署和积极推动下，国网嘉兴供电公司向国网公司申报开展地市级供电企业全面社会责任试点。2012年6月，国网嘉兴供电公司正式被国家电网公司确定为地市级全面社会责任管理试点单位。成为试点后，公司建立和完善了相应的组织机构，成立了实施全面社会责任管理领导小组，并聘请专业人士担任顾问。为系统部署试点工作，国网嘉兴供电公司编制了《国家电网浙江嘉兴电力局全面社会责任管理工作推进方案》，确定了全面社会责任管理工作的指导思想、工作目标、工作思路、工作重点以及推进步骤。确定方案后，公司召开了社会责任管理推进大会，邀请专家对中层以上管理人员及相关岗位人员进行专题培训，稳步推进公司全面社会责任管理工作。

2012年，基于企业社会责任视角，结合嘉兴地域特色，国网嘉兴供电公司提出社会责任"1234红船模型"。其内涵是：国网嘉兴供电公司在红船精神的引领下，在国家电网公司核心价值观的鼓舞下，坚守社会责任的底线与共赢原则，全力打造一个负责任的、可靠、可信赖的基层供电企业。"1"即一个方向：建设一个负责任的、可靠、可信赖的基层供电企业。"2"即两项原则：底线原则和共赢原则。"3"即三种精神：开天辟地、敢为人先的首创精神；坚定理想、百折不挠的奋斗精神；立党为公、忠诚为民的奉献精神。"4"即四大动力：诚信、责任、创新、奉献。这四种力量形成合力，推动国网嘉兴供电公司全面社会责任管理工作不断前行。

2013年，国网嘉兴供电公司出台了《嘉兴电力局全面社会责任管理指导意见》，进一步优化社会责任工作推进方案，落实社会责任工作的制度保障，确保公司全面社会责任管理工作的稳步推进。同年4月，国网嘉兴供电公司与嘉善县供电局同时发布2012年社会责任实践报告，并同步编制和修订完成全面社会责任管理文件体系，确立全面社会责任管理指标体系。同时，国网嘉兴供电公司编制发布《"红船品牌"全面社会责任（CSR）管理手册》，还编制完成了《社会责任知识普及手册》，使全面社会责任理念真正覆盖到每一位员工。

国网嘉兴供电公司以推动社会责任工作转型为主线，以实施全面社会责任管理"15333"工程为核心，全力推动社会责任管理融入和服务"三集五大"体系建设、融入和促进企业全面管理提升，切实推动转变企业发展方式和电网发展方式。国网嘉兴供电公司在推进"三集五大"体系建设的过程中，不断探索，不断创新，通过建设"智慧城市—智能电网"、智能电网客户体验厅、智慧型物资仓储、居民用电服务站、多平台便民缴费等新模式，确保居民生活用电，保障居民用电服务质量；通过架空网"三双"接线、低压分治法等新技术，极大地提高了区域供电的可靠性，改善居民的用电安全环境，促进了政府民生工作的进展，也使公司优质服务形象进一步提升。2013年4月25日，在嘉兴市举行的2012年品牌力量榜颁奖晚会上，国网嘉兴供电公司被授予"嘉兴市2012年最具社会责任感企业"荣誉奖牌。

三、探索杭州和宁波专业试点工作

国网浙江电力在探索嘉善县和嘉兴市两家企业全面试点工作的同时，还选择国网杭州供电公司和国网宁波供电公司作为专业试点。

杭州供电公司立足于服务国际化大都市的定位，将社会责任管理融入"三集五大"体系建设，在国网浙江电力地市级供电公司中率先确立"国际先进，服务一流"的目标，率先开展"国际对标"工作。公司研究编制了《杭州市电力局提升电网管理和供电服务水平工作方案》，将公司的社会责任和管理升级工作推到了一个更高的起跑线上。国网杭州供电公司选择的新加坡新能源公司、香港中华电力公司、美国爱迪生能源公司和伦敦电网等对标企业，都是具备世界顶尖实力的著名企业，还具备规模相似性和可比性，对公司的管理提升具有很强的参考和激励作用。公司采用安全管理、资产经营、营销服务、电网运行、人力资源五大类近百项管理评价指标，循环不断地拿先进同行"照镜子"，发现差距，持续改进，一次次发力赶超，一次次完成蝶变。配电运行抢修指挥中心正式运作，是国网杭州供电公司在"大检修"体系建设中的一个亮点。通过较大规模的人员整合、技术汇集、业务贯通，该中心实现了配网运行抢修体系的统一指挥和调配，配网运行专业化和标准化水平显著提升。借助这样一个崭新的平台，该中心对构建国际一流的应急管理体系，提供更为快捷优质的抢修服务充满了期待。

国网宁波供电公司面临经济环境低迷的形势，将社会责任管理纳入公司重点工作内容，要求全公司强化社会责任意识，在积极履行社会责任、服务和保障民生的同时，加强企业经营管理，提升优质服务水平。公司组织调控中心、发展策划部、基建部、营销部、运维检修部等各部门，分别结合本部门工作特色，从如何更好地开展社会履责出发，寻找问题，制定措施，实施改进。公司将内网等宣传平台作为重要的载体和抓手，积极开展"我为多供一度电作贡献"等活动，号召全局上下群策群力，通过实际行动推进企业社会责任管理工作。在探索专业试点过程中，国网宁波供电公司积极落实国网浙江电力"增供扩销十项举措"，提出"提前一分钟，多送一度电"，优化业扩报装流程，有效缩短业扩报装接电时间；加强指标考核和流程监控，切实落实业扩报装时限控制责任。同时，公司还在全省率先实施重点业扩项目领导挂钩联席制度，全程护航，做好重点工程、重要用户用电服务工作。此外，公司大力加强电网调控，通过"管理军事化、队伍专业化、制度标准化、运作一体化、技术智能化"工程，达到"提能力、提效率、提业绩"三提升，保障城市电网安全可靠运行。

通过开展专业试点工作，国网杭州供电公司和国网宁波供电公司取得了显著成效，也为其他地市供电提供了可借鉴的宝贵经验。两家公司的"三集五大"体系运行更加顺畅，各项业务指标有了明显提升，优质、高效的供电服务得到了社会各界的一致认可，塑造了良好的责任央企品牌形象。

四、形成社会责任管理导则

国网浙江电力在开展嘉善县级、嘉兴市级试点工作以及杭州和宁波专业试点工作的同时，特别注重对试点经验的总结、交流与推广。首先，在试点单位的推进过程中，进行全面的信息采集和记录；其次，采用目标管理的方法，在试点开展过程中不断总结经验，与设定的目标进行对比，找出差距并持续改进；最后，试点工作结束后进行全面的总结，总结经验和教训，主动向上级公司汇报情况，积极与兄弟单位进行交流。试点过程中及时的总结和交流，使试点工作达到了实效，真正发挥了先行先试的作用。

在总结和推广自身经验的同时，国网浙江电力放眼国际，借鉴ISO26000社会责任国际标准，编制了适用于省级供电公司的全面社会责任管理标准。2010年11月1日，国际标准化组织（ISO）对外公开发布"ISO26000社会责任指南"，标志着全球社会责任运动发展到一个新阶段。文件的颁布，不论对社会责任运动，还是对ISO本身，都是一个里程碑式的事件。ISO26000社会责任国际指南发布后，国网浙江电力重新审视原有社会责任工作和方法，吸取国网公司社会责任管理经验和嘉善县、嘉兴市两级试点经验，重塑了自身的社会责任管理工作，率先建立了基于ISO26000的省级供电企业全面社会责任管理导则——CSR26000E。

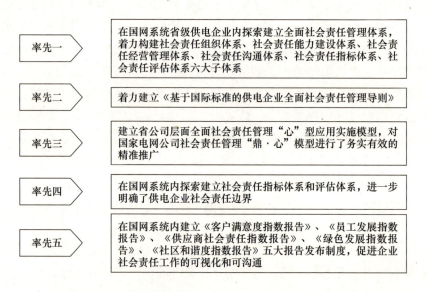

图 1-2　国网浙江电力 CSR26000E"五个率先"内涵

资料来源：国网浙江电力。

作为全面社会责任管理领域的一个重大创新突破，CSR26000E 管理导则不仅结合了国家电网公司和国网浙江电力多年来对社会责任的研究探索和推广实践，充分考虑了电力行业的特点，而且高度融合了 ISO26000 社会责任国际指南，是社会责任国际标准在中国的具体实践和发展。该管理导则确保了国网浙江电力全面社会责任管理体系的先进性、系统性和可持续性。按照社会责任管理导则 CSR26000E 要求，公司在全面社会责任管理实践和探索中，努力实现"五个率先"（如图 1 - 2 所示），引领公司全面社会责任管理工作更加规范化和制度化。该管理导则的颁布，代表了社会责任的最高国际标准，必将指引国网浙江电力的社会责任工作迈上一个新的台阶。

第三节　全面根植阶段（2014～2015 年）

在国家电网公司的统一部署下，自 2014 年起，国网浙江电力在总结试点经验的基础上，以全面社会责任管理导则 CSR26000E 为指导，启动了社会责任全面根植工作，旨在将社会责任理念融入公司运营和日常管理的全过程。与此同时，公司不断深化社会责任管理工作，在持续发布社会责任报告和白皮书、推动优秀成果转化的同时，积极探索创新社会责任管理方法和工具，如国网义乌供电公司探索构建员工社会责任管理体系，国网嘉善供电公司创新社会责任沟通方式等。通过社会责任全面根植，国网浙江电力在国家电网系统内多项标杆评比中名列前茅。此外，公司作为浙江省企业社会责任促进会的副会长单位，对浙江省其他企业做出了很好的示范，发挥了重要的引领和表率作用。

一、实施社会责任根植项目制

国网浙江电力按照全面社会责任管理导则——CSR26000E 的要求，积极探索将社会责任理念融入公司运营和日常管理的全过程。2014 年，公司在国家电网公司的统一部署下，率先启动了社会责任全面根植工作。企业社会责任根植强调领导表率，定期研究重大履责议题，在决策、流程和绩效管理中融合社会责任理念，统筹考虑企业重大决策的社会接受性、环境友好性、文化正向性、综合价值最大化；专业融合，树立外部视野，开展利益相关方期望调研，推动专业工作改进；将社会责任理念融入基层、融入班组工作中去，增强履责能力和水平。

为使企业社会责任根植产生实效，国网浙江电力开始实施企业社会责任根植项目制。所谓企业社会责任根植项目，是通过选择公司特定工作或业务，应用社会责任理念推动管理改进，提升综合价值创造的重要方式；是实施全面社会责任管理，促进公司管理水平整体提升的重要举措；是加强公司价值输出和利益相关方感知评价，巩固社会责任工作持续领先地位，塑造责任品牌形象，打造一流企业品牌的重要载体。

在国家电网公司的部署和指导下，国网浙江电力发布了《关于开展社会责任根植项目制工作的通知（浙电外联字〔2014〕5号）》，系统部署和推进社会责任根植试点工作。2014年，国网浙江电力先行先试，在全省系统中开展社会责任根植项目试点，试点结束后共有50个项目完成了根植，根据国网社会责任根植评选标准，评选出10个示范项目、15个优秀项目。在积累初步经验的基础上，2015年，公司广泛开展社会责任根植项目制培训，全员普及社会责任理念与方法，由各单位报送社会责任根植项目101个。其中有38个项目被国家电网公司总部立项，立项数位列国家电网公司系统第一。

由于基层单位社会责任经验积累丰富，项目根植理念宣贯到位，社会责任根植项目制推进十分顺利。从项目选题看，各单位能够坚持问题导向，将社会责任根植融入企业核心社会功能及社会热点焦点，选择优质服务、安全供电、爱心公益、节能减排等方面的重点和难点问题，努力实现利益相关方的利益认同、情感认同、价值认同；从措施内容看，各项目坚持变化导向，内部工作外部化，外部期望内部化，强化沟通，推动利益相关方共同参与；从预期成效看，各项目注重可持续发展，实现利益相关方的互利共赢，彰显责任央企的表率形象。通过社会责任全面根植，国网浙江电力在国网公司系统内多项标杆评比中名列前茅，对其他网省公司做出了很好的示范，发挥了重要的带头作用。

表1-1 国网浙江电力近年来在国网公司系统对标排名

年份	综合标杆	业绩标杆	管理标杆	专业标杆
2012	第二名	第二名	第二名	共八项
2013	第二名	第二名	第一名	共九项
2014	第二名	第二名	第二名	共九项
2015	第二名	第二名	第三名	共八项

资料来源：国网浙江电力。

表1-2 国网浙江电力2015年社会责任根植重点项目

项目编号	根植领域	根植项目名称
1	优质服务创新	让"黑楼道"持续地亮起来
2	优质服务创新	价值上亿的"流动表箱"
3	优质服务创新	阳光办电催生可持续业扩生态
4	优质服务创新	依托"电工鲁师傅"化解用户侧供电服务难题
5	优质服务创新	社会责任根植小微企业园区供电服务
6	优质服务创新	供电二维码联通"互联网+"时代
7	优质服务创新	深化阿斌电力服务 打造特色履责品牌
8	优质服务创新	"电小二"为用户提供个性化服务
9	优质服务创新	提高办电效率 深化为民服务
10	优质服务创新	"村电共建"良好用电环境
11	优质服务创新	"微服务"构建农村和谐供用电生态体系
12	优质服务创新	深化"电力阳光服务便民图"应用
13	优质服务创新	建立多方价值共享的农村表后社会化服务体系
14	优质服务创新	感知边远海岛客户诉求 全面推进业扩办理不出岛
15	业务运营创新	让分布式光伏接入更顺畅
16	业务运营创新	多方合作推动岸电建设重现港口碧水蓝天
17	业务运营创新	合作探索光伏电站并网"后时代"运行维护共赢模式
18	业务运营创新	"玠溪"供电模式破解山乡茶叶发展壁垒
19	业务运营创新	"互联网+电网"助力农村电子商务发展
20	业务运营创新	农用电力线路改造接收"五方共赢"模式
21	业务运营创新	利益相关方管理促进光伏产业落地
22	业务运营创新	以清洁能源"VIP"式服务助推绿水青山保护

项目编号	根植领域	根植项目名称
23	业务运营创新	"四力齐发"推进"以电代柴"
24	业务运营创新	打造供电配网抢修"云服务"新模式
25	安全供电创新	基于"智能总保"的主动服务能力提升
26	安全供电创新	基于"乌镇模式"的重大活动保供电新模式
27	职能管理创新	全生命周期探索可靠可信赖特高压品牌建设新模式
28	职能管理创新	"四责四化"打造责任型员工队伍
29	公益工作创新	建设电力"爱心超市"打造多元化公益平台
30	公益工作创新	"和合聚力"创建"心立方"服务平台
31	公益工作创新	构建"宁波妈妈"网络爱心互助平台
32	公益工作创新	建立未成年人社会实践电力基地
33	综合管理创新	搭建四方联动能效管理平台创新节能服务模式
34	综合管理创新	资源整合改进社会应急协调联动机制建设
35	综合管理创新	基于大数据处理模式的 iCare 系统助力节能减排
36	综合管理创新	"五水共治"之电网企业污水排放的协同治理

资料来源：国网浙江电力对外联络部编：《国网浙江省电力公司 2015 年社会责任根植项目案例选编》。

二、深化社会责任管理工作

在试点经验和管理导则的指引下，国网浙江电力不断深化社会责任管理工作。一方面，公司持续发布社会责任报告和白皮书，加强公司内外部的互动与交流，推动优秀成果转化。另一方面，公司积极探索创新社会责任管理方法和工具，如国网义乌供电公司探索构建员工社会责任管理体系，国网嘉善供电公司创新社会责任沟通方式等。

"全员参与"是全面社会责任管理的核心内容，实现社会责任的岗位根植，是实现这一目标的有效途径。2014 年，国网浙江电力作为浙江省第一家企业，以国网义乌供电公司为试点，探索建立县级供电企业员工社会责任管理体系。基于公司作为城乡基层单位担负使命的判断以及员工作为企业职工和社会公民二重性的思考，2014 年，国网义乌供电公司制定了《企业员工社会责任管理三年规划方案》，全面、系统地提出开展员工社会责任管理体系建设。作为员工社会责任管理体系建设的重要内容，员工社会责任行为制度体系建设是前提和基础。国网义乌供电公司提出对"员工社会责任行为制度体系"进行研究的课题，按照社会责任不同层次的要求，明确提出《国网义乌供电公司员工岗位履责清单》、《国网义乌供电公司责任员工行为准则》和《国网义乌供电公司责任公民行为指引》。在此基础上，公司进一步研究开发员工社会责任绩效评价体系与考核激励制度，旨在促进公司全体员工履责意识和履责能力的提升。

沟通管理是全面社会责任管理的专项工作之一，企业与利益相关方的沟通方式与效果，会直接影响到企业的社会形象和价值创造。国网嘉善供电公司在开展社会沟通的过程中，积极创新沟通方式，不断改进沟通效果。2014年，公司发布了《全面社会责任管理实践小故事集——用心的故事》，收录了社会责任履责故事 36 个，内容覆盖了公司社会责任的十二个方面。该书是国网嘉善供电公司的首次尝试，具有如下几个特点：一是突出社会表达。全书以小故事为主体，采用了"最美员工"、"精品台区"、"主动抢修"、"五水共治"、"电从远方来"等故事，穿插 72 张照片，同时以"编者按"为延伸，用生动活泼、通俗易懂的语言，图文并茂地展现了基层供电企业 2014 年度的履责实践活动。二是突出利益相关方参与。邀请政协、企业、媒体、居民、微博达人等各方面的代表一起参加发布会，并实地参观了西塘供电所抢修物资超市、配网抢修中心、韩明华劳模工作室等电力服务的各个环节，让社会各界人士近距离感受嘉善供电公司在社会责任管理工作方面做出的各项努力。三是突出社企沟通"零距离"。坚持新闻宣传与社会宣传相结合，传统媒体与新兴媒体相结合。发布会召开当天，县地方电台全程参与拍摄，公司官方微博实时公布动态信息并将陆续连载履责小故事。此外，在县恒利广场同步免费发放《用心的故事》，开展社会责任问卷调查，广泛听取意见、查找问题，深化全面社会责任管理，打造社会责任示范点。国网嘉善供电公司以此书为媒介与社会各界实现良好沟通，进一步增进利益认同、情感认同、价值认同，凝聚可持续发展合力，塑造良好的品牌形象。

品牌建设是社会责任管理工作的深化与升级，能够将企业的社会责任资源和成果进行高度整合，发挥企业的整体品牌优势。2014 年，国网嘉兴供电公司基于社会责任视角，结合嘉兴"红船"地域特色，创造性地提出实施"红船服务"品牌战略。具体而言，"红船服务"品牌战略以科学发展观为指导，以国家电网公司建设以"四统一"为基础的优秀企业文化为背景，在建设和谐社会，提升企业形象方面，提出"一二三四五"品牌战略，即唱响一个品牌、实施两点联动、构建三大体系、开展四项活动、实现五个统一。唱响一个品牌，即在全市范围内整体推进"红船服务队"建设，统一打造"光明驿站"，全面唱响"红船"服务品牌。实施两点联动，一是与社区服务热线"96345"联动，二是与农村"光明驿站"联动。构建三大体系，一是构建抢修服务体系，二是构建营销服务体系，三是构建志愿者服务体系。开展四项活动，一是走进农村，着力打造农村"光明驿站"；二是走进企业，建设"红船服务·园区驿站"；三是走进社区，建设"红船服务·社区驿站"；四是走进爱心领域，构建"红船服务·爱心驿站"。实现五个统一，一是组织机构统一，二是标识、旗号统一，三是服务范围统一，四是服装、服饰统一，五是服务语言、行动口号统一。通过实施统一的品牌战略，嘉兴供电公司整合企业优势资源，提高人员素质，扩大服务范围，并进行统一的舆论宣传，提高品牌知名度，大大提升了企业的整体形象，取得了良好的社会效应。

三、发挥社会责任表率作用

浙江省作为一个市场经济发达的省份，政府领导的社会责任意识相对更强，浙江省企业社会责任推进工作也走在了全国的前列。据统计，截至2015年12月18日，全国共发布了2352份社会责任报告，已经占据全球同类报告数量的大约40%，令全球业界为之瞩目。其中，当年浙江省企业共发布社会责任报告389份，数量居全国首位。在这些企业中，国网浙江电力作为浙江省最早发布社会责任报告的国有企业，在推动浙江省企业社会责任工作中，发挥了非常重要的示范和带动作用。近年来，公司先后获得"浙江最具社会责任感企业"（连续五届）、浙江群众最满意实事、"浙江省企业社会责任践行示范单位"、"浙江省节能减排标杆单位"、"浙企常青树"、"浙江十大国企榜样"等荣誉称号，充分展示了"责任央企"的品牌形象。同时，公司成为国家电网系统内连续10年发布年度社会责任报告和白皮书的省公司，通过积极向各级人大代表和政府部门赠阅社会责任报告和白皮书，扩大公司社会责任工作的影响力。

2015年底，在2015年浙江省企业社会责任建设高层论坛上，国网浙江电力等37家企业获得了"2014年度浙江省企业社会责任优秀报告"荣誉称号，国网浙江电力等6家公司代表在论坛上交流社会责任工作。论坛上发布的《2014年度浙江省企业社会责任建设白皮书》，阐述了新时期企业社会责任对浙江省可持续发展的重要意义，浙江省政府、广大企业和公众高度重视企业社会责任在浙江的推动与进展。同时，论坛上成立了浙江省企业社会责任促进会，国网浙江电力成为促进会的副会长单位。公司积极主动发挥先行者的表率作用，力争通过浙江省企业社会责任促进会这一重要平台和载体，传播公司社会责任管理和实践的先进经验，带动全省企业更加重视社会责任工作，深入推动全省企业树立社会责任意识，全面提升履责能力。

第四节 系统提升阶段（2016年以来）

2016年以来，国网浙江电力研究制定了公司中长期社会责任战略规划，并将社会责任战略写入公司总体战略，由此开启了全面社会责任管理的系统部署和全面提升阶段。同年，公司开始筹备社会责任示范基地，加快推进社会责任根植示范"四地"建设，即：建设成为社会责任理念的传播地、社会责任根植项目的孵化地、履责实践和社会化表达的展示地、社会责任管理的推广地。此外，公司进一步扩大全面社会责任管理的广度和深度，增加了6家地市公司作为全面社会责任管理试点单位，从而实现社会责任在各层级、各单位、各专业、各岗位的"全员参与、全过程覆盖、全方位融合"。站在新的起点上，国网浙江电力将以更广阔的视野，树立更高远的目标，为浙江省经济社会发展做出更大贡献，引领社会责任运动的新潮流。

一、制定社会责任战略规划

制定社会责任专项战略规划，能为企业社会责任工作提供长期指导，有助于提升企业社会责任工作的持续性和稳定性。2016年，国网浙江电力研究制定了公司中长期社会责任战略规划，并将社会责任战略写入公司总体战略，由此社会责任推进工作真正上升到公司战略高度，开启了公司社会责任推进工作系统提升的新阶段。

在国网浙江电力的中长期社会责任战略规划中，进一步明确了公司社会责任战略的内涵：深入贯彻落实国家电网公司对推进社会责任工作的系列部署，立足浙江电网实际，紧密围绕服务浙江省经济社会创新发展、协调发展、绿色发展、开放发展、共享发展的要求，以可持续发展为核心，以"发现价值、创造价值、传播价值、提升价值"为手段，深入实施全面社会责任管理，努力实现社会责任在各层级、各单位、各专业、各岗位的"全员参与、全过程覆盖、全方位融合"。全面提升公司综合价值创造能力，促进公司发展与利益相关方和社会各界诉求"最大公约数"的持续增加，最大限度赢得利益相关方和社会对公司的利益认同、情感认同、价值认同，全面提升"国家电网"公司品牌的知名度、认知度、美誉度和卓越水平，为公司可持续发展和电网科学发展创造良好的内外部环境。

同时，在战略规划中确定了社会责任发展目标：一是履责能力显著增强，以提升绩效为根本，以创造价值为使命，以可持续发展为主题，实现社会责任与管理职能和业务流程深度融合，系统开展责任管理、责任实践和责任沟通，使公司成为广受尊重的、引领浙江省社会责任发展的表率企业和标杆企业。二是社会责任管理能力显著提升，社会责任理念先进，管理制度完善，管理机制健全，利益相关方管理有效，工作长效机制基本形成，使公司成为水平一流的、引领省级电网公司社会责任发展的探索者和示范者。三是经济、社会和环境综合价值创造能力显著增强，具有持续竞争优势，带动产业链上下游企业共同履责、共享价值、共同发展，使公司成为影响较大的、国家电网公司保持国内社会责任领先地位的创新基地和展示基地，持续引领浙江企业社会责任工作，深化责任表率央企的公众记忆。

最后，公司社会责任工作重点包括：以实现"两个率先"，创建"四个更好"为目标，转变电网发展方式和公司发展方式，以推进浙江"两富"、"两美"为己任，主动融入和服务"一带一路"、"中国制造2025"、长江经济带战略，努力实现供电更可靠、服务更优质、运营更高效、环境更友好。加快"两个替代"，服务浙江清洁能源示范省建设。提升普遍服务和优质服务水平，构建和谐供用电环境。积极应对全球气候变化，促进产业和社会节能减排。持续推进全面社会责任管理，提升履责能力，促进浙江经济社会发展更健康、社会更和谐、生活更美好。

社会责任战略规划的制定与实施，将为国网浙江电力今后一段时间的社会责任工作提供导航，未来公司将更加注重外部沟通与合作共赢，在发挥自身优势的同时，带动更多企业为浙江省的经济社会发展做出贡献。

二、打造社会责任示范基地

在社会责任战略规划的指引下，国网浙江电力全力打造社会责任示范基地，并启动国家电网公司社会责任示范基地建设标准研究。国网浙江电力打造社会责任示范基地的主要思路是：加快社会责任根植示范"四地"建设，即建设成为社会责任理念的传播地、社会责任根植项目的孵化地、履责实践和社会化表达的展示地，以及社会责任管理的推广地。从"四地"建设目标出发，公司明确了社会责任示范基地的主要任务包括：基于企业社会责任视角指导根植项目实施，完善根植项目闭环管理，编制《2014～2015年度社会责任根植项目成果集》，并每年在各县（市）公司至少重点实施1个根植项目。开展与利益相关方的定向沟通，策划拍摄社会责任微电影，编制和出版2015年度社会责任白皮书，推广嘉善供电公司社会责任小故事集，继续完善社会责任展厅建设。加强公益项目管理和评估，推进嘉兴市红十字会"电力红船爱心基金"项目建设，促进公益事业发展。

2016年，国网浙江电力承担了国家电网公司"社会责任示范基地建设标准研究课题"，旨在持续深化公司社会责任理论研究，梳理总结供电企业全面社会责任管理工作模式，建设一批社会责任管理、根植、履责示范基地，从而加快公司发展方式和电网发展方式的转变，更好地服务于国家经济社会创新、协调、绿色、开放、共享发展。为全面、扎实、深入、创新地完成"社会责任示范基地建设标准课题研究"项目任务，根据国家电网公司《关于开展社会责任示范基地建设标准课题研究的通知》文件精神以及相关要求，国网浙江电力制定了《国家电网公司社会责任示范基地标准研究课题工作方案》，确定了课题研究的重点内容。经过一年的理论研究，形成了最终成果《国家电网公司社会责任示范基地建设标准研究报告》。该报告主要包括以下内容：一是详细阐述了社会责任示范基地建设的背景和意义，明确了基地建设的外部意义和内部意义，以及推进开展示范基地建设对于国家电网公司总部的重要意义；二是梳理了社会责任示范基地的概念与特征，提炼出示范基地的核心功能与不同类型；三是分别构建了社会责任管理示范基地和实践示范基地的理论基础；四是借鉴国内外企业的相关经验，确立了社会责任示范基地建设的建设标准；五是建立了社会责任示范基地评估与认证程序及要求；六是提出了社会责任示范基地的创建路径，包括计划制定、全面推进、效果评估和持续改进的全过程。

今后，国网浙江电力以社会责任示范基地建设为契机，将把全面社会责任管理工作推向一个新的高度，成为国家电网系统乃至全球范围内的重要示范基地，在更大的范围内发挥社会责任引领者的示范作用。

三、提升社会责任管理能力

社会责任工作本身就是一个持续改进的过程。为持续提升社会责任管理能力，推动社会责任根植基层，2016年底，国网浙江电力印发了《关于推进公司全面社会责任管理试点工作的通知》（以下简称《通知》），增加6家供电公司作为全面社会责任管理试点单位，并对相关工作进行了系统部署。这一批试点的范围包括国网舟山供电公司、国网杭州市萧山区供电公司、国网诸暨供电公司、国网义乌供电公司、国网宁波市鄞州区供电公司和国网乐清供电公司。此次扩大试点的主要目的是，进一步扩大全面社会责任管理的广度和深度，实现社会责任在各层级、各单位、各专业、各岗位的"全员参与、全过程覆盖、全方位融合"。

《通知》明确提出此次试点工作要加强过程管控，特别要实现以下重点任务：一是强化社会责任理念，推进"内部工作外部化、外部期望内部化、履责实践品牌化"，提升员工履责意识和能力，增进利益认同、情感认同、价值认同。二是推动社会责任管理融入公司管理运营全过程，塑造责任央企品牌形象，提升企业综合价值创造能力、运营透明度、品牌美誉度。三是总结提炼社会责任根植的有效模式，持续推出可复制、可传播、可推广的社会责任管理成果，彰显公司社会责任工作影响力、带动力；同时，加强社会责任管理成果推广，形成一批优秀履责案例和社会责任典型管理经验。四是加强社会责任表达，深化社会责任重大沟通，综合运用政府汇报会、媒体见面会、社会责任专题座谈会、履责实践报告等方式，系统展示服务地方经济社会发展的主要议题、重要行动和综合绩效。五是推进社会责任根植项目制，要围绕问题导向、价值导向、传播导向，运用项目管理方式，推进社会责任根植。六是培育特色公益品牌，围绕救灾、扶贫、教育、环保、救助、社会创新等领域，强化公益项目整合、指导和评价，培育有特色、影响大、可持续的公益品牌项目。

国网浙江电力还特别强调，在开展试点工作的同时，要重视制度创新和长效机制建设，健全完善全面社会责任管理的工作制度和工作流程，组织开展成果经验交流，推广运用社会责任根植典型经验。同时，开发应用社会责任管理相关模型等管理工具，制定沟通策略和保证运营透明度，不断提升社会责任管理的能力和水平。最后，做好社会责任试点成效评估，分析存在问题和不足，并提出完善建议和意见。新一批试点单位将在前期积累的经验基础上，以更高的视野和更高的目标，持续推动社会责任试点工作走向深入，全面提升国网浙江电力的社会责任管理能力和水平。

专栏 1—1 国网浙江电力全面社会责任管理大事记

2007 年，在浙江省国有企业中第一家发布社会责任报告。

2009 年，下属国网嘉善供电公司成为国网公司系统第一家县级供电公司全面社会责任管理试点单位。

2013 年，第一家建立基于国际标准的全面社会责任管理导则 CSR26000E。

2014 年，浙江省第一家发布《服务浙江经济社会发展白皮书（2013年）》。

2014 年，浙江省第一家开展社会责任根植和根植项目制。

2014 年，浙江省第一家探索建立县级供电企业员工责任管理体系。

2016 年，研究制定公司中长期社会责任战略规划。

2016 年，打造社会责任示范基地，加快社会责任根植示范"四地"建设。

资料来源：国网浙江电力。

第二章 科学理解与创新实施
全面社会责任管理

在国家电网公司的统一部署下，国网浙江电力结合自身实际和地方特点，对全面社会责任管理进行了落地探索、实践创新和持续完善，不仅形成了对全面社会责任管理理念、方法和体系的深刻理解，而且摸索出一套符合规律、特色明显、行之有效、可复制、可推广的全面社会责任管理实施模式。

第一节 全面社会责任管理的含义与特征

根据企业履行社会责任的驱动力不同以及企业对社会责任的管理范围差异，企业社会责任管理大致经历了"基于纯粹道德驱动的企业社会责任管理→基于社会压力回应的企业社会责任管理→基于风险防范的企业社会责任管理→基于财务价值创造的企业社会责任管理→基于综合价值创造的全面社会责任管理"五个阶段（李伟阳、肖红军，2010）。显然，国网浙江电力所探索的全面社会责任管理是企业社会责任管理的最新发展阶段，它与传统企业社会责任管理和现有企业管理模式具有本质的不同，展现出独特而丰富的内涵。

一、全面社会责任管理的定义

沃达克等（2002）在借鉴全面质量管理（TQM）概念的基础上，提出全面社会责任管理的概念与简要定义，即"对三重底线责任进行平衡管理的系统方法"①。显然，这一定义本质上是对全面质量管理概念的类比衍生，强调企业对待社会责任问题要像对待质量问题一样高度重视；要借鉴全面质量管理的系统方法来发展和完善社会责任问题的管理方法，如坚持全员参与、全面认识社会责任问题，所有流程落实"三重底线"要求（企业发展考虑经济、社会和环境三重底线，既要具有确保企业生存的财务实力，同时也必须关注环境保护和社会公正）。可见，沃达克等的全面社会责任管理内涵与根本特征在于"重视解决社会责任问题"和"实现与现有管理体系的全面融合"，即企业一要判断存在着哪些社会责任问题，包括社会问题和环境问题，核心是平衡管理好企业发展的经济、社会和环境的"三重底线"义务；二要借鉴全面质量管理的"与现有管理体系全面融合"的管理理念，即坚持社会责任管理的全员参与和全流程覆盖。其概念背后的理论逻辑，与波特等（2006）所提出的战略性企业社会责任，或者是德鲁克（1984）所提出的"行善赚钱"是一致的，实质都是企业社会责任的"工具理性"观点，认为管理好特定的社会责任问题，能够有助于企业实现利润最大化目标，这意味着沃达克等所界定的全面社会责任管理仍然属于传统的企业社会责任管理和传统的企业管理模式。

实际上，全面社会责任管理是确保企业发展充分考虑社会和环境因素及可持续发展要求，自觉追求综合价值最大化的全新管理模式。它以持续探索、导入、检验、完善科学的企业社会责任观为前提和指导；以推进可持续发展，追求经济、社会和环境的综合价值最大化为目标和标准；以实现社会责任管理的"全员参与、全过程覆盖、全方位融合"为手段和方式；以"通过透明和道德的企业行为，有效管理企业决策和活动对利益相关方、社会和自然环境的影响"为中心；以"树立全面履行社会责任的企业使命、价值观和可持续发展战略，并在企业决策、制度流程、业务运营、日常管理、运行机制和企业文化中贯彻落实社会责任管理理念，充分实现企业的社会功能和发挥各方合作推进可持续发展的积极作用"为内容；积极推动企业全面提升综合价值创造能力、运营透明度和品牌美誉度，努力成为推进企业与社会、环境和谐发展的卓越组织。

---

①　Waddock, S., Bodwell, C.. 全面责任管理指南［M］. 李伟阳, 肖红军译. 北京：中国电力出版社，2009.

二、全面社会责任管理的基本假设

任何企业管理理论都必须对企业本质和人性做出假设。全面社会责任管理也不例外，它对企业本质假设和人性假设提出了全新认识。

（一）对企业本质的新认识

对于"企业是什么"这一企业本质问题，长期以来，在传统的企业理论中，企业被抽象化、虚拟化和单一化，被界定为有着统一的行为方式和经营目标的组织，现有的企业管理模式都明确地或隐含地假设企业是股东获取利润的生产组织。同时，企业还被看作是实现各种内外部交易的载体，企业存在的目的是为股东创造最大化利润。

全面社会责任管理对此实现了超越，它从企业与社会关系出发，将企业看作是社会生态系统中重要的组成部分，是配置各种资源的重要主体，是由各种活生生的人所组成的组织，是各种利益相关方进行社会交往的一个平台，同时也是各种不同社会群体实现其多元价值追求的社会平台。而且，由企业这一价值实现平台所联系的各种利益相关方是有着多元价值追求的主体，他们有着采取更好的行为方式追求更美好社会的愿望和主动性，因此，全面社会责任管理的观点认为，企业存在的目的是为了实现各种利益相关方综合价值的最大化，是为了增进整体社会福利。

（二）新"理性人"假设

从古典经济学开始，人性的假定主要来自李嘉图的群氓理论：一是社会是由无组织的个人组成的；二是每个人以一种计算利弊的方式为了个人的利益而行动；三是每个人为了达到这个目的，尽可能合乎逻辑地思考和运动。基于这种假设，只能通过绝对集权来统治和管理社会。因此，在构成企业这一组织中的各类群体中，无论是内部的股东、雇员，还是外部的各类利益相关方，包括顾客、供应商、合作伙伴、社区以及特定利益群体等，在传统企业理论中都被假定为单纯追求经济价值的，有着"完全理性"或"有限理性"的"经济人"；而现代管理理论从"复杂"的"社会人"的角度去定义企业中的雇员，也要考虑如何管理他们从而更好地实现股东利益最大化目标。在这样的前提假设条件下，成本或者收入就成为了"经济人"或者"社会人"自身或者外界对其行为好坏的唯一的和充分的判断标准。

但在真实的世界中，这些通过企业这一平台进行各种社会交往的内外部利益相关方，不可否认，经济价值通常是他们最基本也是最普遍的价值追求，但除此之外，他们还可能关注社会、环境价值等。在《道德情操论》中，亚当·斯密从"道德人"的角度对人的本性做出了阐释，认为人从同情心出发，通过心理联想，对他人的喜怒哀乐能够感同身受，由此形成约束自身行为的内在"自律"机制，从而实现"经济人"与"道德人"的融合。随着经济、社会的发展，人的需求更加丰富，基本的生活需求满足对很多人而言不再是唯一或者第一需要，对其他需求的追求逐渐变得更为重要，因此，这就带来了人们追求多元价值的行为方式特征，也就是说，除"自律"之外，由企业联系的各种社会群体，不仅有主动约束自己行为方式，使之符合社会道德规范和伦理要求的动力，而且，他们还具有更进一步发挥自身作为社会主体的主动性，主动追求更好的道德规范，采取更好行为方式的内在驱动力。

与此同时，这一平台中的每一个体由于其成长经历、所处社会结构和社会位置的不同，所具有的能力、信息和资源也各有不同。并且，每一个个体都具有"决策理性"，也就是说在做决策时，这些个体总是会在决策的时点在其所知的可能选择方案中，做出其所认为的最佳选择，以实现个人行为的效用最大化，当然效用是包涵多元价值追求的满足。

因此，全面社会责任管理从现实出发，提出了新"理性人"假设。按照新"理性人"假设，首先，由于每个人的追求是具体的、丰富的和多元的，因此企业运营中发生的人与人之间的交往关系，并不是唯一的市场交易关系或经济关系，而是实现多元价值的丰富的社会交往关系。其次，由于人在交往过程中存在着相互学习的过程，其能力、信息、资源都会随时发生变化，也就是每一个社会交往主体的决策标准、决策能力和决策信息都会发生变化，其决策的标准并不仅仅是市场价格机制决定的成本费用或收入。在这一人性假设下，企业运营中人与人的关系就从唯一的市场交易关系发展到丰富的社会交往关系，其决策依据并不完全取决于经济成本或收益，而是取决于多元化的价值追求。

基于上述认识，全面社会责任管理的基本假设是：企业的价值追求必然取决于这些个体或者群体的价值追求，这也就决定了单一的实现经济利益并不符合组成企业之个体或群体的需求，从而导致了企业行为方式的差异性和经营目标的多元化。

三、全面社会责任管理的思想基础

全面社会责任管理的核心思想主要包括综合价值（comprehensive value）、合作（cooperation）和共识（consensus）三要素，如图2-1所示。

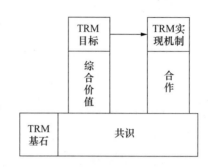

图 2-1　全面社会责任管理的 3C 思想基础

资料来源：李伟阳、肖红军（2010）。

综合价值最大化是全面社会责任管理目标。企业运营既是生产销售商品或提供服务的过程，也是企业的内部利益相关方与外部利益相关方进行社会交往的过程。不管是内部利益相关方还是外部利益相关方，都是经过特定社会建构的成年人，其价值认定或偏好不可能一模一样。这就决定了在特定企业运营过程中，利益相关团体的价值追求是多元的，既追求经济价值，也追求非经济价值；他们对经济价值与非经济价值的偏好存在着显著差异。因此，作为负责任的企业的运营目标具有多元价值特性，反映人的多元需求，包括经济价值、社会价值和环境价值。这就使得全面社会责任管理目标不再是传统的利润最大化，而是综合考虑利益相关方所关注的经济价值和非经济价值，追求企业发展的经济、社会和环境的综合价值最大化。企业应把综合价值最大化作为开展一切活动的出发点和基本指导思想，并将其全面融入企业使命、战略、文化以及日常生产经营和各项管理活动。需要指出的是，不同价值偏好的显示机制是不同的，财务价值依靠市场机制或价格机制予以反映，而综合价值的衡量标准则具有多元性。

合作是全面社会责任管理目标即综合价值最大化的实现机制。企业社会责任本质上是利益相关方合作机制，因为企业运营过程不仅是人与人通过竞争完成市场交易的过程，同时更是人与人通过合作实现多方面价值需求的社会交往过程，企业在履责意愿的推动下，完全可以通过创建利益相关方合作机制，充分容纳利益相关方的复杂性和多元化、提升利益相关方的价值认知能力以及充分发挥利益相关方的价值创造潜能，进而更大限度地创造企业运营的经济、社会和环境的综合价值，促进各种资源的更优配置。因此在全面社会责任管理中，利益相关方合作是综合价值创造的基本方式，是保障企业生产经营和管理活动得以顺利开展并不断优化的重要机制。企业要能有效创建利益相关方合作机制，切实履行社会责任，就必须促使利益相关各方认识到相互之间共同利益的存在，并通过创造相互信任、优势互补和有效激励三个前提条件，将利益相关方之间的这种共同利益转化成为合作创造的经济、社会和环境的综合价值。

共识是全面社会责任管理的基石。从微观层面来看，如果企业上下以及利益相关方对于企业与社会之间关系、企业核心社会功能等没有形成一致的认识，对于利益相关方价值的多元性没有达成共识，那么综合价值最大化这一全面社会责任管理的目标就缺乏认识基础；如果企业和利益相关方之间无法认识到共同利益的存在，无法认识到不同利益相关方对于企业运营可能创造的经济、社会和环境的不同价值存在着各自优势，无法就合作创造价值的理念达成共识，那么利益相关方合作这一全面社会责任管理的实现机制也就无从谈起。从宏观层面来看，如果政府和社会无法意识到企业社会责任能够通过创造"合作剩余"增进社会福利，实现资源的更优配置，并对企业社会责任是一种新的资源配置机制无法达成共识，那么企业开展全面社会责任管理就缺少适宜的环境基础。因此，共识是全面社会责任管理的基石。当然，只有在企业使命中承诺实现经济、社会和环境的综合价值最大化，并愿意接受内外部监督，具有创造社会价值和环境价值偏好的利益相关方才会意识到和相信有可能通过参与企业的运营过程实现个人的多元价值效用，创造更多的社会价值和环境价值。推动企业使命由内部利益相关方扩展到外部利益相关方，是形成可持续发展共识，共同致力于创造经济、社会和环境的综合价值最大化的重要保证。

四、全面社会责任管理的特征

与传统意义的社会责任管理不同，全面社会责任管理采用广义的社会责任观，认为企业作为满足社会特定需求的营利性经济组织，其经济功能与社会功能密不可分，互相作用、互相制约、相互依存。企业要从其在经济社会发展中所承担的角色出发，全面确定企业所担负的社会责任。企业履行社会责任不仅要满足"三重底线"的要求，更多的是要努力实现企业发展的经济、社会和环境的综合价值最大化。因此，全面社会责任管理模式实质上是企业为实现其发展的经济、社会和环境的综合价值最大化，以全员参与的方式对企业价值观、管理体系和管理过程进行全方位的系统改进和动态优化，对其所担负的利益相关方和环境责任进行平衡管理而形成的一种新的企业管理模式。相较于传统的企业社会责任管理，全面社会责任管理模式具有以下几个方面的明显特征：

（一）管理性质定位的全局性

全面社会责任管理要求企业立足发展全局，基于企业与内外部利益相关方的互动关系，将企业社会责任理念和要求全面融入企业的使命、战略和文化，谋求企业优化配置资源潜力的充分发挥，形成符合社会价值规范要求的核心竞争优势，协调推进企业与社会的可持续发展。

（二）管理责任内容的全面性

全面社会责任管理要求企业对其所承担的各种互相作用、互相制约、相互依存的社会责任进行平衡管理。按责任对象划分，包括股东责任、员工责任、客户责任、伙伴责任、社区责任、企业公民责任等对利益相关方的责任以及对环境的责任。按责任性质划分，包括经济责任、社会责任和环境责任。按履行责任的自我选择程度划分，包括必尽责任、应尽责任和愿尽责任。企业需要按照不同的管理环境和企业实际，确定不同的社会责任边界，选择不同的实施路径。

（三）管理实施范围的全覆盖

全面社会责任管理覆盖企业全体员工，是一种全员管理，不论是企业高层管理人员、中层管理人员、基层管理人员还是普通员工，都是实施企业全面社会责任管理的主体和客体。企业全面社会责任管理覆盖企业运营的全过程和整个生命周期，是一种全过程管理，涵盖所有的生产经营流程和职能管理体系，着眼实现与企业运营相关的价值链的整体优化。企业全面社会责任管理覆盖企业整体运营机制，是一种全方位管理，它要求企业按照社会责任理念对企业价值观、战略、规划、计划、预算、绩效考核等进行全方位的改进与优化。企业全面社会责任管理覆盖企业管理持续改进的长期过程，是一种螺旋式上升管理，遵循计划—执行—检查—处理（PDCA）的循环反复演进，实现企业履行社会责任的能力与水平的动态优化。

（四）管理体系建设的全融合

全面社会责任管理要求企业建立与现有管理体系全面融合的社会责任管理体系。包括与企业治理结构融合的社会责任组织管理体系、与公司日常管理体系融合的社会责任日常管理体系，与企业信息披露体系、业绩考核体系、能力建设体系等管理体系融合的企业社会责任信息披露体系、社会责任业绩考核体系和社会责任能力建设体系等企业全面社会责任管理体系。

（五）管理预期目标的综合性

推行全面社会责任管理，意在实现企业运营的全面优化，有效管理企业运营对社会和环境的影响，综合平衡企业创造的经济、社会和环境价值，综合平衡企业运营的利益相关方价值，综合平衡企业发展的长期和短期价值，实现企业发展的综合价值最大化。

第二节　全面社会责任管理对企业管理变革的要求

现有的企业管理模式可谓林林总总，类型各异，且始终处于动态变化之中。但是如果从管理目标和基本的管理理念维度概括，看起来千差万别的现有企业管理模式在其本质上是一致的，都可以统一称之为股东利润目标管理模式，即管理框架以股东价值为主导，管理目标追求财务价值最大化，管理方式谋求市场竞争优势。把企业视为股东实现盈利目标的组织方式，是支撑该管理模式的基本管理理念。然而，全面社会责任管理对这种传统的企业管理模式提出了变革要求，要求在企业管理框架、管理目标、管理对象、管理价值和管理机制上进行重大革新[①]，从而实现实质性的超越。

---

① 李伟阳，肖红军. 全面社会责任管理：新的企业管理模式［J］. 中国工业经济，2010（1）.

一、企业管理框架的变革

全面社会责任模式的管理框架由传统的股东价值主导转向社会价值主导，其核心表现就是要求企业的治理结构由单边（股东）治理模式转变为利益相关方共同治理模式，即决策权力配置由一元主导模式转向多元共享模式。

传统的股东利润目标管理模式隐含这样的假设：企业一切经济活动是以资本为核心，投资者向企业提供了资本这一最为重要的生产要素，因此，作为资本所有者的股东具有至高无上的地位，他们拥有企业所有权，是公司治理的唯一主体；公司治理就是公司的所有者（股东）对经营者（代理人）进行约束激励的框架，其目标是实现股东利润最大化。在这种管理模式下，股东虽然不行使日常性的管理职权，但他们通过代理权争夺、机构投资者行动、股东诉讼和公司控制市场等方式对公司事务行使最终决策权。譬如，泰勒提出的科学管理思想正是基于两个重要的前提假设：一是"经济人"假设，即企业雇主或者雇员唯一关心的就是提高自己的货币收入，特别是雇员，只要能实现这个目标，他们就愿意配合管理者挖掘出自己最大的潜能。二是单个人可以取得最大效率，而集体行动反而可能导致效率下降。因此，科学管理的内容是倡导科学精神，从作业管理、组织管理和管理哲学三个方面的变革入手，以经济利益驱动员工提高劳动效率，企业管理应该通过提高单个工人的最大劳动效率，实现企业经营的目标，这个目标就是泰勒所说的，"管理的主要目的应该是使雇主实现最大限度的富裕，同时也使每个雇员实现最大程度的富裕"[1]。除泰勒外，其他古典管理理论也都是以追求自身利益最大化的理性"经济人"为假设，强调经济利益是激励雇员积极性的主要动力，强调以科学理性的思维进行管理。如法约尔提出通过组织管理提高企业组织效率；韦伯的行政组织体系理论则强调通过科层制提高社会组织效率。尽管三者分别涉及了个人、组织和社会等不同层次的管理问题，其治理结构都是以股东为主体，都是基于效率最大化目标。

与股东利润目标管理模式不同，全面社会责任管理强调企业本质上是利益相关方合作创造社会价值的平台，各个利益相关方直接或间接地对企业投

---

① 郭咸纲. 西方管理思想史（第 3 版）[M]. 北京：经济管理出版社，2004.

入了物质资本或人力资本，其目的是获取单个产权主体无法获得的合作收益。因此，公司治理不再仅仅是为了实现股东利益最大化，而是追求包括股东在内的利益相关方的价值最大化。公司治理的主体也不再局限于资本所有者，其他多元利益相关方都将在公司治理中发挥重要作用，多边共同治理成为主导公司治理模式。与共同治理相对应，全面社会责任管理认为决策权力配置应遵循利益相关方价值逻辑，按照资源优势和贡献程度的不同将决策权分配于资本所有者和拥有不同资源的各种利益相关方，形成多元共享的权力配置机制，充分发挥不同主体的价值创造潜能。

二、企业管理目标的变革

管理理论的纷繁复杂，使之在实践应用中形成了各种各样、千差万别的管理模式。根据现有文献，被提及的现代管理模式大体包括[①]：物本管理模式、人本管理模式、智本管理模式、以流程为中心的管理模式（ERP）、刚性管理模式、柔性管理模式、鲨鱼式（shark style）管理模式、海豚式（dolphin style）管理模式、夏裨鱼管理模式、和谐管理模式、双头鹰管理模式、7S 管理模式、以质量为中心的管理模式（亦称 B 管理模式）、JIT 管理模式、MRP 管理模式、家族式管理模式、中国式管理模式、日本式管理模式、美国式管理模式、海尔管理模式、邯钢管理模式、制约管理模式（亦称 TOC）、A 管理模式等。每一种管理模式的提出都是基于不同的管理理念或者思想，同时，不同的管理模式往往产生于不同的历史阶段，与特定的社会历史背景紧密相关。因此，每一种管理模式都有特定的管理目标，并且通常被用于实现相应的管理目标。

进一步来看，在不同的发展时期，不同的管理模式都有其强调的特定目标（如图 2-2 所示），包括质量、作业流程优化、对环境的适应性、成本降低、组织和谐与创新等；同时，各种模式的目标并非单一，更多的是多个子目标的集合。如果从管理要素来考察，以上这些管理模式所围绕的是人、财、物、技术、知识和信息等几个方面，但毫无疑问，其最终目标是实现企业效率的最大化，从而实现股东利益最大化。

---

① 钱颜文，孙林岩. 论管理理论和管理模式的演进［J］. 管理工程学报，2005（2）.

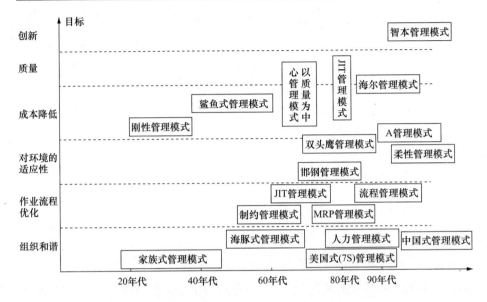

图2-2　不同管理模式的管理目标

资料来源：钱颜文，孙林岩. 论管理理论和管理模式的演进［J］. 管理工程学报，2005（2）.

由此可见，在一系列传统假设的支持下，现有企业管理模式着眼于追求所有者的盈利目标，都或明或暗地将实现利润最大化作为企业管理的核心目标，企业治理机制、发展战略、管理制度、管理流程、管理方法和企业文化都直接或间接地服务于此，企业对其他利益相关方价值的关注也仅仅是实现这一管理目标的手段而已。从这个意义上来说，即使是波特提出的战略性企业社会责任，或者是德鲁克所提出的"行善赚钱"，其本质上始终是股东利润目标管理模式，即追求利润最大化。

与股东利润目标管理模式不同，全面社会责任管理是从现实中的"人"出发，立足于对人的多元价值需求的深刻认识，深入考察内嵌于企业运营过程中的人与人的社会交往关系，从社会价值本位考虑企业的社会功能，坚持以人为本，把实现企业发展的经济、社会和环境的综合价值最大化作为企业管理的核心目标，并以此为导向对企业使命、治理机制、发展战略、管理制度、管理流程、管理方法和企业文化等进行重构。

三、企业管理对象的变革

根据传统定义，"管理学是研究和探讨组织和组织内资源配置的构造、过程、方式和方法的科学"①。各种不同的管理模式可因此被划分为物本管理模式、人本管理模式、智本管理模式；并且毋庸置疑，这些模式是将组织内部人、财、物作为其管理对象。

在传统管理理论中，人一直是被视为组织和管理的关键因素，尤其是企业中的人。从古典管理理论以经济利益激励员工的工作效率，到行为科学理论关注个体行为、群体行为和组织行为的研究，从人的需要、欲望、情绪、动机等心理因素的角度研究人的行为规律，并借助于这种规律性的认识来预测和控制企业内部人的行为，以实现提高组织效率的管理目的。在现代管理的理论丛林中，更加关注对企业中不同层次的个体研究，包括雇员、经理、管理者等。在当代，汤姆·彼德斯（Tom Peters）推崇管理的人性化，强调人的"两重性"和"自愿性"，他认为，一是人受到"两重性"驱动，既要作为集体的一员，又要突出自己；二是只要人们认为某项事业从某种意义上说是伟大的，那么他们就会情愿地为此付出。彼得·圣吉（Peter Senge）提出以"五项修炼"为基础建立学习型组织，强调通过培养弥漫于整个组织的学习气氛、充分发挥员工的创造性思维能力而建立一种有机的、高度柔性的、扁平的、符合人性的、能持续发展的组织。

在财和物的管理方面，戴明（W. Edwards Deming）所提出的质量管理"十四要点"和PDCA循环，约瑟夫·朱兰（Joseph Juran）提出的"质量计划、质量控制和质量改进"的"朱兰三部曲"以及六西格玛管理，都为企业进行财和物的管理奠定了重要的理论基础，提供了基本的方法。此外，哈默（Michael Hammer）和钱皮（James Champy）的企业流程再造通过阐明生产流程、组织流程在企业市场竞争取胜中的决定作用，引导企业从过去的对计划、控制和增长的关注转到速度、创新、质量、服务和成本。

从以上的各种传统管理模式可以看出，它们在股东利润最大化指导下，着眼于实现利润最大化目标来整合企业内部资源，关注重点仅限于提升企业内部的运营效率，只能看到和优化与创造财务价值相关的企业内部的人、财、

---

① 芮明杰. 管理学：现代的观点［M］. 上海：上海人民出版社，2002.

物，而忽视了企业内外部利益相关方追求和创造经济、社会和环境的综合价值的愿望与潜能，对资源、信息、能力的理解和配置仅限于单纯的财务价值，而看不到它们用于创造经济、社会、环境的综合价值的巨大潜能与优势。

全面社会责任管理作为社会价值目标管理模式，以价值创造结果为标准，全面深刻地洞察企业内外部利益相关方的多重价值追求，大大拓展了企业的管理对象和范围，不仅认识到企业运营过程中人与人关系中竞争的一面，也认识到企业运营过程中还普遍存在着人与人关系中合作的一面，并且关注企业内外部各种利益相关方在资源、信息和能力的差异性和互补性，将企业社会责任视为社会资源的优化配置机制，着眼于建立利益相关方的合作机制，激发与企业运营相关的各个社会主体创造经济、社会和环境的综合价值的潜能与优势，实现社会资源的更优配置，最大限度地创造社会福利。也就是说，全面社会责任管理将企业管理对象从企业内部的人、财、物拓展到了内外部利益相关方的资源、信息、能力和潜力。

如果更加深入地研究，全面社会责任管理作为一项整合性、综合性管理，其管理对象可以从抽象层面和操作层面两个层面进行区分，其中，前者从直观上看是"责任"，因为"社会责任管理"的对象自然是"责任"，但从隐含意义上看则是"价值"，因为全面社会责任管理的核心和目的是要最大限度地创造综合价值；后者是将抽象层面的管理对象落实到企业实际运行和管理中，主要是"影响"，因为无论是管理"责任"还是"价值"，都要求企业通过透明和道德的方式有效管理自身决策和活动对利益相关方、社会和自然环境的影响。进一步来看，有效管理"影响"要求企业不仅要关注内部的人、财、物，而且要拓展到内外部利益相关方的资源、信息、能力和潜力，唯有如此，才可能真正从操作层面上保证管理好"影响"、"价值"和"责任"，如图 2 - 3 所示。

四、企业管理价值的变革

由于将企业视为提供产品或者服务的经济组织，只看到企业的经济功能而忽略企业所应有的社会功能，传统的管理模式毫无例外地将财务价值创造作为企业管理价值的取向，并且，由于股东利润目标管理模式是以"公司是股东的公司"、"股东是经济人"以及"管理者是股东的受托人"的假设为前提，从而企业价值创造必然局限地被定位于财务价值、股东价值、短期价值、自身价值。

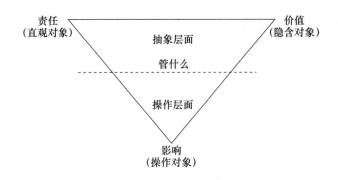

图 2 - 3　全面社会责任管理不同层面的管理对象

资料来源：作者绘制。

全面社会责任管理作为社会价值目标管理模式，充分关注人的多元价值追求和社会福利的多重价值属性，着眼于充分实现企业的社会功能，将企业看作各种利益相关方实现多元价值的载体，看作各种社会资源的配置机制，甚至更进一步地将企业视为承载人类文明的载体，因此，企业谋求的不仅是实现股东、企业自身的价值，还要谋求创造企业发展的经济、社会和环境的综合价值，统筹平衡利益相关方的多重价值、长期价值，致力于提升社会价值（社会福利），从而协调推进企业与社会的可持续发展。也就是说，全面社会责任管理将企业管理价值从财务价值延伸到经济价值、社会价值、环境价值，从股东价值延伸到利益相关方价值，从关注自身价值延伸到创造社会福利。

五、企业管理机制的变革

传统的企业管理模式，按制度化程度划分，有"经验管理"模式、"理性（组织）"管理模式等；按人性化程度划分，有机械化管理模式、人本管理模式、柔性管理模式等；按组织形式划分，有 A 型管理模式——采用金字塔型机械式组织机构的管理形式、B 型管理模式——实行扁平型组织机构的管理形式、C 型管理模式——融入中国国学和传统文化的"人型"组织机构的管理形式；按管理方法划分，有企业资源计划（ERP）、制造资源计划

（MRPII）、准时生产（JIT）、精良生产（Lean Production）、按类个别生产（OKP）、优化生产技术（OPT）、供应链管理（SCM）、企业过程重组（BPR）、敏捷虚拟企业（AVE）等；按地域划分，典型的有美国模式、日本模式、中国模式等；按典型企业划分，有海尔模式、丰田模式等。在上述管理模式中，企业是受市场机制引导、受政府机制调控的经济组织，其所能发挥作用的领域是对内部资源进行优化配置，其管理机制必然以企业内部人、财、物、技术、知识和信息的优化配置为核心。

全面社会责任管理作为社会价值目标管理模式，管理目标、管理对象和管理价值的根本转变必然伴随着企业管理机制的根本变革，企业的发展必然以利益相关方的发展为基础和前提，深刻认知社会资源的多种存在形态，努力激发和实现利益相关方配置经济、社会和环境的多种社会资源的潜力、优势和综合价值，着眼于社会发展阶段（市场和政府成熟程度）、国情和企业特性，充分发挥利益相关方的主观能动性和加强彼此合作，有效地弥补"市场失灵"和"政府失灵"，最大限度地创造企业发展的经济、社会和环境的综合价值，促进社会资源的更优配置。从这个意义上来说，全面社会责任管理意味着企业不仅是只受市场机制引导、政府调控机制约束和社会力量监督的被动主体，而且是能够促进市场机制和政府调控机制更好地发挥作用，或者有效弥补"市场失灵"和"政府失灵"的主动力量。这也是为什么要把企业社会责任看作与市场机制和政府调控机制并列的社会资源配置机制的根本原因。也就是说，全面社会责任管理将企业管理机制从注重实现企业内部资源的优化配置发展到注重促进社会资源的更优配置。

第三节　全面社会责任管理的实施范式

全面社会责任管理作为一种全新的管理模式，不但其最终效果需要在实践中得以检验，而且其作用发挥也必须在实践中得以体现。2008年以来，国家电网公司在国内率先并持续开展全面社会责任管理的实施探索，取得了许多成功经验和有益成果。特别是，作为国家电网公司系统内社会责任领先企业，国网浙江电力在国家电网公司的统一部署下，较早就开始探索全面社会责任管理，创新摸索出一套全面社会责任管理的实施范式。

一、全面社会责任管理实施范式的构建思路

国网浙江电力在对全面社会责任管理实施范式进行顶层设计时，既考虑到企业社会责任管理的一般要求，又要符合国家电网公司对全面社会管理体系的科学架构，同时还需要结合省级电网公司的特点。

（一）全面体现科学的企业社会责任观

按照科学的企业社会责任观，企业社会责任是企业的履责意愿、负责任的行为和最大化对可持续发展贡献的结果。首先，从履责意愿来看，企业实施社会责任的前提是要树立正确的社会责任意识，科学地理解和认识社会责任，切实将社会责任深入到全体领导和员工的内心深处，唯有如此，才可能建立起强烈的履责意愿和自觉的履责思想。这意味着科学理解企业社会责任，培养企业履责的动机机制是企业实施社会责任的起点，也是企业社会责任能否得到正确实施的基本前提。其次，从负责任的行为来看，企业实施社会责任的关键是要在日常行为中做到负责任，这要求企业在运营和管理过程中要全方位地符合社会责任要求，切实将社会责任理念全面融入企业的生产经营和企业管理之中，同时，负责任还要求企业的行为必须保持透明度。这意味着推动社会责任全面融入整个企业、加强社会责任沟通和利益相关方参与是企业实施社会责任的关键环节，也是企业社会责任能否得到有效落实的难点。最后，从最大化对可持续发展贡献的结果来看，企业实施社会责任的最终衡量标准要看其对可持续发展的贡献，其绩效表现在很大程度上决定了企业行为结果的负责任程度，这要求企业要对行为结果的负责任程度进行衡量和管理，确保企业行为在结果上是有效的，符合最大化对可持续发展贡献的目标要求。这意味着社会责任绩效管理是企业实施社会责任的必要构件，也是企业社会责任是否得到有效落实的管理环节。

（二）全面体现全面社会责任管理体系的要求

2012年，国家电网公司基于对企业社会责任和全面社会责任管理的深刻理解，提出全面社会责任管理体系的"鼎·心"模型（如图2-4所示）。这一模型将全面社会责任管理体系分解为四大模块和二十一项要素，具体包括：一是管理目标模块，包括坚持以科学的企业社会责任观为指导、优化公司使

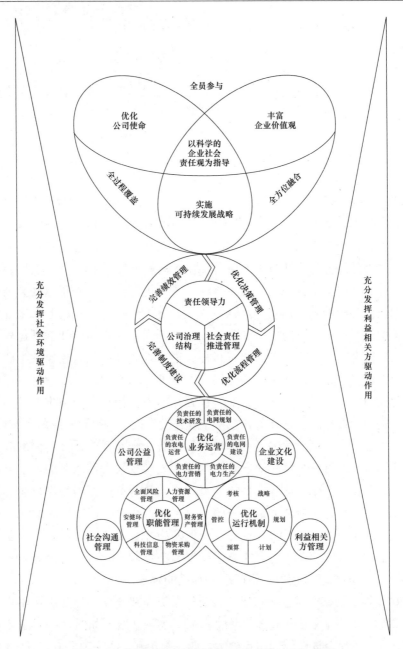

图2-4 全面社会责任管理体系的"鼎·心"模型

资料来源:中央企业管理提升活动领导小组.企业社会责任管理辅导手册[M].北京:北京教育出版社,2012.

命、丰富企业价值观、实施可持续发展战略的"全员参与、全过程覆盖、全方位融合"五大要素。二是管理机制模块，包括责任领导力、公司治理结构、社会责任推进管理、优化决策管理、优化流程管理、完善制度建设、完善绩效管理七大要素。三是管理内容模块，包括优化业务运营、优化职能管理、优化运行机制、公司公益管理、企业文化建设、利益相关方管理、社会沟通管理七大要素。四是管理动力模块，包括充分发挥利益相关方驱动作用和充分发挥社会环境驱动作用两大要素。国网浙江电力在探索全面社会责任实施范式时，深入理解国家电网公司全面社会责任管理体系的构成，并将相关要求全面融入其中，以便符合国家电网公司全面社会责任管理体系的要求。

（三）全面体现"三元互动"的社会责任特点

按照社会责任的定义，社会责任是企业有效管理自身运营对社会和利益相关方的影响，因此社会责任是企业与利益相关方、社会三方互动的结果，是企业与环境共同演化的过程。这意味着企业实施全面社会责任管理，必须充分考虑企业、利益相关方和社会之间的互动，无论是社会责任意识与动力的培育，还是行为与行动的实施，或是绩效与结果的展现，均应从企业、利益相关方和社会三个方面进行考虑。

（四）全面体现管理变革的一般规律

正如前文所言，全面社会责任管理本质上是对传统企业管理模式的全面变革，它要求企业的管理目标从追求以利润为核心的财务价值最大化，转向追求以社会福利为核心的综合价值最大化；管理方式从获取市场竞争优势，转向创建合作，创造综合价值机制；管理对象从企业内部的人、财、物拓展到外部利益相关方的资源、能力和优势及生态环境、自然资源等；管理机制从优化企业资源配置发展到促进社会资源的更优配置；管理内容从以利润目标管理为中心的商业管理内容拓展到综合价值管理、社会和环境风险管理、利益相关方管理、透明度管理等全面社会责任管理内容；管理假设从视企业为股东实现其利润目标的生产组织，转向视企业为不同社会主体实现其多元价值追求的社会平台。这意味着企业实施全面社会责任管理必须遵循管理变革的一般规律和基本路径，即"理念导入（培育动力）—认识改变—管理变革—行为改变—绩效提升—定期评审—持续改进"。这要求企业首先要全面提升社会责任意识，将科学的社会责任观、社会责任原则、社会责任基本实践、社会责任核心主题及议题牢记于心，培育形成实施社会责任的基本动力，特别是企业的领导层要对社会责任有正确理解，并对履行社会责任做出明确承诺；其次，要求企业做出全面的管理变革行动，明确方向、提升能力、变革制度和流程，从而推动企业行为发生深刻改变，满足"透明和道德的行为"要求；再次，组织管理变革和行为变革，必然导致组织社会责任绩效的提升；最后，通过对上述过程的定期评审和考核，针对行动和绩效提出改进举措，实现持续改进。

（五）全面体现 PDCA 循环逻辑

任何管理模式的应用都将是一个持续改进的过程，况且企业社会责任本身就包含了持续改进的思想，因此企业实施全面社会责任管理的过程也必将遵循持续改进的原则。持续改进意味着企业应将 P（计划）D（执行）C（检查）A（处理）的思想应用于全面社会责任管理实施的整个过程以及每个流程环节，根据 PDCA 循环设计、实施各项推进活动，实现推进过程优化改进。需要特别强调的是，持续改进既包括对企业实施全面社会责任管理过程本身的改进，也包括对所开展的企业社会责任管理内容的改进。比如，对于构建企业社会责任组织管理体系的持续改进，既包括对这一体系的构想、组建以及运行等实施过程的优化改进，也包括根据运行效果对构建的社会责任组织管理体系进行改进和完善，这样不但可以提升本推进环节的实施效果，而且可以为下一次推进类似环节提供更加可靠和完善的流程。

二、实施全面社会责任管理的漏斗模型

国网浙江电力按照以上的思路，在长期实践探索基础上，结合企业实际，前瞻性地提出了落实全面社会责任管理的漏斗模型，如图 2－5 所示。

在漏斗模型中，漏斗的底部是公司，漏斗上沿的任何直径两个端点分别为利益相关方和社会，由此，公司与利益相关方、社会构成一个"V"字形，代表着公司与利益相关方、社会之间的共赢。而且，漏斗中可以有无数个"V"字形，意味着企业与任何利益相关方、任何社会主体与要素之间都可以实现共赢。公司落实社会责任，必须从与利益相关方互动、与社会互动、利益相关方与社会互动等视角进行考虑。进一步来看，公司与利益相关方、社会之间的关系要素的首字母组成 VICTORY 单词，与"V"字形所代表的"胜利"或"赢"含义相呼应，意味着国网浙江电力的全面社会责任管理是公司、

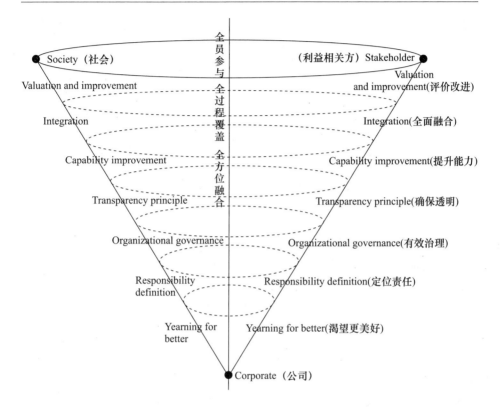

图 2 - 5　实施全面社会责任管理的漏斗模型

资料来源：作者绘制。

社会和利益相关方的共赢。"V"字形揭示了国网浙江电力实施全面社会责任
管理的基本步骤与主要内容：培养动力，即以渴望更美好（Yearning for bet-
ter）为动力；定位责任（Responsibility definition），即以科学确定公司对社
会、对利益相关方的责任内容为前提；有效治理（Organizational govern-
ance），即以社会、利益相关方合作推动公司形成激励自身追求最大限度贡
献浙江可持续发展的组织治理为机制；确保透明（Transparency principle），
即以保持公司与社会、利益相关方关系的透明、共识和互信为原则；提升
能力（Capability improvement），即以培育、提升公司对社会和利益相关方
负责任的能力为基础；全面融合（Integration），即以社会、利益相关方合
作推动公司将社会责任融入业务运营和企业管理为路径；评价改进（Valu-

ation and improvement），即以基于综合价值创造的标准对公司社会责任表现进行衡量及持续改进为根本。除了"V"字形，漏斗的中间轴为"全员参与、全过程覆盖、全方位融合"，体现了公司实施全面社会责任管理的目标和要求。

三、实施全面社会责任管理的主要模块

根据实施全面社会责任管理的漏斗模型，国网浙江电力实施全面社会责任管理的范式由四大模块构成：目标与手段模块、认知与动力模块、行动与保障模块、绩效与改进模块。

目标与手段模块指的是漏斗的轴心，即"全员参与、全过程覆盖、全方位融合"。社会责任内生于企业运营过程，与企业每一项决策和活动都相关、与企业中的每一个人都相关，"全员参与、全过程覆盖、全方位融合"既是实施全面社会责任管理的目标，又是全面社会责任管理的实现手段、具体方式和根本要求。全员参与意味着公司各部门、各层级和各岗位的所有员工都要有意愿、有能力落实社会责任管理要求，切实将有效管理决策和活动对利益相关方、社会和环境的影响，保持行为的透明和道德，积极推动利益相关参与，追求经济、社会和环境的综合价值最大化等社会责任管理理念转化为具体行动，并在此基础上，努力将社会责任管理理念拓展到外部利益相关方，携手外部利益相关方共同推进可持续发展，合作创造综合价值最大化，形成内部员工和外部利益相关方共同发挥作用的最广泛的全员参与。全过程覆盖意味着公司要将有效管理决策和活动对利益相关方、社会和环境的影响，保持行为的透明和道德，积极推动利益相关方参与，追求经济、社会和环境的综合价值最大化等社会责任管理要求，融入到生产经营的每一个环节和职能管理体系，覆盖企业价值链的所有决策和活动，优化企业生产运营流程和职能管理体系。全过程融合意味着公司将有效管理决策和对利益相关方、社会和环境的影响，保持行为的透明和道德，积极推动利益相关方参与，追求经济、社会和环境的综合价值最大化等社会责任管理要求，融入到使命和价值观确定、战略制定、规划制定、综合计划制定、全面预算编制、绩效考核和全员绩效管理等公司日常运行机制的全部环节，从思想、战略、组织、制度和考核各个方面实现社会责任管理的闭环循环，优化企业日常管理流程。

认知与动力模块指的是公司履责意愿的培育和履责范围的确定，包括"培育动力"和"定位责任"两个要素。培育动力是公司实施全面社会责任管理的前提，只有培育形成履行社会责任的意愿，才可能去开展对社会负责任的行动。培育动力要求公司不但要注重内生性动力机制的建设，而且也要重视外源性动力机制的作用，前者包括公司使命驱动、价值观驱动、战略定位驱动、责任愿景驱动、责任意识驱动，后者主要是外部环境驱动。"定位责任"要求公司在深刻理解社会责任的基础上，清晰确定履行社会责任的原则，科学界定公司履行社会责任的边界，合理找出公司履行社会责任的内容，以便为公司开展具体的社会责任实践提供明确指导。

　　行动与保障模块指的是为保障公司全面履行社会责任，应当具备哪些基础条件，以及应当开展哪些具体行动，包括"有效治理"、"确保透明"、"提升能力"和"全面融合"四个要素。"有效治理"意味着公司要建立健全保证履行社会责任的公司治理与组织管理体系，形成相应的治理与管理程序，完善相关的管理制度，为推进全面社会责任管理提供坚强的组织保障和制度保障。"确保透明"意味着公司必须遵守透明度原则，建立健全利益相关方沟通管理体系，创新沟通方式，拓宽沟通渠道，加强利益相关方参与，保证影响社会与利益相关方的决策和活动的透明度。"提升能力"意味着公司要通过开展全员社会责任培训提升全体员工履行社会责任的素质能力，通过建立健全社会责任管理制度提升全体员工履行社会责任的执行能力，通过策划和开展社会责任重大活动提升全体员工履行社会责任的实践能力，通过社会责任管理工具的研发与应用来提高全体员工履行社会责任的要素能力，通过加强社会责任的国内外交流提高全体员工履行社会责任的动态能力，通过社会责任知识管理体系的建设提高全体员工履行社会责任的创新能力，通过社会责任根植项目制的实施提供全体员工履行社会责任的操作能力。"全面融合"意味着公司要推动社会责任理念和社会责任管理与"五大体系"建设进行专业融合，推动社会责任理念和社会责任管理与各项基础管理、职能管理进行管理融合，推动社会责任理念和社会责任管理与班所建设和岗位工作相融合。

　　绩效与改进模块指的是对公司履行社会责任的行为表现进行衡量、管理和改进，主要是"评价改进"要素。绩效评价意味着公司要以实现全面社会责任管理目标为着眼点，加强社会责任绩效管理，建立健全社会责任绩效管理体系，形成有利于促进公司履行社会责任的激励约束机制，提升公司社会责任绩效水平。持续改进意味着公司应按照 P（计划）D（执行）C（检查）A（处理）的思想，持续改进社会责任实践与管理，以最大化公司对可持续发展的贡献，达成全面社会责任管理目标。

第三章 社会责任动力机制
——培育动力

    动机是驱使人和组织从事各种活动的原因，是鼓励和引导其为实现某一目标而行动的力量。动机的来源包含多个方面，可以区分为外生动机和内生动机。外生动机指的是个体在外界的要求或压力的作用下所产生的动机，内生动机则是指由个体的内在需要所引起的动机。企业的社会责任行为，同样也是在外部驱动因素和内部驱动因素的共同作用下产生的。就国网浙江电力而言，其履行社会责任的动力主要来自两个方面：一方面是社会责任内生动

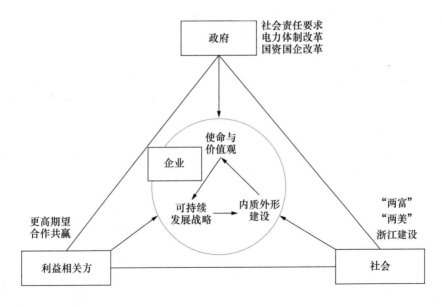

图 3-1 国网浙江电力社会责任驱动力模型

资料来源：作者绘制。

力，这既是公司使命与价值观和可持续发展战略的自然属性，也是公司内质外形建设的内在要求；另一方面是社会责任外生动力，包括政府制度的推动、电力体制改革的压力、利益相关方的期望以及浙江经济社会建设的现实需要（如图 3-1 所示）。国网浙江电力深刻认识到，只有培育良好的社会责任动力机制，才能赋予社会责任管理和实践源源不断的动力，从而促使全面社会责任管理工作常态化，最终实现企业自身发展与全社会价值创造的和谐统一。

第一节　内生动力机制

社会责任的内生动机，是由企业的内在需要所引起的动机，是企业自觉履行社会责任的内部驱动力量。国网浙江电力作为一家能源供应领域的中央企业，其公用事业的行业属性和全民所有的国企性质，决定了公司承担社会责任是一种必然的选择。国网浙江电力履行社会责任最根本的内生动力，来源于公司对自身定位的清醒认识，尤其是在国家电网公司统一的企业文化和发展战略指导下，公司更加明确了履行社会责任的深刻意义。与此同时，积极履行社会责任，也是公司提升管理和经营质量、树立良好社会形象的重要途径。在履行社会责任的同时，公司也赢得了利益相关方的广泛认可，获得了良好的社会声誉，维护了负责任央企的品牌形象，对公司内质外形建设发挥了重要的支撑作用。

一、使命与价值观驱动

（一）承载公司使命

国网浙江电力秉承国家电网公司统一的企业文化和价值体系，始终把"奉献清洁能源，建设和谐社会"作为公司生存发展的根本使命，并努力促使这一企业使命真正落地，使其成为公司社会责任工作的不竭动力源泉。

从行业属性来看，作为浙江省能源战略布局的重要组成部分和能源产业链的重要环节，国网浙江电力在浙江省能源的优化配置中扮演着重要角色。坚强的智能电网不仅是连接电源和客户的电力输送载体，更是具有网络市场功能的能源资源优化配置载体。充分发挥电网功能，保障更安全、更经济、更清洁、可持续的电力供应，促使发展更加健康、社会更加和谐、生活更加美好是国网浙江电力的神圣使命。这既是基础能源供应这一行业属性的特定要求，也是公司存在和发展的核心功能与价值所在。因此，从"奉献清洁能源，建设和谐社会"的公司使命出发，国网浙江电力最重要的社会责任就是建设坚强智能电网，优化能源结构和资源配置，保障可靠、可信赖的电力供应。

从企业性质来看，作为一家中央企业的省级全资公司，国网浙江电力全民所有的企业性质，本身就决定了履行社会责任是其不可推卸的使命。国家和社会对中央企业落实科学发展观，转变发展方式，自觉履行社会责任具有很高的期望和明确的要求，认为履行社会责任是中央企业在当代应尽的义务。同时，中央企业一般处于国民经济的重要领域，并且企业规模较大、经济实力较强，对经济社会发展的影响力较大，受到的社会关注度自然也较高。中央企业履行社会责任，会对其他企业起到重要的示范和引领作用。从我国现实来看，以国家电网、中国移动、中国远洋等为代表的一批中央企业，在履行社会责任方面率先垂范，积累了丰富的经验并积极传播推广，对推动全社会重视社会责任起到了关键性的推动作用。国网浙江电力作为中央企业的全资公司，也具有这种天然的使命感。

专栏 3-1　"一站式"服务让替代项目早投产早见效

为了快速推进电能替代工作，国网浙江电力主动谋划，做好电网支撑工作，加大电能替代项目配套电网建设力度，避免因电网"卡脖子"现象影响终端用电；公司成立由主要负责人任组长的领导小组，建立多层级、多部门协同机制，整合内外部资源，合力推进电能替代工作。

国网浙江电力还制定实施电能替代配电网建设改造行动计划，建立快速响应机制，项目立项、投资安排等优先向电能替代倾斜，实行统一规划、统一标准、集中审批和应急增补模式，确保电能替代接电无延时送上、无障碍接入；提前谋划电网配套建设，深入调研工业园区、产业聚集区和新围垦经济区等区块，全面分析挖掘电能替代需求项目，对于确因电网受限影响接入的，原则上采用"先接入，后分流，再改造"方式确定方案，并纳入"负面清单"限期整改，快速落实人力、资金、物资保障，坚决避免因电网"卡脖子"影响电能替代项目按时投运。

为切实给电能替代客户做好服务，国网浙江电力在营业厅开辟专门窗口，实行大客户经理"一对一"全程引导，简化电能替代业扩流程，免费提供技术、标准和典型设计，实行设计费、施工费减免政策，实现从报装到送电的"一站式"服务，确保电能替代项目早投产、早见效。

下一步，国网浙江电力将按成熟领域、新兴领域、创新领域三大领域及电锅炉、电窑炉、港口岸电、燃煤自备电厂回收等18类新技术方向分解电能替代任务，确保完成年度替代电量60亿度、力争完成80亿度的总体目标，为节能环保做出更大的努力。

（二）践行核心价值观

国网浙江电力在国家电网公司统一的企业文化和价值体系指导下，一直把"诚信、责任、创新、奉献"的核心价值观作为公司的价值追求，并将其作为衡量和指导公司日常经营和管理活动的重要标准。

"诚信、责任、创新、奉献"的核心价值观，蕴含着对公司履行社会责任的内在要求，是公司从事生产经营活动的基本原则，也是每一个岗位、每一位员工的行为准则。诚信，是企业立业、员工立身的道德基石，要求每一位员工都要重诚信、讲诚信，遵纪守法、言行一致，忠于国家、忠于企业。责任，是勇挑重担、尽职尽责的工作态度，要求公司在经济社会发展中主动承担重要的政治责任、经济责任和社会责任，要求每一位员工都要坚持局部服从整体、小局服从大局，做到对国家负责、对企业负责、对自己负责。创新，是企业发展、事业进步的根本动力，要求公司大力倡导勇于变革、敢为人先、敢于打破常规、敢于承担风险的创新精神，全面推进理论创新、技术创新、管理创新和实践创新。奉献，是爱国爱企、爱岗敬业的自觉行动，在应对危机、抗灾抢险、重大保电等重要任务面前，要求每一位员工不计代价、全力拼搏、无私奉献。

在国网公司核心价值观的驱动下，国网浙江电力树立"五种意识"，使"诚信、责任、创新、奉献"的核心价值观在公司得到很好的传承和发扬。"五种意识"包括：一是敢为人先、争当标杆的"率先意识"；二是与时俱进、开拓进取的"创新意识"；三是忠诚履责、勇于担责的"担当意识"；四是专心致志、精益求精的"精细意识";五是求真务实、真抓实干的"求实意识"。这"五种意识"为国网浙江电力提供了正确的行为指导,使履行社会责任成为一种自觉的行动。

专栏 3 - 2　发扬创新精神,不断超越自我

　　国网浙江电力发扬"努力超越　追求卓越"的企业精神,积极投入电网关键技术创新活动,并且取得了一系列成果,为清洁能源发展和浙江经济社会建设做出了重要的贡献。

　　浙江舟山多端柔性直流输电示范工程。2014 年 7 月 4 日,浙江舟山多端柔性直流输电示范工程正式投运。工程实现 5 端换流站,单端换流站最大容量达 400 兆瓦,电压等级 ±200 千伏,这些成果代表了当今世界柔性直流输电领域的最高技术水平,实现了"中国创造"和"中国引领"。

　　500 千伏海缆技术研究突破众多技术瓶颈。对舟山 500 千伏海底电缆工程涉及的各方面技术问题进行深入的专题研究,涉及交流 500 千伏交联聚乙烯海缆(技术参数)设计、施工、试验、状态监测等方面,努力突破众多制约和影响工程实施的技术瓶颈,保障 500 千伏海底电缆工程顺利建成并安全稳定运行。

　　微电网关键技术研究促进清洁能源发展。"含分布式电源的微电网关键技术研究"863 课题已进入收尾阶段,在微电网运行控制策略和能量优化管理技术等方面取得重要研发成果。同时鹿西岛并网型、南麂岛离网型微网示范工程成功投运;自运行以来,风能、太阳能、柴油发电和蓄电池储能得到综合利用,这标志着一个清洁、高效、经济、环保的小型独立电网的建成,一个利用绿色能源的美丽海岛成为现实,为海岛供电提供良好示范。

　　中小城市智能电网建设工程顺利推进。绍兴镜湖新区智能电网综合建设工程按照国网公司确定的"立足于为经济服务、为节能减排服务、为民生服务,体现政府、社会和电力公司参与"的原则有序推进。2013 年 9 月示范工程建成,工程以"绿色、可靠、互动、综合"为主线开展清洁能源接入、储能系统、智能变电站、输变电设备状态监测、配电自动化、电能质量监测、智能配电网技术经济研究与应用等 14 个子项工程建设,为中小城市的智能电网建设提供了借鉴。

二、可持续发展战略驱动

（一）战略定位的必然要求

鉴于企业社会责任与企业竞争力的密切联系，企业应该从战略高度认识企业社会责任行为，并将企业社会责任融入企业发展战略当中。国家电网公司的可持续发展战略，充分体现了企业社会责任的核心理念和行为要求。作为国家电网公司的一家全资公司，国网浙江电力坚决贯彻落实国家电网公司整体战略布局，结合浙江区域特色，制定符合公司自身特点的战略发展方向与目标。公司作为国网公司系统中综合实力较强的省级电网公司，同时也作为浙江省内最重要的能源企业之一，始终秉持"干在实处、走在前列、勇立潮头"的浙江精神，力争把公司打造成为供电更可靠、服务更优质、运营更高效、环境更友好的现代电力能源综合服务企业（简称"四个更好"），实现率先引领、率先发展，在国网公司系统内成为"两个一流"的标杆。

2016年，国网浙江电力研究制定了公司中长期社会责任战略规划，作为一个社会责任领域的专项战略规划，它将成为指引未来一段时期公司社会责任工作的纲领性文件。在此基础上，基于对新形势的深刻认识和对自身发展的全面剖析，国网浙江电力将社会责任战略正式纳入"十三五"战略规划，这标志着社会责任工作已经上升至公司战略高度。从这一战略定位出发，在新的发展阶段，国网浙江电力将明晰自身作为国家电网公司整体战略践行者的地位，争当系统内支撑国网公司实现高水平建成"一强三优"的现代公司，实现"两个一流"战略目标的领跑者。在服务地区发展上，以推进浙江省"两富"、"两美"建设为己任，积极参与"一带一路"与长江经济带建设，成为浙江创建清洁能源示范省的引领者，做好浙江能源电力规划的制定者。公司将坚持以服务国网公司整体战略落地、服务地方党委政府和区域社会经济发展、服务发电企业和电力用户需求、服务员工成长为宗旨，努力超越，追求卓越。

（二）战略目标的实现路径

根据国网浙江电力的可持续发展战略定位，将分三步走来建成"四个更好"的现代电力能源综合服务企业，主要指标达到国内领先、国际一流水平，成为国网公司系统内"两个一流"标杆企业。第一步，到2017年，有序推进"一体两翼"① 战略布局，平稳推进"两个平台"② 建设，支撑国家电网公司基本建成"一强三优"现代公司。第二步，到2020年，建成"四个更好"的现代电力能源综合服务企业，"四个更好"的核心指标达到国内领先、国际一流水平。第三步，到2030年，成为引领国内电力行业发展的现代电力能源综合服务企业，"四个更好"的核心指标达到国际一流水平前列，支撑国家电网公司全面建成"世界一流电网"，"国际一流企业"。

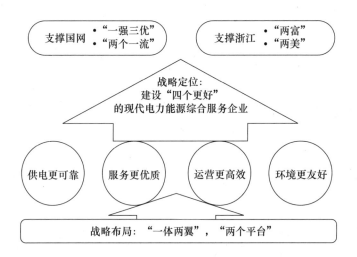

图3-2　国网浙江电力"十三五"战略定位与战略布局

资料来源：国网浙江电力"十三五"战略规划。

在清晰的战略目标指导下，国网浙江电力将以负责任的实际行动，建设"四个更好"的现代电力能源综合服务企业，助力国家电网公司成为"一强三优"的现代公司。为此，国网浙江电力需要通过全面社会责任管理，完善"一强三优"现代公司发展战略目标，拓展"强"、"优"和"现代公司"的内涵：电网坚强，不仅是物理属性的坚强，如网络坚强、技术领先，而且需

---

① "一体两翼"是指，以"提供专业输配电服务"为核心主体，以"积极参与市场化售电服务"、"创新开拓电网延伸业务"为两翼。主体与两翼相辅相成，主体是两翼发展的基础，两翼是专业输配电业务主体地位强化的保障。

② "两个平台"是指，为了支撑"一体两翼"的战略布局，一是建设多种能源的转换输送平台，二是建设基于公司全业务统一数据中心的各类业务数据分析与技术研究的支撑平台。

要得到社会的理解，适应社会期望和可持续发展要求，夯实电网发展的社会基础；资产优良，不仅要追求硬实力，而且必须提升综合实力，重视品牌形象、利益相关方网络等无形资产、道德资本、社会资本；服务优质，不仅要重视提升内部工作视角的供电品质，而且必须满足社会期望和利益相关方诉求，着眼提升用户价值视角的服务品质；业绩优秀，不仅要完成国有资产保值增值目标，保持一流的财务业绩，而且要统筹考虑经济、社会和环境因素，追求综合价值最大化；现代公司，不仅要实现技术领先和管理手段的现代化，而且要实现理念引领、价值引领、品牌引领，建设具有一流道德感召力和社会影响力的卓越组织。以上战略目标的实现，都要求国网浙江电力积极履行社会责任，不断提升全面社会责任管理水平。

> **专栏3-3　积极落实战略，赢得社会认可**
>
> "十二五"期间，国网浙江电力坚持国家电网公司的统一战略，以"三个建设"为保证，以"两个转变"为主线，以"两个一流"为方向，努力建设"一强三优"现代公司，各项工作取得了长足进步。建成宾金直流、皖电东送和浙福交流"两交一直"特高压工程，浙江电网正式跨入特高压时代。建成舟山多端柔性直流输电示范工程，实现了多端柔性直流输电技术的"中国创造"和"中国引领"。杭州、宁波等城市核心区域供电可靠性达到国际先进水平，国网公司系统率先实现新农村电气化。业绩和对标水平始终保持国网公司系统前列。公司荣获全国文明单位等称号，五次荣登"浙江省最具社会责任感企业"榜首。

三、内质外形建设驱动

理论研究和企业实践表明，积极推进社会责任工作，不仅有利于企业内部管理水平的提升，还有助于企业品牌形象和社会信誉的提升。一方面，社会责任管理作为一种新的管理理论和管理方法，是在当前新的发展环境下，对企业传统经营管理理念的优化与提升，能够指导企业切实提高运行效率和质量；另一方面，社会责任表现优异的企业可以提升企业在社会上的形象，促进社会各界对企业的正面认识，有利于塑造优秀的品牌形象，并为企业发展创造良好的社会环境。因此，企业社会责任表现优异的企业相对具有更高的品牌价值和更高的社会认同度，在市场上也更具竞争力和影响力。

国家电网公司通过各级试点单位的经验证明，公司推进全面社会责任管理，是提高经营效率、提升管理水平和有效抵御风险的重要抓手。实践表明，推进全面社会责任管理，是公司深化"两个转变"，推进内质外形建设的重要抓手，有利于推动形成电网发展共识，凝聚公司内外发展合力，优化公司发展环境，提升公司管理水平。对内，有利于贯彻落实公司"两个转变"战略，使各单位、各层级深刻认识我国能源资源配置规律、国家电网发展规律和集团资源配置规律，进一步增强发挥全网和集团整体优势的自觉性和主动性。对外，有利于实施品牌引领战略，传播公司工作的社会价值，塑造公司"责任央企"品牌，提升公司软实力。国网浙江电力主动学习和借鉴试点单位的先进经验，以社会责任根植项目制为依托，将全面社会责任管理融入公司生产运营的各个环节，提高公司生产运营效率，优化公司管理流程和管理方式，改善公司运营和发展环境，并已经取得了很好的成效。

要充分发挥社会责任对于公司内质外形建设的重要作用，要求国网浙江电力加强社会沟通，构建沟通平台，改进沟通机制，创新沟通方式，提升沟通效果。为此，国网浙江电力以社会责任理念为指导，转变传统的沟通和传播方式，主动加强与宣传主管部门和新闻媒体的沟通联络，创造机会让社会更多地认识公司，从而赢得理解，争取支持和帮助。近年来，国网浙江电力加大主题策划力度，品牌传播取得重大突破。公司履行社会责任的一系列行动，受到了新华社、中央电视台、浙江电视台、浙江在线等新闻媒体的高度关注和连续报道，抗冰灾、特高压、智能电网、纪念建党 90 周年、开展创先争优活动、迎峰度夏、防御台风等主题传播，都形成了一定的舆论影响力。通过与重要媒体建立合作伙伴关系，为公司中心工作顺利开展营造良好的舆论氛围。

专栏 3-4 实施"红船服务"品牌战略
提升嘉兴电力整体形象

国网嘉兴供电公司在试点工作中实施"红船服务"品牌战略，以科学发展观为指导，以国网公司建设"四统一"为基础的优秀企业文化为统领，以"唱响一个品牌、实施两点联动、构建三大体系、开展四项活动、实现五个统一"为主要内容,有效整合企业资源,提高服务水平,提升企业的社会形象。

唱响一个品牌,即在全市范围内整体推进"红船服务队"建设,全面唱响"红船"服务品牌。实施两点联动,一是与社区服务热线"96345"联动,二是与农村"光明驿站"联动。构建三大体系,一是构建抢修服务体系,二是构建营销服务体系,三是构建志愿者服务体系。开展四项活动,一是走进农村,着力打造农村"光明驿站";二是走进企业,建设"红船服务·园区驿站";三是走进社区,建设"红船服务·社区驿站";四是走进爱心领域,构建"红船服务·爱心驿站"。实现五个统一,一是组织机构统一,二是标识、旗号统一,三是服务范围统一,四是服装、服饰统一,五是服务语言、行动口号统一。

目前,"红船服务"旗下已建成光明驿站45个,社区驿站44个,园区驿站12个,爱心驿站12个,拥有61个分队共2000多名队员。通过实施统一的品牌战略,国网嘉兴供电公司整合企业优势资源,提高人员素质,扩大服务范围,并进行统一的新闻宣传,提升品牌知名度,使"红船服务"的品牌形象随着服务的深入,渗透到百姓的心里,成为展示国网嘉兴供电公司企业形象的金名片。

一是服务水平大幅提升。通过建立和整合红船服务队,形成了统一、健全、高效的"红船服务"体系。抢修速度进一步加快,供电抢修平均到达现场时间缩短至21分钟,服务领域进一步拓宽,扩展到嘉兴城乡各个角落,并将表前服务延伸到了特殊群体的表后设施,客户满意率进一步提升,95598投诉率近四年持续下降。

二是企业形象日新月异。通过实施"红船服务"品牌战略,开展统一的企业形象宣传,嘉兴电力服务文化与嘉兴南湖地域特色有机融合在一起,其典范作用也日益显现。各项服务举措得到了地方各级政府、企业和市民百姓的好评。浙江省纪委,嘉兴市委、市政府和省公司有关领导对"红船服务队"关注民生、服务群众的举措给予了充分肯定和高度评价。"红船服务队"在省公司组织的"供电服务品牌20强30佳"评选中名列20强第3位,并被评为省级创建"群众满意基层站所"示范单位。南湖供电分局红船服务队更是在全国电力系统众多班组中脱颖而出,获得全国电力行业用户满意服务明星班组荣誉称号。"红船服务队"的事迹也被新华社、人民网等权威媒体广泛报道。截至 2011 年 2 月，各类媒体刊发"红船服务"相关宣传报道 2586 篇。

三是管理成本大幅降低。"红船服务"品牌推广实行统一组织机构模式，应用统一的标识、旗号，规定了统一的服装、服饰，在社会上以统一的品牌形象进行推广，很大程度上节约了营销成本，在统一的组织机构模式下，各条线进行梳理整合，对现有优势资源进行合理配置，既保证了"红船服务"品牌推广的需要，又节约了企业的人力资源成本。

资料来源：国网浙江电力。

第二节　外生动力机制

社会责任的外生动机，是指企业在外界的要求或压力作用下所产生的动机，是企业为了获得合法性而履行社会责任的外部驱动力量。国网浙江电力履行社会责任的动机，也来源于多个方面的外在要求。第一，我国各级政府部门发布了一系列督促企业履行社会责任的政策文件，一些地方还出台了相应的考核评价体系，对企业履行社会责任起到了积极的促进作用；第二，新一轮电力体制改革和国资国企改革的步伐明显加快，对处于自然垄断行业的国网浙江电力产生了一定的压力和挑战；第三，浙江省委、省政府提出"两富"、"两美"浙江建设的战略目标，国网浙江电力作为一家传统能源行业的中央企业，也面临着浙江经济社会发展的新挑战；第四，从国内外企业社会责任发展趋势来看，随着 ISO26000 国际标准的发布和国际社会责任组织的壮大，履行社会责任成为国网浙江电力建设"国际一流企业"的必然选择；第五，企业的发展离不开利益相关方的认可与支持，满足利益相关方日益增长的期望，通过改进沟通赢得利益相关方的认同，最终实现多方共赢的格局，也是国网浙江电力履行社会责任的重要驱动力。

一、政府政策与改革驱动

（一）政府政策驱动

政府作为主要的市场监管者，承担着依法对市场主体及其行为进行监督和管理、维护公平竞争市场秩序的职责。近年来，我国中央政府和地方各级政府高度重视企业社会责任工作，先后出台了一系列的政策文件，督促企业履行社会责任、加强信息披露。

在国务院国资委的大力推动下，中央企业成为履行社会责任的先行者和主力军。2008 年，国务院国资委印发《关于中央企业履行社会责任的指导意见》的通知，强调充分认识中央企业履行社会责任的重要意义，要求中央企业增强社会责任意识，积极履行社会责任，成为依法经营、诚实守信的表率，节约资源、保护环境的表率，以人为本、构建和谐企业的表率，努力成为国家经济的栋梁和全社会企业的榜样。这份指导意见不仅使中央企业迅速走在中国企业社会责任发展的前列，同时也带动和促进中国企业社会责任进入一个蓬勃发展的新时期。2016 年，国务院国资委再次印发《关于国有企业更好履行社会责任的指导意见》，在实施和谐发展战略和开展社会责任管理提升的基础上，总结中央企业过去 8 年履行社会责任的经验，吸收并借鉴国内外企业社会发展的最新成果，对新时期企业履行社会责任提出了更高的目标和要求。

作为我国东部经济发达的省份，浙江省政府很早就开始重视企业社会责任，特别是对于国网浙江电力这类国有企业履行社会责任有着更高的期望。2008 年 2 月 28 日，浙江省人民政府发布了《浙江省人民政府关于推动企业积极履行社会责任的若干意见》。该意见强调了推动企业积极履行社会责任的重要意义、总体要求和基本原则，突出了政府引导企业履行社会责任的五个重点领域，并且从加强组织领导、研究开展建设试点、加强激励和约束、充分发挥行业协会等组织的作用和营造有利于社会责任建设的氛围五个方面提出了具体措施。此后，各地方政府纷纷出台相关文件，推动企业履行社会责任，并探索建立考核评价体系。例如，2008 年 5 月，嘉兴市发布《嘉兴市人民政府关于推动企业积极履行社会责任的若干意见》；2008 年 7 月，宁波市发布《宁波市和谐企业（社会责任）评价指标体系》；2009 年 10 月，杭州市发布《关于加强企业社会责任建设的意见》；2010 年 9 月，杭州市出台

《杭州市企业社会责任评价体系》；2011年12月，宁波市发布《宁波市企业信用监管和社会责任评价办法》；2012年7月，浙江省经济和信息化委员会发布《关于推动全省工业企业积极开展社会责任建设的若干意见》；等等。2015年，浙江省召开"2015年浙江省企业社会责任建设高层论坛"，同时成立了浙江省企业社会责任促进会，进一步加大企业社会责任的推进力度。

国网浙江电力作为全省第一家发布社会责任报告的国有企业，浙江省政府对其履行社会责任方面做出的成绩，给予了高度评价。2015年，国网浙江电力成为浙江省企业社会责任促进会的首批副会长单位，这体现了浙江省政府对公司社会责任工作的高度认可。同时，也对未来公司更好地发挥示范和带动作用、促进全省企业履行社会责任寄予了厚望。省政府对公司的这种信任和期望，成为国网浙江电力不断提升社会责任管理水平和广泛传播社会责任管理经验的动力之源。

（二）改革改制驱动

近年来，我国加快推进电力体制改革，不断深化国资国企改革，对国网浙江电力而言，既是机遇也是挑战。电力体制改革带来更激烈的竞争，要求公司加快转变传统经营模式，切实提高市场竞争力。国资国企改革大力推动所有制改革，要求公司进一步完善现代企业制度，规范公司治理结构和治理机制。公司须适应电力体制改革与国有企业改革要求，也是公司履行社会责任的外部驱动力之一。

一方面，新一轮电力体制改革带来新的压力和挑战，倒逼公司转变经营模式，对公司经营能力提出了更高要求。新一轮电力体制改革深入推进，继纲领性文件颁布后，配套文件陆续出台，《售电公司准入与退出管理办法》和《有序放开配电网业务管理办法》的联合印发，为售电、配网改革红利落地创造条件。浙江紧跟改革进程，电力体制改革工作有序推进，浙江输配电价改革和售电侧改革两个专项方案已获国家发改委批复。输配电价改革将使公司盈利模式由购销价差方式转变为准许收入加合理收益的方式，对公司加强成本控制、提升资产管理水平提出更高要求。售电侧改革持续推进，浙江省内售电公司不断涌现，社会各类投资主体高度关注新增配网领域，售电市场化竞争格局初步显现，对公司转变经营模式、提高市场竞争力提出更高要求。

另一方面，国资国企改革要求公司完善现代企业制度，对公司内部治理提出了更高要求。浙江省早于2014年9月就出台了《关于进一步深化国有企业改革的意见》，该意见与中央的国企改革意见框架内容基本一致，均涵盖国有经济布局调整、推动所有制经济改革、国有企业建立现代企业制度、进一步完善国资管理体制等方面内容。总体来看，随着改革的进一步深入，浙江省在政策制定、国资监管、信息公开等方面均会进行多种尝试、提出新的要求，预示着公司经营环境整体性的变化，要求公司更加积极主动适应和引领改革发展新形势、新要求，加快现代企业制度建设，完善内部治理结构，充分发挥董事会、监事会职权，提高公司经营管理水平。

二、"两美"浙江建设要求

浙江省委十三届五次全会做出了"建设美丽浙江、创造美好生活"的决定，创建"两美"成为新时期浙江现代化建设的主题，是对"物质富裕、精神富有"的"两富"战略的深化和提升。

"两富"、"两美"浙江建设，正是体现了经济价值和社会价值、环境价值的统一，这也正是国网浙江电力一直所倡导和追求的社会责任理念。国网浙江电力第一时间响应浙江省委提出的"两富"、"两美"浙江建设要求，将服务"两美"浙江建设作为公司社会责任工作的重要目标和行为指导。这要求公司在保障电力供应、率先创建国家清洁能源示范省中，继续当好电力先行军，加快构建浙江能源互联网，推动清洁替代和电能替代，在服务"两富"和"两美"浙江建设、实现能源可持续发展中发挥引领和支撑保障作用。

首先，要求公司满足全省社会经济良性发展需要，支撑全省经济中高速增长。公司要确保各级电网建设适度超前各行业发展，优化电网规划布局，实现电力公共资源均衡配置，为全省全面提升四大都市区中心城市集聚辐射能力，实现城乡协调发展提供坚强可靠的电力保障。

其次，要求公司持续提升普遍服务和优质服务水平，构建和谐用电环境，服务浙江和谐社会建设。公司要为客户提供更加优质、更加便捷的供电服务，真诚与客户进行沟通，深入了解客户的现实需要，协助大客户提高用电效率，实现供电企业与用电客户的双赢。

最后，要求公司满足全省生态环境优化需要，构建以智能电网为核心的能源互联网。公司要全面消纳各类能源，提升清洁能源开发比例和利用效率；接纳各类负荷，提升电能在终端能源消费汇总的比重；弘扬绿色生态资源理念，提供多途径节能降耗咨询，全面支撑浙江清洁能源示范省建设发展。

专栏3-5　构建浙江能源互联网，服务"两美"浙江建设
——国网浙江电力服务经济社会转型发展侧记

国网浙江电力致力于为浙江经济社会发展提供清洁能源。近年来，该公司在浙江推进的特高压落点、配网智能化改造、清洁能源发展等方面的实践，为构建全球能源互联网在技术和实践上开展了可行性探索，也为"两美"浙江创建提供了充足能源支撑。

实践：构建浙江能源互联网

2015年，国网浙江电力加快推进电能替代项目，成立"节能与清洁能源技术实验室"，成功打造港口岸电、空港陆电、锅炉煤改电等示范项目，累计完成电能替代项目1686个，增加售电量40亿千瓦时。

不仅是终端能源消费领域更青睐电能，在能源供给侧，浙江也越来越青睐清洁能源。除积极争取特高压在浙江落地外，浙江省内也在积极开拓清洁能源市场。截至2015年11月底，浙江清洁能源发电设备容量1916.39万千瓦，占全省发电装机容量的24.24%，比2010年底增长了40%。

实施"两个替代"的必由之路，是构建服务范围广、配置能力强、安全可靠性高、绿色低碳的全球能源互联网，架构一个能源、市场、信息和服务高度融合的新型能源体系，并具备平等、互动、开放、共享等互联网典型特征。在这一点上，国网浙江电力已然开展了卓有成效的实践。随着特高压交直流工程在浙江的陆续落点，各级电网协调发展、经济合理。浙江坚强的网架结构，使能源互联网构建具备了重要前提条件。

智能：建设灵活互动现代配网

配电自动化是全面实现智能配网的坚实基础。目前，杭州、宁波、嘉兴、绍兴、温州、丽水等公司均通过了国网公司组织的配电自动化实用化验收。全省10千伏自动化线路2340条，开关站及环网柜4117座。其中，杭州、宁波等公司推进全自动馈线应用，已实现221条10千伏线路全自动馈线自动化，可根据实时故障信息和配网网架拓扑，自动实现故障点判断、故障区域隔离和非故障区域恢复供电的功能。

此外，国网浙江电力深化智能电网关键技术研究，积极推广智能电网成熟技术，建设网架坚强、广泛互联、高度智能、开放互动的智能电网，逐步实现电网的自动化、互动化、信息化，实现电动汽车等多元化负荷全接入和风能、光伏等各类清洁能源全消纳。截至目前，国网浙江电力已累计受理光伏项目1825个，容量230.7万千瓦；已并网光伏项目1520项，容量121.66万千瓦。

服务："互联网＋"技术助力"两美"

新常态下，以互联网科技、集成电路、人工智能等新技术为推动力的高端装备制造业正在成为引领中国经济迈向中高端水平的新增长点，越来越多的技术密集型产业选择在浙江落户。国网浙江电力在2015年初就针对产业结构调整和实体经济转型升级专门设计了服务方案，对于省级重点项目实行一对一联席制度，推动项目早开工、早用电、早投产。

不仅如此，国网浙江电力还推出了"互联网＋电力营销"智能互动服务创新体系建设行动计划，应用"大、云、物、移"新技术手段，全面改造企业内部信息流、能量流、资金流、业务流的融合方式，提升市场拓展、客户管理、服务提供、渠道运营、数据管理等能力，实现能源互联网中各利益相关方的协同和交互。

未来1~2年，国网浙江电力将采用"大、云、物、移"技术，全面改造企业内部信息流、能量流、资金流、业务流的融合方式，打造一条前端触角敏锐、后端高度协同的服务链，推动服务渠道之间、前端后台之间、相关专业之间的无缝衔接，提升市场拓展、客户管理、服务提供、渠道运营、数据管理等能力，更好地满足电力用户快捷、流畅、愉悦的深度诉求，乃至变革电网企业传统商业模式。

资料来源：国网浙江电力。

三、顺应国内外发展趋势

进入21世纪以来，企业社会责任作为一种社会思潮和运动席卷全球，也正在对我国经济社会发展产生重要影响，为中国社会的发展和进步注入新的活力。作为国际社会共同关注的重要话题和推动全球经济社会可持续发展的重要运动，企业社会责任吸引了各国政府、国际机构、非政府组织的注意力。2006年3月，欧盟通过企业社会责任政策声明，把企业社会责任列入经济增长和就业发展战略的核心，作为营造良好的欧洲商业环境的重要组成部分，并明确制定了"企业社会责任：欧洲发展路线图"。同时，联合国"全球契约"成员数量已经超过8000家，来自世界130多个国家。2010年，国际标准化组织制定和发布的社会责任国际标准ISO26000，吸引了全球78个国家及数十个国际组织的500多名专家的积极参与。近年来，我国党和国家领导人也开始高度重视和积极倡导企业社会责任。2008年，国务院国资委印发《关于中央企业履行社会责任的指导意见》的通知，2012年成立国资委中央企业社会责任指导委员会，2016年再次发布《关于国有企业更好履行社会责任的指导意见》，积极推动中央企业履行社会责任。党的十八届三中全会首次在党的文件中明确要求企业承担社会责任，由此将企业社会责任提升至国家战略层面的高度。中共十八届四中全会正式通过了依法治国的决定，其中在加强重点领域立法中，提出加强企业社会责任立法。中共十八届五中全会提出了"创新、协调、绿色、开放、共享"五大发展理念，要求增强国家意识、法治意识、社会责任意识。由此可见，企业社会责任已经成为国内外企业发展的大潮流、大趋势。

国网浙江电力紧紧把握国内外企业社会责任发展趋势，自觉履行社会责任。公司以实现"两个率先"、创建"四个更好"为目标，转变电网发展方式和公司发展方式，以推进浙江"两富"、"两美"为己任，主动融入和服务"一带一路"、"中国制造2025"、长江经济带战略，努力实现供电更可靠、服务更优质、运营更高效、环境更友好。加快"两个替代"，服务浙江清洁能源示范省建设。提升普遍服务和优质服务水平，构建和谐供用电环境。积极应对全球气候变化，促进产业和社会节能减排。持续推进全面社会责任管理，提升履责能力，促进浙江经济社会发展更健康、社会更和谐、生活更美好。

为了保持在国内外企业社会责任发展大潮中处于领先地位，国网浙江电力对自身的全面社会责任管理水平提出了更高的要求，确立了"十三五"时期的社会责任战略规划，提出了以下三方面的发展目标：一是社会责任履责能力显著增强，以提升绩效为根本，以创造价值为使命，以可持续发展为主题，实现社会责任与管理职能和业务流程深度融合，系统开展责任管理、责任实践和责任沟通，使公司成为广受尊重的、引领浙江省社会责任发展的表率企业和标杆企业；二是社会责任管理能力显著提升，社会责任理念先进，管理制度完善，管理机制健全，利益相关方管理有效，工作长效机制基本形成，使公司成为水平一流的、引领省级电网公司社会责任发展的探索者和示范者；三是经济、社会和环境综合价值创造能力显著增强，具有持续竞争优势，带动产业链上下游企业共同履责、共享价值、共同发展，使公司成为影响较大的、支撑国家电网公司保持国内社会责任领先地位的创新基地和展示基地，持续引领浙江企业社会责任工作，深化责任表率央企的公众记忆。

四、满足利益相关方期望

全面社会责任管理作为企业处理自身与社会之间关系的一种新范式，以及企业运营思想和理念的一种新转变，基于资源视角可以被认为是企业的重要组织资源，并对企业和利益相关方关系的构建和保持具有重要作用。企业社会责任强调企业上下要牢固树立外部视野，主动加强与各利益相关方的沟通交流，赢得各利益相关方的理解与信任，推动形成发展共识，创造合作机制，凝聚发展合力，形成企业与利益相关方的持续和谐关系。

对于一家省级供电公司而言，保持良好的利益相关方关系，是实现电网科学有效运营的重要基础。主动建立与利益相关方的良好沟通，积极回应利益相关方的合理期望，是国网浙江电力履行社会责任、实现可持续发展的现实要求。当前，随着电力体制改革的推进、经济社会环境的变化以及国内外社会责任的发展，外部利益相关方对公司的期望和要求越来越高。准确了解并有效回应他们的期望，是国网浙江电力履行社会责任的重要动力。为此，公司实施利益相关方沟通管理，按照对利益相关方的影响程度，对客户等核心利益相关方进行分类管理，以便更好地了解和满足他们的期望。

为了更好地满足利益相关方日益增长的期望，国网浙江电力坚持以对每一个利益相关方负责任的方式开展运营，守法合规，和谐互信，奉献社会，共同成长。从客户来看，要求公司不断提升服务水平和服务品质，促使供电服务更加贴近客户需求，供电更加可靠，服务更加便捷；从"三农"来看，要求公司持续推进农网改造和电气化建设，提升农电管理水平，保障农村用电安全，促进农电服务更规范、更贴心；从员工来看，要求公司维护员工的合法权益，保障员工的健康安全，健全民主管理机制，为员工提供多元化的成长通道，实现公司与员工的共同发展；从伙伴来看，要求公司坚持依法经营，规范合同管理，践行"三公"交易，推广责任采购；从社区来看，要求公司努力完善自身行为，做负责任的企业公民，广泛开展志愿服务活动，助力社会公益事业，为建设和谐社会贡献自己的力量。

第四章 社会责任内容构成
——定位责任

作为国家电网公司的全资公司，国网浙江电力以建设和运营电网为核心业务，承担着保障更安全、更经济、更清洁、可持续的电力供应的基本使命。在这一基本使命驱动下，国网浙江电力以贯彻执行国网公司企业社会责任履行原则为基础，充分发挥主观能动性，结合浙江实际，积极融入自己的理解，并由此分析界定责任内容，为履行社会责任打下了坚实的基础。作为国网公司系统内的领先者，国网浙江电力在全面社会责任管理方面走在了全国大型国有企业前列，五次入选"浙江省最具社会责任感企业"。

第一节 确定履责原则

自从 Clark（1916）最早提出了企业社会责任思想，国内外不同的学者和机构对企业社会责任定义进行了大量研究，迄今为止形成了上百种定义，出现了所谓的企业社会责任"概念丛林"。隐藏在当前企业社会责任"概念丛林"现象背后的是不同概念界定的逻辑起点不同，体现出来就是履责的原则不同。因为无论是理论探究还是具体实践，选择什么样的逻辑起点理解企业社会责任、用什么原则去履行企业社会责任，就会从一开始决定认知和实践企业社会责任的基本逻辑。它会决定性地影响企业社会责任的定义方向和根本内容，并进而决定企业社会责任实践的演进逻辑和路径选择。一般来说，企业社会责任具有文化、地区、行业以及企业等多方面的异质性，确定好履责原则是企业社会责任履行的基础和前提。一般来讲，履责原则可以分为四类，分别是底线类原则、风险类原则、可持续类原则和共赢类原则，如图 4 - 1 所示。

图 4 - 1 社会责任履责原则

资料来源：作者绘制。

一、底线类原则

根据《国家电网公司履行社会责任指南》，我们将底线类履责原则归纳为三条，分别是守法合规原则、诚实守信原则以及以人为本原则。

（一）守法合规原则

守法合规原则是指公司及员工自觉遵守国家法律法规，遵守国家批准或承认的国际公约、国际惯例，遵守社会道德和行业规范，遵守公司承诺和规则制度。守法合规是企业履行社会责任的最基本要求。公司要牢固树立守法合规意识，健全完善公司的内部管理制度与程序，建立保证守法合规的长效机制。国网浙江电力认为，供电企业应严格遵守国家法律、行政法规，遵守行业准则、国际公约，全面推进依法治企，诚信经营。

第一，遵守国际法律公约。我国目前签署了很多国际公约及法律，比如《世界人权宣言》、《公民权利和政治权利国际公约》、《经济、社会及文化权利国际公约》、《消除对妇女一切形式歧视公约》、《国际劳工组织工业每周休息公约》、《国际劳工组织事故赔偿同等待遇公约》、《国际劳动组织确定最低工资办法公约》、《国际劳工组织强迫劳动公约》等，这些都是国网浙江电力履行社会责任所必须遵守的。国网浙江电力还于 2013 年专门组织编制了《CSR26000E 省级供电企业全民社会责任管理导则》以指导公司社会责任管理工作。该导则就参考、遵照了国际标准化组织社会责任指南 ISO26000、联合国全球契约十项原则、可持续发展报告 G4、质量管理体系 ISO9001、环境管理体系 ISO14001、职业健康安全管理体系 OHSAS18001 等国际标准。

第二，遵守国家法律。国网浙江电力在履行社会责任过程中，不仅要遵守国际法律、公约，还要遵守国家各个层级的法律法规，包括《中华人民共和国宪法》、《中华人民共和国公司法》、《中华人民共和国劳动法》、《中华人民共和国就业促进法》、《中华人民共和国劳动合同法》、《中华人民共和国工会法》、《中华人民共和国妇女权益保障法》、《中华人民共和国未成年人保护法》、《中华人民共和国安全生产法》、《中华人民共和国环境保护法》、《中华人民共和国职业病防治法》、《中华人民共和国劳动争议调解仲裁法》、《国务院关于职工工作时间的规定》、《职工带薪年休假条例》、国家工商行政管理局《关于禁止商业贿赂行为的暂行规定》等至少 40 余项。

第三，遵守行业性规范。电力行业是关系国计民生的基础性行业，电网企业处于电力产业链的中游，具有典型的公用事业企业属性，是支撑经济社会协调发展的骨干力量。对于电网企业来说，还有一些行业性规范在社会责任工作中也需要顾及。比如，《高压并联电抗器保护装置通用技术条件》、《火电建设项目文件收集及档案整理规范》、《燃煤发电企业清洁生产评价导则》、《城市电网供电安全标准》、《化学监督导则》、《继电保护及控制设备数据采集及信息交换技术导则》、《高压交直流架空线路用复合绝缘子施工、运行和维护管理规范》等共计 140 余项。

第四，遵守国网公司规章制度。国网浙江电力在全面社会责任管理过程中还需要遵守本公司，尤其是国网公司制定的规章制度。比如，《国家电网公司员工守则》、《国家电网公司工会委员会全体会议制度》、《国家电网公司工会委员会组织原则和办法》、《国家电网公司工会委员会职责》、《国家电网公司工会女职工委员会组织原则和办法》、《国家电网公司工会女职工委员会职责与工作制度》、《国家电网公司社会责任指南》、《国家电网公司供电服务"十项承诺"》、《国家电网公司员工服务"十个不准"》、《国家电网公司调度交易服务"十项措施"》、《国家电网公司班组建设管理标准》等。

（二）诚实守信原则

诚实守信原则是指公司及员工自觉遵守真诚正直、公平正义、恪守信用的道德标准，信守和实践公司的社会责任承诺。诚实守信是公司遵守的重要价值理念，是保证公司履行社会责任、推进可持续发展的思想道德基础。诚实守信原则的依据有三：

一是社会主义核心价值观。诚实守信是社会主义核心价值观的主要内容之一，因此，国网浙江电力落实社会主义核心价值观就必须遵守诚实守信原则。

二是国家电网公司的核心价值观。"诚信、责任、创新、奉献"是国网公司的核心价值观，诚信是企业立业、员工立身的道德基石。每一位员工、每一个部门、每一个单位，每时每刻都要重诚信、讲诚信，遵纪守法、言行一致，忠于国家、忠于企业。这是公司履行职责，实现企业与员工、公司与社会共同发展的基本前提。因此，国网浙江电力要落实国网公司的核心价值观就必须首先做到诚实守信。

三是浙江精神的核心内容。2006年，时任浙江省委书记的习近平同志将新的浙江精神界定为"求真务实、诚信和谐、开放图强"。可见，诚实守信也是浙江精神的基本要求和主要内涵。国网浙江电力践行浙江精神就必须诚实守信。

概括地讲，诚实守信就是要求公司广大员工要自觉实践《国家电网公司员工守则》，遵守供电服务"十项承诺"、"三公"调度"十项措施"、员工服务"十个不准"，维护和弘扬公司诚实守信的品牌形象。

诚实守信原则于国网浙江电力主要体现在社会责任文化的构建要求上，例如，公司要求遵守责任承诺，即各级供电公司要对其责任价值观指引下的社会责任管理的工作方式和成果进行内外部意见沟通反馈，管理层要根据内部审核和外部沟通的结果与利益相关方代表交流企业社会责任计划的实施绩效，做出并履行持续改进的承诺。再如，公司要求践行优质服务承诺，各级供电公司要充分践行优质服务的承诺和要求，并以此作为企业的硬性服务标准，不断提高自身承诺兑现率。

（三）以人为本原则

以人为本原则是指公司发展统筹兼顾利益相关方的期望和可持续发展要求，充分发挥广大员工和外部利益相关方的积极性、主动性和创造性，实现员工价值，提升外部利益相关方满意度。坚持以人为本是公司履行社会责任的基本要求。公司要深刻认识员工的创造活力和外部利益相关方的支持是企业持续健康发展的动力与保障，自觉完善体制机制，实现员工和公司的共同发展，提升社会满意度，协调推进公司和社会可持续发展。

国网浙江电力将以人为本原则贯穿了整个企业社会责任管理工作的始终。

例如，社会责任制度是企业在承担社会责任方面确定的总的指导方针和行动准则，也是评价企业履行社会责任活动绩效的重要依据，公司各部门和市县各级供电企业在根据 CSR26000E 的要求重新修订和完善各部门的工作标准、制度和规程过程中都必须广泛征求员工、客户等利益相关方的意见和建议。再如，公司在人力资源保障方面，要求建立和保持能让员工充分参与战略目标实现的内部环境，在人力资源控制程序中明确通过由计划、透明、有道德和有社会责任感的方式实施员工管理，确保员工的工作环境能够激励个人成长、学习、知识传播和团队合作等。典型案例当属义乌公司在全省首创首推员工社会责任管理体系，具体内容包括：通过调查问卷推进员工责任社会公民意识的提升、党政工团四轮驱动全方位做好组织动员、启动员工社会责任履责行动、"五个一"确保责任员工体系运行、建立责任员工的价值引领体系。在工作实际中，总结形成了员工社会责任管理体系框架、行为制度体系、绩效评价和激励约束体系等，有效提升了员工队伍管理水平，创新推动了公司履责和精神文明建设。

二、风险类原则

（一）透明开放原则

透明开放原则是指公司通过制度安排和资源保障，加强信息披露和共享，引导激励利益相关方参与可持续发展，保证利益相关方的知情权、监督权和参与权。透明开放运营是公司发展赢得利益相关方的理解和支持的重要保证。公司要完善企业信息披露机制，完善信息披露渠道和方式，坚持定期发布公司社会责任报告，向利益相关方及时披露全面、准确的信息，自觉接受社会监督。健全利益相关方参与机制，完善公司治理结构，改进公司决策程序，广泛听取利益相关方的意见与建议，加强与利益相关方的交流与合作。

国网浙江电力对透明开放原则的运用主要体现在决策标准的制定、制度文件的获取、社会责任绩效指标的确定与评估等方面。比如，决策标准的制定需要分别由议题提出部门、全面社会责任管理专业委员会、社会责任工作领导小组、实施评估委员会等评估，充分考虑利益相关方参与，保持合理的透明度。社会责任制度也是公开性的文件，发布在相关媒介上，可以为省公司以及市县各级供电企业员工、客户及其他利益相关方所获取。在社会责任绩效评估时，纳入了透明采购、民主与监督等透明开放指标，并需满足客户、利益相关方的要求等。

（二）风险预防原则

风险预防原则是指公司及员工主动采取预防措施，管理企业发展中潜在的社会和环境风险，防止出现可能危害利益相关方和生态环境，危及公司和社会可持续发展的行为和结果。落实风险预防原则是公司履行社会责任，提高风险管理水平的积极举措。公司要增强全员风险预防意识，将风险预防作为公司日常决策和行动的重要原则，在建设和运营电网的全过程落实预防措施和要求，最大限度地减少社会和环境风险的发生概率与不良影响。

国网浙江电力对于风险预防原则的理解主要体现在三个方面：一是确保安全供电。坚持"安全第一、预防为主、综合治理"的方针，强化电网安全管理标准建设，比如，全面落实安全生产责任制、提升电网安全技术装备水平、强化电网安全科技支撑、推行标准化作业和风险管理、推进变电运维一体化建设、建设安全文化等，加强电网安全应急管理体系建设与电网安全预控体系建设，制定预案，充分调度，积极应对各种自然灾害和重要保供电任务。二是有效管理电网建设和运营过程中对环境的影响，全方位落实环境保护及资源节约型、环境友好型社会和生态文明社会建设。三是加强党风廉政建设，推进惩治和预防腐败工作，实施反商业贿赂。加强普法教育培训和推广反腐败教育，实现全员知法、懂法、依法。完善内部控制体系建设，建设以战略目标为导向、覆盖全企业的内控体系。构建科学的管控与惩防体系，构建特色惩防体系和廉政风险防控评价体系。

三、可持续类原则

（一）持续改进原则

持续改进原则是指公司贯彻落实履行社会责任的总体要求，不断提升企业建设和实施社会责任管理体系的能力与水平，提高管理企业运营对社会和环境影响的效果与效率，实现公司的综合价值最大化。坚持持续改进是公司提升社会责任业绩的永恒要求。公司要不断总结经验，循环改进，持续提高社会责任管理体系的有效性，提升企业把握可持续发展机遇、应对社会和环境风险、推进可持续发展的能力与水平。

国网浙江电力在持续改进方面形成了一整套相对完善的社会责任管理办法。首先，通过对数据的分析来确定标准过程、供电服务和环境、职业健康安全管理等社会责任履责行为以及卓越绩效的改进目标。其次，结合全面社会责任战略及其实施计划，根据内外部客户和其他利益相关方的要求，基于卓越指标层层分解，制定各部门的创新计划。最后，建立并保持管理创新控制程序，对改进成果进行科学、全面的评价，建立符合自身特点的激励政策。具体的改进办法包括开展员工合理化建议和 QC 小组活动，开展六西格玛管理、业务流程再造等。

（二）永续发展原则

永续发展原则是指公司运营统筹兼顾当前利益和长远利益，坚持资源和环境的可持续利用，坚持经济、社会和环境协调发展，协调推进公司可持续发展。坚持永续发展是公司落实科学发展观，服务和谐社会建设的客观要求。公司要在建设和运营电网的全过程贯彻落实生态环境保护和资源可持续利用的要求，通过管理和技术创新，努力保障更安全、更经济、更清洁、可持续的能源供应，使发展更加健康、社会更加和谐、生活更加美好，以公司的持续健康发展，服务和促进社会的可持续发展。

国网浙江电力对永续发展原则的运用体现在很多方面，比如，在社会责任管理中纳入环境管理，不但指定归口管理部门，而且还确定了其职能；提出了供电企业绿色发展绩效考核办法，主要由公司环境保护管理部门以及其他相关部门或委托第三方对环境保护、节能减排、绿色经济履行社会责任情况进行分析，考核维度包括价值链节能减排、资源节约、绿色办公、环境与生态保护、环境与生态治理、清洁能源的应用等。

四、共赢类原则

从本质上讲，企业履行社会责任的根本动力和最终目标就是实现共赢，价值创造就属于共赢类原则。价值创造原则是指公司履行社会责任要以实现经济、社会和环境的综合价值最大化为目标，既为出资人创造价值，也为其他利益相关方创造价值；既注重创造财务业绩，也注重创造社会业绩和环境业绩；既关注当代人的利益，也关注子孙后代的利益。追求企业的综合价值最大化是公司履行社会责任的基本要求与指导原则。公司要坚持"四个服务"的公司宗旨，按照实现公司的综合价值最大化的要求，对企业使命、发展战略、运营模式、业绩考核、对外沟通和文化建设等各个方面进行丰富和完善，综合平衡相关各方的利益要求，实现企业和社会资源的更优配置，提高利用相关方满意度，提升公司发展所创造的综合价值。

从内涵角度来看，价值创造原则的内容绝大多数已经包含在以上七大原则里面了。国网浙江电力对此的理解涉及科学发展、卓越管理、科技创新、优质服务、伙伴共赢、服务"三农"、企业公民、全球视野、环保低碳等多方面的内容。比如卓越管理要求创造经济、社会和环境的综合效益，实现公司的综合价值最大化；科学发展要求促进能源资源的优化配置，使发展更健康、社会更和谐、生活更美好；优质服务要求在为用户创造价值的过程中实现公司价值；合作共赢要求相互合作、优势互补和利益共享，共同推进可持续发展；科技创新要求为保障安全、经济、清洁、可持续的能源供应提供坚强的科技支撑等。

第二节　界定责任边界

企业社会责任不能无限扩大，履责始终应该坚持尽力而为、量力而行，做到有所为有所不为。因此，企业社会责任是有边界的。追求综合价值最大化和保证运营透明度是确定企业社会责任内容边界的出发点和落脚点。国网浙江电力立足国情、市情、社会发展阶段和企业实际，从追求综合价值最大化和保证透明度的要求出发，着眼充分发挥企业与利益相关方的各自优势，在市场分工格局、经济社会发展大局和经济全球化进程中具体定位公司的社会责任内容边界。

一、社会责任边界界定的理论基础

企业社会责任边界是指对企业负责任的企业行为的性质认定和内容构成（李伟阳，2010），它是企业社会责任理论研究的基础问题之一，也是指导企业确定履行社会责任内容的前提和关键。目前，许多国内外学者和机构都从不同视角对企业社会责任边界进行了界定，构建了多种多样的企业社会责任边界模型。从国外研究来看，对企业社会责任内容边界进行确定的代表性成果主要包括美国经济发展委员会（CED）（1971）的同心圆模型、Carroll（1991）的金字塔模型、Clarkson（1995）的利益相关方模型、Elkington

（1997）的"三重底线"模型、Lantos（2001）的性质分类模型、Porter 和 Kramer 的（2006）价值链模型、Keys 等（2009）的工作定义模型、ISO（2010）的七大主题模型等。国内学者中比较有代表性的研究包括刘文斌和林志扬（2005）的制度契合模型、徐尚坤和杨汝岱（2007）的九维度模型、李伟阳（2010）基于企业本质的边界模型、李灿（2010）的三层次模型、李彦龙（2011）的角色分工模型、余澳等（2014）的两层次模型。

根据李伟阳（2010）的分类，现有的企业社会责任边界观大致可以分为四类：一是以企业是承担唯一经济功能的纯粹经济组织的企业本质观为基础，强调企业生产和交易社会所需的商品和服务的经济功能，这也是当前主流经济学的基本观点。二是以企业是承担社会功能的一般社会组织的企业本质观为基础，强调企业的社会功能是促进社会目标的实现，认为企业是社会的基本单元和一般性的社会机构。与此对应的有四种企业社会责任边界观，分别是权力责任对称观、社会影响观、社会目标观以及伦理道德观。三是以企业兼具生产属性、交易属性（经济功能）和社会属性（社会功能），但经济功能和社会功能相互割裂的企业本质观为基础，认为企业既是生产力的组织形式又体现一定的社会经济关系，但两个角色是相互分离的。在这一观点背景下，出现了两类企业社会责任观：一种认为企业社会责任是超越经济和法律要求的，企业为谋求对社会有利的长远目标所承担的责任，即狭义的社会责任观；还有一种认为企业社会责任的边界既包含企业作为经济组织所负的经济责任，也包括企业作为社会组织所负的承担基本社会义务和促进其他社会目标完成的道德责任。四是以企业是兼具经济功能和社会功能且两者密不可分的社会经济组织的企业本质观为基础，强调企业的经济功能和社会功能是密不可分、相辅相成的。关于企业社会责任边界，主要有两类观点：一是利益相关方责任边界观，即企业社会责任是对各利益相关群体的具体责任，包括对股东、员工、债权人、供应商、客户、政府、社会团体、公众等；二是战略性企业社会责任边界观，即企业在更高层面上开展那些能产生社会利益并同时强化企业战略的价值链活动。

二、明晰责任边界

社会责任管理作为创建一流"国家电网"品牌的核心内容，在建设"责任央企"表率、打造全球一流品牌中发挥着重要的服务、保障和支撑作用。

社会责任管理具有重要的"价值发现、价值传播、价值提升"功能，能够显著增进关键利益相关方对公司和电网发展的"利益认同、情感认同、价值认同"，推动广大员工和社会各界深入理解、信任和支持一个负责任的可靠可信赖的国家电网公司，全面提升"国家电网"品牌的"知名度、认知度、美誉度"。

（一）明确责任边界的思路

在国家电网公司统一界定责任边界的基础上，国网浙江电力不断深化对社会责任边界的认识，结合自身实际进一步将其转化为具体的工作内容与要求，并坚持贯彻落实。

1. 国网浙江电力对社会责任边界的认识

国网浙江电力经过长期的探索，认为追求综合价值最大化、保证运营透明度以及符合道德规范是企业确定社会责任内容边界的出发点和落脚点。因此，基于保证企业行为透明和道德的标准，企业至少承担着三方面的社会责任：一是充分发挥企业的核心社会功能，统筹考虑经济、社会、环境和文化因素，提供对社会、环境及文化负责任的产品或服务；二是保证运营透明度、符合道德规范及自觉接受社会监督；三是充分发挥企业的普遍社会功能，保证以对人、对社会、对环境、对文化负责任的方式开展企业运营。前两者属于企业社会责任边界的第一层次，即确保对利益相关方遵守法律义务和道德底线责任而增进社会福利，这也是企业对利益相关方所承担的底线责任；后者属于企业社会责任边界的第二层次，即通过充分发挥内生于企业运营过程中的各利益相关方的综合价值创造潜力而增进社会福利，这就是企业对特定利益相关方所承担的共赢责任。

2. 明确社会责任边界的理念与思路

国网浙江电力在明确社会责任边界的过程中明确了两大理念：一是企业社会责任的内容边界是不断变化的。社会环境不同、社会发展阶段不同、企业发展阶段不同、企业性质不同都会对企业的综合价值创造功能、运营透明度以及符合道德规范的要求造成影响，企业社会责任的边界也会相应发生变化。因此，明确社会责任边界要立足国情、省情、社会发展阶段以及企业实际。二是落实企业社会责任内容边界是有一定顺序的。企业资源是有限的，需要确定落实社会责任内容的优先顺序，并定期进行评价、更新，以保障企业良好的履责绩效。

国网浙江电力明确社会责任边界主要思路是，根据国网公司对企业社会责任边界的界定，重点依照金字塔理论模型、利益相关方理论模型，并结合公司实际来确定企业社会责任的维度、边界与内容。

（二）责任边界的内容

国网浙江电力承担着追求经济、社会、环境综合价值最大化和努力实现对可持续发展的贡献最大化的社会责任，即坚持以最少的经济投入及社会、环境代价，保障更安全、更经济、更清洁、可持续的能源供应。落实到具体的责任内容边界主要包括五个方面（如图4-2所示）。

1. 保障可靠可信赖的能源供应

所谓可靠可信赖的能源供应，主要是指通过优化电网布局、提升电网运营能力、转变电网发展方式，持续发挥电网的电力运营和交易市场功能，促进能源资源的优化配置，以最少的经济投入和社会、环境代价，保障更安全、更经济、更清洁、可持续的能源供应，使发展更加健康、客户更加满意、员工更加幸福、社会更加和谐、生活更加美好。这是把握创造综合价值最大化的关键，具体涉及多个方面，比如：①履行科学发展责任，实现能源优化配置；②履行安全供电责任，维护社会公共安全；③履行卓越管理责任，保证公司高效运营；④履行科技创新责任，引领产业自主创新；⑤履行全球视野责任，深化全球资源整合。

2. 负责任地对待每一个利益相关方

这要求对与公司运营相关的每个人负责，坚持以对人负责任的方式开展公司运营，具体包括：①履行优质服务责任，对用户负责；②履行服务"三农"责任，对"三农"负责；③履行员工发展责任，对员工负责；④履行伙伴共赢责任，对伙伴负责；⑤履行企业公民责任，对社区负责。这一要求体现在国网浙江电力"责任治理—责任推进—责任沟通—责任绩效—责任评估—责任改进"等一整套社会责任管理流程与制度上。比如，公司确定对外联络品牌管理部门作为社会责任信息沟通的主管部门，负责社会责任信息沟通的策划和管理工作。并要求省、市、县各级公司要加强与利益相关方的沟通，获取利益相关方的信任、认可和支持。具体沟通机制包括企业内部社会责任沟通机制和企业外部社会责任沟通机制，对外联络品牌管理部门需要协同其他部门充分识别企业的利益相关方，确定企业社会责任的沟通对象、主要沟通内容、沟通形式、沟通目标等；为确保利益相关方的知情权、监督权和参与权，对外联络品牌管理部门要建立利益相关方的参与机制和管理程序，明确利益相关方的参与方式、具体规则和实施方案等。

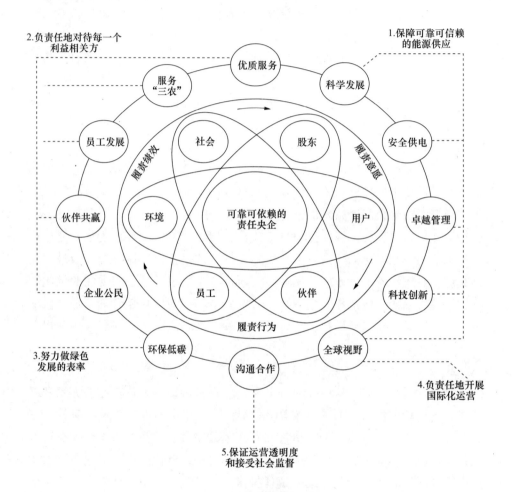

图 4 - 2　社会责任边界界定

3. 努力做绿色发展的表率

这要求坚持以对环境负责任的方式开展公司运营，履行环保低碳责任，对公司运营的环境影响负责。在组织制度层面，环保管理部门是环境因素识别与评价的归口管理部门，负责定期（如每 1 ~ 2 年）组织有关部门和单位从物、人、作业环境与管理四个方面识别评价和控制，定期对重大危险源、重要环境因素日常运行控制进行记录或资料分析，评价其合规性与所做承诺的实现程度。同时，其他相关部门，如电网规划管理部门每年要制定推动可再生能源开发的政策、措施，如光伏发电、风电、水电，制定降低线损措施，有效推动自身节能减排。

4. 负责任地开展国际化运营

坚持以负责任的方式开展国际化运营，本质上是要求无论运营所处何地，社会责任都是公司的永恒追求，即履行全球视野责任，负责任地实施国际化战略。一方面，充分利用企业建设和运营电网的经验与技术，持续加大技术、管理、装备输出力度；另一方面，尊重国际惯例，尊重当地法律法规和文化传统，加强沟通交流，促进经济、社会、环境协调发展，积极支持当地社区建设。

5. 保证运营透明度和接受社会监督

这要求公司履行沟通合作责任，保证利益相关方的知情权、参与权和监督权，建立信任、增进共识，合作创造综合价值，以透明度和社会监督保证社会责任可信可持续。为此，国网浙江电力主要从沟通、绩效、评价与改进等几个方面加强制度建设，以保证运营透明度和接受社会监督。具体针对内外部利益相关方采用不同的沟通方式，比如员工（职工代表大会、信访接待、员工投诉信箱、企业活动、企业会议、企业网站等），顾客（客户满意度调查、客户调研走访、新闻发布会、社会责任实践报告、行风热线、微信、微博等），政府（专题汇报、现场调研、行业交流等），合作伙伴（座谈会、走访调研等），媒体（新闻发布会、网络、社会责任白皮书等），社会（公益活动、共建活动、社会责任白皮书等）。同时，将客户满意度、员工满意度、供应商社会责任指数、社区和谐度等绩效指标纳入考核体系中，并不断完善责任改进制度。

第三节　明确责任内容

基于以上确定的社会责任内容边界，国网浙江电力进一步明确了公司所应承担的 12 个方面的具体社会责任，包括科学发展责任、安全供电责任、卓越管理责任、优质服务责任、伙伴共赢责任、服务"三农"责任、科技创新责任、员工发展责任、环保低碳责任、全球视野责任、沟通合作责任、企业公民责任。

一、科学发展

国网浙江电力确定的科学发展主要内容包括电网建设、电网发展、优化能源配置、各级电网协调发展四方面主要内容。

（一）电网建设

根据"一特四大"（特高压、大煤电、大水电、大核电、大型可再生能源）能源战略，加快推进建设以特高压电网为骨干网架、各级电网协调发展，具有信息化、自动化、互动化特征的坚强电网。协调跨区和跨省电网、省内骨干电网、重点城市电网和配电网建设，不断提升电网配置资源能力，适应经济社会发展对电力的需求，推动国家能源资源的可持续发展。国网浙江电力统筹加快包括特高压在内的各级电网建设，打造电力高速公路，实现全年不拉闸限电。2015 年，完成电网建设投资 378.9 亿元。

（二）电网发展

智能电网作为清洁能源高效开发利用的重要平台，代表着未来电网的发展方向。要加快电网的技术改造，深入挖掘现有电网配置资源潜力，加快布局和推动智能电网发展，更好地发挥高效输能平台作用，为能源的大范围、大规模、高效率的传输和利用提供重要保证，满足全面建设小康社会的能源和电力需求。国网浙江电力大力发展和完善智能电网、智能变电站、智能配电网和智能调度技术，探索城市能源互联网试点。

（三）优化能源配置

要有效落实"一特四大"战略，依托坚强智能电网，加强能源与电力的统一调度和管理，促进大煤电、大水电、大核电、大型可再生能源的集约高效开发与大规模接入，服务国家能源结构优化目标。同时，充分发挥电力交易市场机制作用，缓解电力供应供需矛盾，构建稳定可靠、经济高效的能源供应体系。国网浙江电力一方面发挥电力杠杆调节作用，实施差别定价，实行"分档有序用电"，严格控制高耗能、高污染企业用电，支持交通运输设备制造业、省委工程和现代医药、光电等第三产业发展；另一方面服务浙江省政府"腾笼换鸟"、"浙商回归"和城镇化建设，服务省内产业升级重点项目。

（四）各级电网协调发展

要根据电网主网、配网发展规划，推进各级电网统一管理，确保主网、配网项目充分对接；加强配电网项目投资，优化配电网结构，增强配网转供能力及供电可靠性，优化供电质量；大力推进农网改造升级工程项目，促进农村经济社会可持续发展。国网浙江电力提出"构建坚强主网，建设一流配电网"的要求，即形成以特高压为核心、东部电源群为支撑，"南北互通、东西互供、交直流互备、水火电互济"的坚强主网结构，同时启动新一轮城镇和农村电网改造升级工程。

二、安全供电

安全供电是指公司坚持"安全第一、预防为主、综合治理"的方针，制度健全完善、责任落实到位、行为标准规范，贯彻全面、全员、全过程、全方位保安全的工作思路，凝聚企业内外力量，保障电网安全稳定运行。

（一）构建"大安全"格局

国网浙江电力根据电网安全管理标准建设要求，坚持综合治理，全面落实安全生产责任制，构建"大安全"格局；提升电网安全技术装备水平，杜绝违章指挥、违章作业；长期开展反事故斗争，深入电网安全重点部位、关键环节、重点人群，排查和治理电网安全隐患，推广应用无人机、直升机、智能机器人、在线监测等先进设备和技术；提升员工安全意识、素质和能力；营造良好的电网安全外部环境。

（二）电网安全应急管理体系建设

国网浙江电力根据电网安全应急管理体系建设要求，健全应急组织机构，建设覆盖企业各层级、系统的完整的安全应急预案体系，包括综合应急预案、电网安全预案、设备设施安全预案、人身安全预案、网络信息安全预案、社会安全预案等，推动应急联动机制建设。完善落实防汛防台、反恐、大面积停电应急保障措施，建设应急基地，实现应急基干队伍持证上岗，利用4G无线视频等先进技术开展大面积停电联合演练，提高全社会电网安全应急处置能力。

（三）建立安全风险预警机制

国网浙江电力根据电网安全预控体系建设要求，推进安全风险管理，建立"以防为主"的安全风险预警机制，在制定和实施发展战略、规划设计、科技创新、设备采购、建设运行、员工培训、安全环境等企业运营管理全过程导入安全供电预防机制要求，全面保障电网安全可控、能控、在控。推进市级、县级供电企业安全风险管控系统应用，推广《控制措施卡》，全面防控电网作用风险。

（四）开展安全生产全员培训

国网浙江电力根据安全教育培训要求，开展关键岗位人员和转岗人员专项安全教育和技能培训，提升员工安全素养；建立健全员工安全技术等级体系，推广安全积分制，完善员工安全技术等级认证。

（五）积极应对各种自然灾害和重要保供电任务

国网浙江电力根据应对自然灾害和重要保供电任务规划目标，提前预案，积极应对各种自然灾害，保障地方安全可靠用电；充分准备，保障国家及地方重大活动的保供电任务。例如，2016 年圆满完成春节保电、迎峰度夏、防汛防台、互联网大会、G20 峰会等重要保电工作。

三、卓越管理

卓越管理是指公司应大力推进发展方式转变，实施集约化发展、精细化管理、标准化建设、规范化制度保障、信息化推动，全面建立利益相关方参与机制，实现企业资源的高效配置，保障电网优化能源资源配置功能的充分发挥，创造经济、社会、环境的综合效益，提高利益相关方满意度，实现企业的综合价值最大化。

（一）精细化管理

国网浙江电力全面梳理与优化内部流程管理与职能管理机制，深化一流企业对标，推进专业化管理，立足发挥企业整体优势，实现内部资源的高效整合，提高企业经营管理效率与质量，推动企业发展方式的转型升级。

（二）信息化建设

国网浙江电力立足实际，加快与自身运营特点和发展需要相匹配的信息系统建立、完善和深化应用，实现企业核心资源与主要经营活动的在线管控，提升信息化管理水平。

（三）经营绩效提升

国网浙江电力优化产业布局，推进盈利业务多元化，提升企业的盈利能力与可持续发展水平。

四、科技创新

科技创新是指公司应充分发挥技术创新主体作用，坚持"自主创新、重点跨越、支撑发展、引领未来"的方针，为保障安全、经济、清洁、可持续的能源供应提供坚强的科技支撑，服务创新型国家建设。

（一）完善科技创新体系

国网浙江电力依据科技创新管理体系建设要求，加大科技投入，形成重点项目研发创新和群众性创新相结合的创新模式，优化科技资源配置，加强科技人才队伍建设，建立结构合理、分工明确、重点突出、运作协调的科技创新体系。

（二）全面推进科技创新

国网浙江电力坚持自主创新，实施科技兴网战略，面向企业发展重点领域、面向生产服务一线、面向世界电力科技前沿全面推进科技创新。

（三）创造一流科技成果

国网浙江电力在电网建设运行、电力营销、智能电网、通信与信息、电网环保与节能、电网企业管理等领域取得拥有自主知识产权的重大科技创新成果，比如"电池组快速更换系统集成技术研究和装备开发"，提出"三双"接线模型，首创自动化信息"不停电联调法"等。

（四）成果应用转化

国网浙江电力依据科技创新管理方针要求，加强科技项目全过程管理，加强科技成果的转化应用和知识产权保护，积极参与国际国内电力技术标准的制定，大力推进高新技术产业化，拥有一批技术先进并具有国际市场竞争力的高新技术产品。比如，"500千伏数字化变电站运行检修技术"等多项科技成果应用于公司生产、运营实践，推广"直升机（智能）巡检技术"在温州、金华、丽水、衢州等地应用等。

五、优质服务

优质服务是指公司应全面落实始于客户需求、终于客户满意的服务要求，为客户提供安全、可靠、优质的电力产品和服务，强化提升客户满意度，在为客户创造价值的过程中实现企业综合价值最大化。

（一）践行优质服务承诺

国网浙江电力始终把提高服务品质作为保障公司持续健康发展的重要动力，认真贯彻执行《供电服务监管办法》，扎实推进供电服务"十项承诺"、员工服务"十个不准"，全面考核"十项承诺"兑现率，定期开展客户满意度调查，积极参与行风测评，全面加强服务结果的监督和考核。

（二）提升服务水平

国网浙江电力加强优质服务的组织管理体系和优质服务制度建设，加强服务资源整合，建设优质服务的业务体系，建立起以客户为导向、营销一口对外、各专业协同运作的升级供电平台；弘扬全员服务理念，强化优质服务技能培训，加强服务基层设施建设，不断创新服务渠道和方式，强化服务窗口建设，公开透明地实施居民阶梯电价政策，提升规范化服务水平，切实保障广大居民用户利益；加强客户信息安全监督管理工作，提升信息安全运行能力，保障客户信息安全，实现停电信息和电费信息掌上查询。

（三）提升客户满意度

国网浙江电力连续十年聘请第三方专业机构定期开展客户满意度调查和持续开展优质服务无投诉竞赛，不断评估客户满意度情况，有效、及时处理客户投诉意见，不断提高客户满意度。

六、服务"三农"

服务"三农"是指公司应认真贯彻中央关于建设社会主义新农村的战略部署及相关政策，坚持工业反哺农业、城市支持农村和"多予少取放活"的方针，发挥企业整体优势，服务农村经济繁荣、农业生产发展、农民生活富裕、美丽乡村建设，促进城乡协调发展。

（一）农电电气化建设

国网浙江电力全面落实农村电网发展规划，实施农村电网建设与改造工程，推动农村基础设施建设，切实提升农村用电保障能力、电能质量和供电服务水平；推进农村电气化"百千万"示范工程，有力促进农民增收，实施惠农支农政策，促进农村经济社会全面发展和进步；升级农网，综合治理农村"低电压"现状，改善农网供电"卡脖子"和"低电压"等问题，切实完成农网供电质量监管指标和承诺指标，满足县域经济快速发展对电力的需求。

（二）农电管理

国网浙江电力积极落实农电发展战略，以企业发展支持带动农电事业发展；创新体制机制，推动农电企业管理、服务和技术创新；认真履行供电服务承诺，加强农村安全用电管理，保障农电服务品质；推广应用农网先进适用技术，注重节能降损，保护农村生态，节约投资和运行维护成本；建立健全标准制度体系，以农村供电所标准化建设为重点，深化农电标准化建设，推进城乡电力管理制度、管理机制、建设标准、工作流程的统一，持续提升农村供电服务能力和水平。

（三）农电队伍建设

国网浙江电力推进农电队伍素质工程建设，加强农电工职业培训，推行农电工持证上岗制度；关心农电工生活，保障农电工安全和健康，扶助困难农电工；强化人才管理和考核工作，加强技术交流、技艺传授、技术攻关和管理创新活动，健全农电用工优秀人才培养选拔机制；宣传先进典型事迹，鼓励优秀人才勇做排头兵，立足岗位发挥技术和管理创新的带动作用。

七、员工发展

员工发展是指公司要深入贯彻落实人才是第一资源的发展理念，全面实施人才强企战略，自觉维护员工合法权益，加强员工能力建设，健全员工职业成长机制，推进员工民主管理，激发员工创造活力，实现员工价值，支撑企业发展。

（一）维护员工合法权益

国网浙江电力认真落实《劳动合同法》等法律法规，尊重人权，坚持公平雇用，杜绝性别、年龄、疾病、种族、宗教信仰等方面的歧视；规范招聘流程，确保招聘公平公正；推进体制改革，充分考虑保障员工权益，为员工提供符合国情和岗位的薪酬与福利，确保薪酬水平在各地最低工资水平之上，且不低于同类型企业和岗位人员的平均水平，实行男女同工同酬；建立合理的带薪休假制度；保护员工个人信息安全与隐私，确保员工个人信息安全。

（二）做好职业培育与发展

国网浙江电力加大员工培训投入，创建"劳模工作室"，增强员工职业发展能力，培养高素质员工队伍；加强员工内部交流，多层次、多方面锻炼员工，促进员工全面发展；建立公开平等、竞争择优的选人用人机制，建立人才库，构建管理、技术、技能和劳模职业成长通道；建设政治素养好、经营业绩好、团结协作好、作风形象好的领导班子，建设职业素养好、自觉实践企业发展战略、执行力强的管理人员队伍，建设技术创新意识和科技攻关能力强的技术人才队伍，建设爱岗敬业、一专多能的技能人才队伍。

（三）关注职业健康与安全

国网浙江电力根据安全管理要求，不断完善职业安全健康管理体系，健全保障员工安全的激励和约束机制，积极开展职业安全健康教育，不断改善员工的工作环境，开设"健康食堂"，提高员工安全与健康素质。形成由基本医疗保险、补充医疗保险、重大疾病保险、人身意外保险构成的多层次保障体系。深化员工思想动态分析，开展员工心理健康服务和培训。

（四）关心员工生活

国网浙江电力关心离退休人员，帮助困难员工，全面实施企业阳光健康工程，开展"阳光心灵家园"建设，持续开展敬老工程与"情暖职工"送温暖慰问活动，组织职工代表慰问一线员工，充分关心、关爱员工生活。

（五）推行民主管理与监督

国网浙江电力严格落实集体决策制度，创新发展职工代表大会制度，大力推进民主管理；充分发挥职代会作用，确保涉及员工合法权益和企业重大战略决策的事项经过职代会审议通过；建立员工沟通和参与决策机制，鼓励广大员工建言献策，激发员工积极性、主动性，为推动企业持续健康发展贡献积极力量。

八、伙伴共赢

伙伴共赢是指公司要坚持眼光长远、真诚合作、互利共赢的原则，加强与发电企业、设备供应商、科研设计、施工建设单位和服务商等业务伙伴相互合作、优势互补和利益共享，共同推进可持续发展。

（一）加强供应链社会责任管理

国网浙江电力建立供应链关系管理制度，推进供应链社会责任审核和培训，加强供应链企业积极履行社会责任；建立公平竞争机制，确保供应链企业能平等参与企业的各项招标采购活动；加强与政府部门、科研院校的合作，打造国际一流的国家级海洋输电工程技术中心和海缆质检中心。

（二）推进厂网链协调发展

国网浙江电力依据服务国家能源发展大局的目标方针，发挥电力工业的整体优势，加强电网、电源的统一规划和优化布局，推进电网、电源协调建设，促进能源资源优化配置；坚持厂网协调运行，完善网厂联席制度，严格执行"公开、公平、公正"调度交易，维护电力市场秩序，共同保障电力系统的安全稳定；加强企业合同管理，推进合同管理一体化、规范化和标准化，完善统一合同文本体系。

（三）供应商合作共赢

国网浙江电力加强与电力设备供应企业、科技设计、施工建设单位、服务商的广泛合作，推进电力工业的自主创新与技术进步，促进电力关键设备国产化，共同加强电网工程的优化设计和建设管理，大力推广应用节能降耗的新设备、新技术、新工艺，提高电网工程建设质量；通过驻厂监造、抽检等方式，与供应商共同打造可持续价值链；推行年度保证金制度，切实保障投标商应有的权益；坚持透明、诚信、守法、合作原则，严格按照合同办事，加强与各供应商合作和交流。

（四）行业交流

国网浙江电力根据加入的行业协会及单位的角色，积极履行相应的职责，积极参与行业协会举办的各种活动，提交有建设性的议案和提案，履行成员职责；参加浙江省电力行业协会、浙江省企业社会责任报告发布会、管理创新和 QC 工作座谈会等专业协会和会议；加强与中电联、浙江省企业联合会的联系。

九、企业公民

企业公民是指公司要自觉发挥表率作用，用于承担社会公民的责任和义务，遵守法律法规和社会价值规范，弘扬良好道德风尚，热心社会公益，促进社会公平进步，服务社会主义和谐社会建设。

（一）守法合规、诚实守信

国网浙江电力严格遵守国家法律、行政法规，遵守社会道德规范、行业准则、国际公约，全面推进依法治企，诚信经营。加强党风廉政建设，推进惩治和预防腐败工作，实施反商业贿赂。坚持依法治企，完善风险防控机制和问题排查治理的常态机制，评估法律风险、人权风险、腐败风险、环境风险，保障风险的可防可控。

（二）商业道德及社会公德

国网浙江电力自觉实践"四个服务"的公司宗旨，大力弘扬"以人为本、忠诚企业、奉献社会"的企业理念，全面加强行风建设，服务社区建设与发展。坚持依法纳税，明确税务操作要求和流程，促进公司税务管理规范化。开展纳税风险评估活动，及时对纳税事项的真实性、合规性、准确性进行核查。

（三）社区参与管理

国网浙江电力遵守社区管理规定，制定社区参与计划，并提供资源保障，开展社区影响评价和沟通工作，推进社区管理制度化、规范化。

（四）社会公益

国网浙江电力积极发挥表率作用，立足国情，服务民生，为地方政府解决影响构建和谐社会的重大社会问题贡献积极力量；带动就业，促进城乡区域协调发展，扶助社会弱势群体；不断创新社会公益渠道和方式，开展各种特色公益活动，树立企业的优质品牌。比如，与省青少年发展基金会合作，开展"希望工程圆梦大学助学行动"；参与"国家电网公益基金会"运作，开展小学生营养午餐、电力光明小学、"点亮玉树"等特色公益活动；每年向省残疾人福利基金会捐赠资金，支持残疾人事业发展。

（五）志愿者服务

国网浙江电力加强对企业员工志愿者活动的组织管理和引导，倡导与支持员工志愿者开展服务活动，树立员工志愿者服务品牌，丰富企业品牌形象内涵，促进和谐社会建设。比如，组织开展千名党员干部"手拉手帮扶结对"活动，深化"阳光乡村行动"；持续开展敬老、帮助困难群众、环保节能、安全用电、优质服务等为主体的志愿者活动等。

十、环保低碳

环保低碳是指公司应有效管理电网建设和运营过程对环境的影响，推动价值链（发电侧、电网侧、客户侧）节能减排和清洁能源发展，全方位落实保护环境和资源节约型、环境友好型社会和生态文明社会建设。

（一）环境管理标准建设

国网浙江电力建立和完善环境管理体系，授权相应部门并安排专人负责该体系的工作,将相关指标纳入负责部门或个人的绩效考核体系。该体系的建立应以环境绩效的持续改进为目标。

(二)价值链节能减排

国网浙江电力加强自身及价值链绿色发展、节能减排教育培训和宣传,包括:发挥发电权交易作用,推动节能减排;优化电力调度运行方式,优先调度水电、风电、太阳能等新能源发电上网;推行环境无害化处理;推动绿色办公、倡导绿色出行,向员工发送节能宣传短信,以"世界环境日"、"电力安全生产宣传咨询日"等为契机,开展形式多样的节能宣传活动等。

价值链的节能减排。价值链包括发电侧、电网侧和客户侧,其中发电侧包括调峰电厂水能利用率、有序调停和统调燃煤机组等。电网侧包括编制节能减排工作方案、优化电力调度运行方式、加强配电网科学规划,注重土地资源节约和环境保护、采用新技术节能、推广使用节能产品、降低线损率等。客户侧包括实施合同能源管理;组建11个能效服务小组,推广"社会用电优化"模式;提供峰谷用电方式;编写优化用户建议书等。

(三)推动绿色发展

为积极落实国家政策、国家电网公司部署,配合浙江省光伏等新能源发展战略,国网浙江电力制定了《浙江太阳能发电项目接入电网管理暂行办法》、《浙江省电力公司光伏电站接入电网技术应用细则(试行)》等制度,积极开展清洁能源(光伏发电、水电、风电)接入技术和政策研究,服务和支持光伏发电、风电和水电发展,加快电动汽车服务网络建设,推动电动汽车产业发展,推进智能用电服务,推动电网绿色发展。具体包括:服务分布式光伏发电并网,加快电动汽车服网络建设,智能用电进入寻常百姓家。

十一、全球视野

全球视野是指公司应主动参与经济全球化进程,实施国际化战略,推进国际能源合作和跨国经营,加强国际交流与合作,保障安全、经济、清洁、可持续的能源供应,为应对全球环境和能源问题贡献积极力量。

(一)积极开展跨国运营

国网浙江电力积极推进跨国经营,充分利用企业建设和运营电网的经验与技术,开展国际合作;深入把握经济全球化趋势,围绕电网建设、电网运营、装备制造、电网投资等核心业务,持续加大技术、管理、装备输出力度,积累国际竞争优势；坚持尊重国际惯例，尊重当地法律法规和文化传统，加强沟通交流，促进经济、社会、环境协调发展，积极支持当地社区建设。比如，充分发挥技术和品牌优势，成功登陆南美洲市场等。

（二）推进国际合作交流

国网浙江电力积极开展与国际电网企业的交流与合作，在与国外设备供应商及当地外资客户沟通交流时，除遵从本国法律法规外，还应遵从当地的法律法规及风土人情，开展柔性服务，避免因文化差异引起的客户投诉和不满。要坚持互利共赢原则，与周边国家合作开发能源资源，促进业务所在国就业和经济社会发展，增强公司能源供应能力。参加国际论坛、会展及学术活动。

（三）利用全球资源提升公司可持续发展能力

借鉴国外先进经验，利用全球的市场、科技、人才、资金、管理等资源，提高公司建设和运营电网的能力和水平，参与国际电力工程市场和电力高科技产品国际竞争。开展国际对标，积极参与制定和推行国际电网技术标准，服务建设世界一流电网、国际一流企业。遵循国际惯例，与国际同行共同努力推进大电网的安全、高效、环保运营，推进能源的可持续利用，积极应对全球气候变化和能源问题。

十二、沟通合作

沟通合作是指公司应坚持透明开放运营，加强与利益相关方的对话与沟通，及时了解和回应利益相关方的要求与建议，建设和谐的利益相关方关系，形成发展共识，凝聚发展合力，共同破解发展难题，合作推进企业和社会的可持续发展。

（一）社会责任沟通机制

国网浙江电力致力于识别与企业相关的利益相关方，制定与利益相关方沟通的机制和形式，辨析利益相关方沟通内容及沟通目标，与各利益相关方建立诚挚的互信关系。通过各种渠道和方式积极主动披露企业相关信息，如发布社会责任白皮书、经济发展白皮书、新闻发布会、行业交流会、电力专报、企业网站等形式，以求与利益相关方达成可持续发展共识。

（二）重大决策公开透明

国网浙江电力完善集体决策制度，规范决策内容和程序，同时积极组织开展媒体、大客户等外部利益相关方走进企业内部的活动，比如，严格执行"三重一大"集体决策制度；坚持定期检查和日常督查相结合，纪检监察、审计、法律等监督部门列席决策会议；开展"走进国家电网"、大客户座谈等活动等。及时全面披露企业推动能源优化配置、服务清洁能源和新能源发展，履行社会责任方面的重大决策、举措和信息，增进各方的理解、信任和支持。加强民主决策，深化民主管理，完善总经理联络员和协同监督员工作机制，组织职工代表开展巡视工作；在职工中开展"我为企业献一策"活动。

（三）政府监管和社会监督

国网浙江电力积极保持与政府、社会的沟通交流与合作，接受政府监管和社会各界监督，推动企业阳光决策、透明运营。主要包括建立省市县三级电力行风建设监督网络，主动接受各级经信部门和发改部门监管，认真开展"行风评议"活动，积极开展居民用电服务质量监管专项行动，积极参与当地"行风热线"、"民情热线"等公众监督栏目，完善行风投诉管理，健全行风巡查机制等。

（四）利益相关方参与

国网浙江电力研究制定利益相关方参与的战略和机制，有计划、有目标、有步骤地推动利益相关方参与方式创新。面对政府、客户、员工、合作伙伴、媒体、社会，公司形成不同的常态沟通机制。

第五章　社会责任治理体系
——有效治理

社会责任工作的扎实推进，依赖于有效的治理体系。在"三集五大"管理战略、"三角六向"管理架构下，国网浙江电力的社会责任管理建立了有效的治理机构和实施体系，依托于社会责任根植项目的组织和推进，公司社会责任管理取得了积极成效，促进了综合社会价值的实现，使公司以负责任的企业公民形象，为当地经济发展、社会和谐做出了积极贡献。

第一节　建立组织机构

强有力的组织机构是社会责任工作推进的首要条件。国网浙江电力在国家电网的科学指导下，形成了领导有方、分层推进、流程清晰、多方参与的共同治理架构和权责明确、分工协调、推进有序的组织结构，保障了社会责任工作的有序开展。

一、社会责任组织架构

（一）总体治理架构

浙江电力公司社会责任管理已经形成领导有力、组织有序、协调有度的治理结构，实现了社会责任工作的规范化运作，提升了社会责任工作的专业化水平。

2007年12月，国网浙江电力成立社会责任工作领导小组和办公室，明确相关人员及各职责要求，并组建专家咨询委员会；聘请国家电网公司社会责任管理有关领导、公司的利益相关方代表和社会责任专家,为公司开展履行社会责任工作提供咨询和帮助。公司设立了专职社会责任职能部门——对外联络部,负责社会责任体系的构建、工作推进和组织协调。其他各职能部门和业务部门在各自层面主动与利益相关方进行沟通,推动利益相关方充分参与,并充分收集各相关方反馈的信息,在公司治理体系中予以反映,推动社会责任体系的修正和完善(如图5-1所示)。总体而言,该体系是企业内部治理和利益相关方治理的有机结合,在该体系中,社会责任根植项目治理嵌入公司常规治理主线中,项目治理则包含了利益相关方治理的内容。

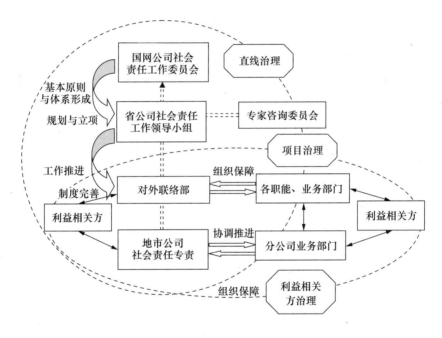

图5-1 社会责任治理架构

资料来源:作者绘制。

(二)组织管理架构

在整个国家电网体系中,国网浙江电力的社会责任工作处于国网垂直管理体系中。而在国网浙江电力内部,社会责任相关岗位工作人员职责明确、各司其职、有效配合,形成了纵横交互的矩阵式管理结构(如图5-2所示)。

省公司层面社会责任工作领导小组由党组书记担任组长,公司其他领导班子成员担任副组长，公司副总工程师、各部门（中心）主要负责人、各单位党政主要负责人为领导小组成员。领导小组负责社会责任工作的总体规划、指导和评价工作。公司成立对外联络部，设立了社会责任管理岗，作为社会责任工作机构，负责社会责任项目的培训、辅导、督促、检查、交流和推广工作，并且负责公司层面社会责任制度的制定和完善、根植项目实施方案的推进。在部门及下属单位，社会责任牵头部门一般是办公室或思想政治工作部，社会责任专责人员配合省公司对外联络部进行社会责任工作推进，各部门配合进行社会责任工作落实，并加强组织保障。各部门在社会责任管理中的主要职责如表5-1所示。

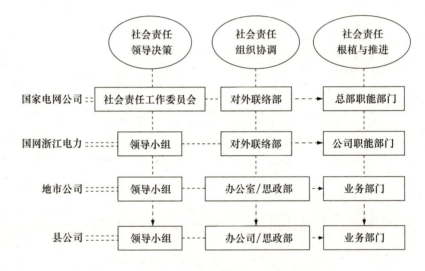

图5-2　浙江电力公司矩阵式社会责任管理架构

资料来源：作者绘制。

表5-1　社会责任组织机构职责

机构和部门	主要职责
公司社会责任工作领导小组	负责落实国家电网公司社会责任工作部署；负责制定公司社会责任工作总体战略和工作目标；负责公司社会责任工作的组织领导和决策部署；负责公司社会责任管理体系建设；负责审批公司社会责任工作规划，审批发布社会责任报告；负责聘任公司社会责任专家委员会委员；负责组织部署公司重大社会责任活动

续表

机构和部门	主要职责
对外联络部	接受国家电网公司社会责任工作办公室的业务指导；负责公司社会责任工作决策部署的具体落实；协调公司社会责任管理体系的建设与实施；组织编制公司社会责任工作规划和计划，提出公司社会责任工作预算和社会责任培训方案；组织公司社会责任重点课题研究；组织编制公司社会责任报告；参加社会责任国内外交流；参加社会责任国内外重大评比；组织公司社会责任对外宣传；配合处理公司社会责任应急事件
各单位社会责任工作领导小组	负责公司社会责任工作部署的具体落实和本单位社会责任工作的组织领导；制定本单位社会责任工作的战略；建设本单位社会责任管理体系；部署本单位重大社会责任活动
办公室/思想政治工作部	主要负责体系构建过程中，社会责任体系的配套保障（阵地建设、履责氛围营造、履责活动策划组织、主题传播宣传）、利益相关方沟通、体系构建、经验总结等工作
人力资源部门	主要负责员工责任考核评价激励机制、管理办法等的建立与完善工作
其他职能部门	主要负责社会责任工作的组织保障
业务部门	主要负责利益相关者治理，促进外部利益相关者参与

资料来源：作者整理。

二、社会责任工作机制

社会责任根植项目管理是浙江电力公司进行社会责任治理的重要抓手。企业社会责任根植项目制是通过选择公司特定工作或业务，应用社会责任理念推动管理改进，创造综合价值增量的重要方式；是实施全面社会责任管理，促进公司管理水平整体提升的重要路径；加强公司价值输出和利益相关方感知评价，巩固社会责任工作持续领先地位，塑造责任品牌形象，打造一流企业品牌的重要载体。公司对各下属单位社会责任根植项目的有序管理，体现了社会责任治理体系的有效性。公司在决策管理、风险管理、人力资源管理、企业文化管理、利益相关方管理、负面清单管理等方面根植社会责任，社会责任根植后管理方式均发生了变革。

（一）成立项目化社会责任根植组织架构

国网浙江电力建立了完善的社会责任根植项目组织架构（如图5-3所

示）。在省电力公司社会责任工作领导小组的总体规划和指导下，成立社会责任根植项目领导小组，并邀请第三方社会责任专业机构成立社会责任根植项目评估小组。社会责任根植项目的开展由国网浙江电力社会责任办公室（外联部）联合各地市公司社会责任办公室和社会责任联络员进行协调组织，各根植项目成立社会责任根植项目组开展具体工作。

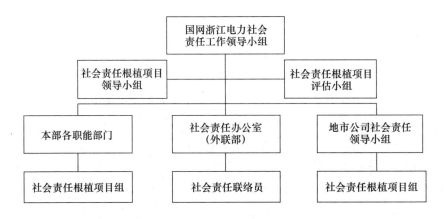

图 5 – 3　社会责任根植项目组织结构

资料来源：作者绘制。

这种组织方式的优点是，各根植项目可以根据项目的设置随时组织人员，作为公司社会责任管理核心部门的对外联络部，或横向协调，或纵向组织。在项目立项之初，就可以确定实施的主体和参与、配合人员，因而在实施过程中，能够快速把相关人员联系在一起。通过明确社会责任根植项目的目标，增强参与者的责任感和工作热情，加强各部门之间的协作配合和信息交流，克服各部门互相脱节的现象。

（二）实行"纵向指导、项目并行"的组织流程

企业社会责任根植项目的组织活动一般经历六个步骤：项目申报、项目筛选、项目培训、项目实施、验收评审、总结推广。国网浙江电力对社会责任根植项目采用公司层面发动和策划、部门和分公司层面推动实施的上下互动的组织模式（如图 5 – 4 所示）。

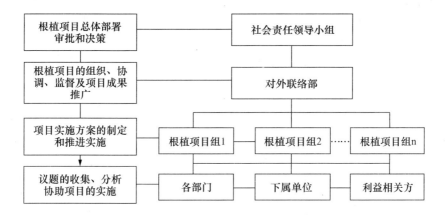

图 5 - 4 公司社会责任根植项目组织结构和推进流程

资料来源：作者绘制。

在该模式下，各根植项目可以并行推进，横向交流，有利于相关部门统一协调、整体推进。公司社会责任领导机构负责根植项目的总体部署审批和决策，对外联络部负责根植项目的组织、协调、监督和项目成果推广，各项目单位的根植项目跟进人员负责实施方案的制定和推进，各职能部门、利益相关方则参与议题的收集、分析，并协助项目的实施。该模式的优点是，针对需要重点实施的项目，有专门的工作团队，确保每个项目能够顺利推进和落实；各部门协同的方式，能够更快地调动人、财、物，获得各级领导的支持，保障了根植项目的高效开展。

第二节 加强领导表率

领导力既是全面社会责任管理的核心驱动力，也是构成全面社会责任管理有效治理框架的重要支撑（如图 5 - 5 所示）。国网浙江电力十分重视各级领导在履行社会责任、实施全面社会责任管理方面的表率作用，领导团队带头广泛、深入地学习和宣贯国网全面社会责任管理理念和管理体系，引领广大员工在工作岗位中自觉践行企业核心价值观和社会责任管理要求。

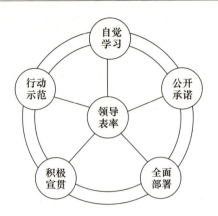

图5-5 社会责任管理领导力表现

资料来源：作者绘制。

一、自觉学习

国家电网公司是中央企业履行全面社会责任管理的典范，其社会责任理念体系具有先进性和系统性。国网浙江电力党组和领导班子成员能够带头自觉学习国家电网公司社会责任管理读本、历年社会责任报告，努力提高社会责任管理理论素养和管理水平，为理念宣贯和工作部署做好理论准备和战略准备。通过持续学习，公司领导及系统各单位主要负责人能够深刻认识社会责任工作的重大意义，高度重视社会责任工作，继而对履行社会责任做出承诺与明确倡导，成为各单位全面社会责任管理的推动者，并身体力行。

二、公开承诺

公司领导层尤其是最高领导层对全面社会责任管理的坚定承诺，为公司成功推进全面社会责任管理提供了持续的动力保障。各级领导的持续支持和承诺是公司全员参与履行社会责任的基本保障和重要动力。公司各级领导通过多种途径和多种方式做出公开承诺，明确倡议推动企业责任愿景实现，公开表态推进全面社会责任管理，为企业成功实施全面社会责任管理提供持续的动力保障。公司主要负责同志和公司党委明确倡导，各级负责同志也明确倡导企业社会责任管理。公司总经理办公会通过社会责任管理实施方案等一系列文件；公司主要负责同志在社会责任管理启动会上明确表态推进全面社会责任管理。公司党组明确要求和积极推动各级领导在内外不同场合，以各种正式和非正式的方式，积极倡导推进全面社会责任管理。在每年发布的《服务浙江经济社会发展白皮书》开篇，都有总经理致辞，明确表达公司社会责任管理理念，彰显了公司推进全面社会责任管理的决心和信心，显示了公司自觉接受社会各界监督的诚意。公司主要负责同志和各级领导层的承诺明确、具体、可操作，能够及时落实到每位员工工作过程中；主要负责同志和各级领导层的承诺在全员履行社会责任的过程中得到有效落实和兑现。

三、全面部署

公司借助总经理办公会平台，增加社会责任专项议题，全体班子成员专门就国家电网公司的社会责任工作部署和要求、公司社会责任管理的若干重大问题进行多次研讨，与咨询委员会进行专门会商，就社会责任根植的推进工作进行周密部署。由领导成员组成的社会责任领导小组，经常就社会责任管理的制度化建设、年度工作计划等内容进行定期、不定期的研究讨论。这种研讨和部署过程，也是高层领导统一认识、为下属公司进行高层动员进行预热的过程。

四、积极宣贯

公司总经理在每年初和年终工作会议上专门强调要加强全面社会责任管理工作，公司党委成员在相关活动中多次要求党员同志要提升履行社会责任的能力和水平，公司主要领导多次组织与基层员工的社会责任座谈会、恳谈会、沟通会，并亲自为基层员工讲授社会责任相关知识。公司党组明确要求通过将社会责任管理理念融入公司使命、企业价值观、发展战略和管控机制，推动公司各级领导层带领和引领广大员工认真贯彻落实公司决策部署，树立全面社会责任管理理念，提升全面社会责任管理能力，落实社会责任管理行动。领导层主要从理论体系、企业文化培育、制度建设和工作部署层面，对社会责任理念加以分解和阐释，引导员工转变思维模式和行为方式。公司主要领导借助内部社会责任培训平台，为系统各单位一把手及领导班子成员讲解社会责任理论，推广普及公司社会责任理念。2015 年 4 月，国网嘉兴供电公司开展庆"五一"电力劳模公益行活动，公司多位领导出席活动，以实际行动宣扬公司倡导的"红船精神"及社会主义核心价值观，起到了精神引领和感召作用。

五、行动示范

言行一致、以身示范的领导层行为是国网浙江电力成功推进全面社会责任管理的最关键因素。公司各级领导严格按照承诺的责任愿景、价值观和责任目标规范自身行为，确保做到言行一致，切实成为员工履行社会责任的表率，成为落实企业价值观的榜样。公司党组明确要求和积极推动各级领导层按照承诺规范和完善自身行为，切实成为落实企业价值观的榜样和社会责任管理的表率，引领广大员工在工作岗位中自觉践行社会责任管理要求和企业价值观。各级领导层带头部署开展全面社会责任管理，制定和实施全面社会责任管理推进规划，明确阶段性目标和工作计划，设置推进关键控制点，努力将社会责任管理融入企业运营管理的每一个环节，在日常工作中特别注重和利益相关方的沟通交流以及对有关信息的汇总和分析。公司各级负责同志在本部门、本单位具体实施社会责任管理过程中身体力行并发挥表率作用。国网浙江电力各级领导的行动符合所倡导的责任愿景，切实成为员工履行社会责任的表率。

第三节　构建社会责任推进机制

一、优化推进流程的机制建设

国网浙江电力高度重视社会责任管理的制度创新和长效机制建设，不断健全和完善推进社会责任管理的工作制度和工作流程。

（一）强化全面社会责任管理试点—推广机制

2012 年 6 月，国网嘉兴供电公司被国网公司、国网浙江电力确立为地市级全面社会责任管理试点单位之后，国网嘉兴供电公司建立和完善了相应的组织机构，成立了实施全面社会责任管理领导小组，编制了《社会责任工作推进方案》，召开了社会责任管理推进大会，邀请专家对中层以上管理人员及相关岗位人员进行专题培训，稳步推进公司全面社会责任管理工作，并出台《嘉兴电力局全面社会责任管理指导意见》。公司在深入总结嘉兴嘉善县供电局全面社会责任管理试点经验基础上，进一步扩大试点范围，鼓励各单位开展全面社会责任管理试点工作，逐步将全面社会责任管理推向全面实施阶段。

（二）深化经验交流分享机制

组织开展各层级成果经验交流，共享融合社会责任的具体要求、方式方法和有益经验。编制社会责任根植项目手册、优秀案例集，推荐申报管理创新成果，推广运用社会责任根植典型经验。在公司组织架构中，各部门各司其职，密切配合，确保社会责任工作顺利推进。外联部负责根植项目的总体规划、培训、指导、检查、评价、交流、推广工作；各地市供电公司品牌建设管理部门负责组织社会责任根植项目实施方案，指导所属县供电公司编制实施方案，督促推进根植项目。各部门及下属单位根植项目牵头部门具体负责统筹根植项目的推进实施工作。

二、构建社会责任管理"三全体系"

（一）社会责任管理的全过程融合

公司以各业务环节的运营为抓手，将社会责任理念贯穿到运营管理和项目实施过程，实现了社会责任管理"自上而下"推进机制和"自下而上"实施机制的有效结合。在采购、研发、生产、销售、售后和企业文化等价值链的各个环节，根据企业社会责任管理理念，重新梳理、构建符合社会责任要求的生产经营体系。同时，企业还基于社会责任理念，重塑企业资产生命周期体系，在资产采购、资产管理、资产报废处置等整个流程中，融入社会责任理念，充分考虑企业报废资产对环境和社会的影响，而不是仅从公司内部成本核算角度进行衡量，充分将社会责任理念渗透到了价值管理的全过程，实现了社会责任管理与企业生产运营全过程的深度融合。企业积极推动社会责任管理融入和服务"三集五大"体系建设，指导基层单位通过融合社会责任管理理念开展"负责任的规划、负责任的建设、负责任的运行、负责任的检修、负责任的营销"，按照全面社会责任管理要求，系统梳理了运营管理工作的流程和制度，充分识别环境保护、资源消耗、安全生产等方面的影响，构建了覆盖电网运行管理全过程的社会责任推进体系。社会责任管理贯穿电网建设和运营的全过程，公司全面落实安全、高效、绿色、和谐的要求，有效管理公司运营对社会和环境的影响，协调推进公司与社会的可持续发展，保障更安全、更经济、更清洁、可持续的能源供应，提升利益相关方满意度，实现公司综合价值最大化。在电网发展战略上，服务国家电网和地方经济社会发展的大局，促进地方能源可持续发展；充分考虑利益相关方的意见和建设，追求经济、社会和环境的综合效益；坚持可持续发展，提高能源与资源的利用效率，促进环境友好型和资源节约型社会建设。在规划设计上，电网建设充分考虑利益相关方要求，规划设计与电源建设、地方发展规划和区域环境相协调；综合平衡利益相关方期望；充分考虑资源节约和环境保护的要求，主动提高环境保护的标准，推广应用环保节能设备。在施工建设上，落实安全健康管理体系，保证施工建设人员、社区居民、电网运营人员的人身安全与健康；全面落实电网建设项目环境影响评价和项目竣工环保验收制度；建立利益相关方沟通制度，保持和谐的社区关系；最大限度地减少对环境的影响。在接网服务上，坚持厂网协调发展，共同保持电力可靠供应，共同维护电力系统运行的安全稳定；严格执行"公开、公平、公正"调度与交易，自觉接受社会监督；推进节能环保调度，促进节能减排，共同应对气候变化；支持可再生资源发展。在输配电服务上，确保电网安全高效运行，努力杜绝大面积停电事故；发挥省场机制作用，推动电力交易，优化电力资源配置潜力；保证资源的高效利用，淘汰高耗能技术、工艺与设备，加强环保治理。在售电服务上，建立优质服务机制，为用户创造价值，提升用户满意度；加强安全用电宣传，提供安全用电预防措施和技术支持，服务用户安全用电；推广节能技术与设备，引导用户节约能源，科学、节约和高效用电；鼓励用户使用绿色电力，促进环境可持续发展。

（二）社会责任管理的全方位覆盖

公司在企业文化管理、战略管理、运营管理、财务管理以及人力资源管理的方方面面，将社会责任的核心理念进行分解，对部门管理人员和普通员工进行价值观宣贯和教育，使他们由被动接受转变为主动改变经营理念和工作方式，实现了社会责任管理的全面落地。通过将国网公司"奉献清洁能源，建设和谐社会"的社会责任核心理念渗透到工作的各个环节，实现公司价值观重塑和战略重塑。

树立和深化履行社会责任理念是全体员工转变思维模式和改变行为方式的重要基础，是推进全员参与履行社会责任的前提条件。公司的社会责任理念是大力弘扬"努力超越，追求卓越"的企业精神，坚持"发展公司、服务社会，以人为本、共同成长"的社会责任观，努力追求发展更加健康、社会更加和谐、生活更加美好，协调推进公司与社会可持续发展，实现公司发展的经济、社会和环境的综合价值最大化。只有公司员工认可和实践履行社会责任的价值观，切实将其作为日常的行动指南，自觉在建设和运营电网全过程贯彻落实安全、高效、绿色、和谐的要求，才能保障更安全、更经济、更清洁、可持续的能源供应，使发展更加健康、社会更加和谐、生活更加美好，实现企业和社会的和谐发展（如图 5－6 所示）。

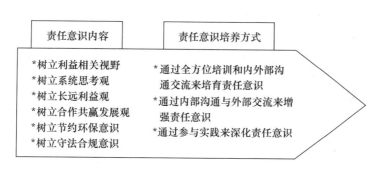

图 5－6　员工社会责任意识内容与培养方式

资料来源：作者绘制。

战略管理部门从服务中央和地方经济社会发展的大局出发，制定电网发展规划，以达到经济、社会和环境的综合效益。电网建设和运营部门，本着多方共赢的理念、节约成本、节约资源，不断提升电网运营效率。财务管理部门则从企业践行全面社会责任管理的角度出发，一方面设立社会责任管理专项预算，另一方面做好公司运营的成本收益核算，为企业提高运营效率、贡献当地经济发展提供基础。人力资源部门则从全面社会责任管理的目标出发，制定制度规范，做好社会责任工作激励和考评工作，同时承担员工社会责任管理工作。

（三）社会责任管理的全员覆盖

从一把手到公司各个管理层再到各业务单元的普通员工，浙江电网公司实现了社会责任管理的全员覆盖。

1. 社会责任理念宣贯的全员覆盖

一方面，通过开展全员培训宣贯社会责任理念。针对不同层级、不同背景的员工，制定培训计划，编制内部培训教材，通过多元化和创新性的方式系统化、定期化地开展社会责任培训并及时实施考核，在提高员工队伍专业素质和文明素质的同时，推动员工社会责任意识的提升。2012年以来，公司根据不同层次的需求，有针对性地开展全员社会责任培训和导入活动，不断扩大社会责任培训的覆盖面和影响力，使社会责任工作在企业中生根开花。强化机制建设，实施全员培训。一是将社会责任培训纳入公司年度教育培训工作计划，拓宽培训内容，改进培训方法，确保培训质量。二是不断扩大社会责任培训的覆盖面。国网浙江电力在对社会责任工作的意见中明确要求，各地市局每年要定期开展社会责任培训，每年接受社会责任课程培训人次，不少于50人次。三是积极创造条件，制定下发标准的社会责任和社会公益培训PPT模板，并组织开展社会责任和社会公益工作师资培训。2012年，国网浙江电力举办了首届社会责任培训班，各地市社会责任工作骨干人员近80人参培。公司邀请国际前沿的专家教授集中宣讲，广泛介绍了当前国际一流企业社会责任理论研究和实践概况，积极宣传了中央企业履行社会责任的政策和要求，系统宣贯了国家电网公司社会责任观和理论模型，多渠道传播《国家电网公司履行社会责任指南》、《国家电网公司社会责任报告》、《公司的价值白皮书》等核心内容。四是在公司处级领导干部轮训中安排社会责任管理培训课程，确保社会责任理念在高级管理人员中的100%植入。2012年，国网浙江电力累计开展社会责任相关培训32次，参培人员达到2890人次。

另一方面，通过社会责任报告发布会宣贯社会责任。国家电网公司坚持每年公开发布社会责任报告，并要求各下属单位均派人参加发布会，从而使报告发布会不仅成为公司与外部利益相关方互动的平台，而且成为内部宣贯社会责任的平台。

2. 社会责任根植项目的全员参与

浙江电力公司的社会责任管理也由管理层的理念和意识落实到普通员工的行为层面，进而传导到外部的利益相关者。通过根植项目，充分调动广大员工的积极性，拓宽员工参与和互动渠道，带动员工不断提升责任意识和履责能力。从国网浙江电力立项的社会责任根植项目来看，这些项目基本覆盖了公司各职能部门和下属公司各职能部门、业务部门的工作人员，每个人都服从于各自岗位职责安排，同时又参与到不同的根植项目之中，起到项目主导或协调配合作用。

3. 制度建设的全员参与

社会责任管理制度涉及电网企业运营的方方面面，从电网设计、规划到建设、运营，再到客户服务和利益相关者管理，都必须遵循社会责任的基本目标和原则。社会责任管理要做到全方位覆盖、全过程融合，就必须在制度层面保障各部门的相互衔接和全员参与。国网浙江电力在全面社会责任管理原则指导下，充分依靠各专业部门，调动各部门参与制度建设的积极性，不断修正、完善原有制度，建立新的制度规范，实现了制度建设和社会责任工作的有机结合。

第四节   健全保障体系

健全社会责任管理体系的有效运行依赖于有形和无形资源的投入。国网浙江电力社会责任体系建立了四个方面的保障，分别是人力资源保障，财务资源保障、物质生产设备资源保障以及信息、知识和技术资源保障（如图 5 - 7 所示）。以"全员参与、全方位覆盖、全过程融合"为主线，公司着力构建

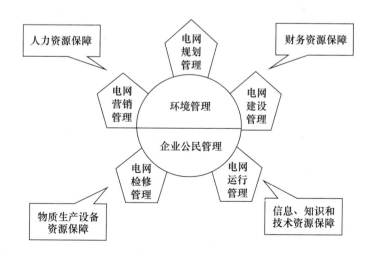

图 5 - 7   社会责任保障体系

资料来源：作者绘制。

以责任推进和责任资源保障为核心的社会责任经营管理体系，明晰了在运营过程中的社会责任管理内容、管理边界和职责要求，重点解决了参与意识不强、管理要求不清、协同机制不强等长期困扰供电企业社会责任管理的问题。

一、人力资源保障

人是制度制定和制度执行的关键要素。国网浙江电力高度重视社会责任管理的人力资源保障，这一保障工作不仅在人力资源部的工作范畴，而且要在整个公司体系内，全面提升员工能力和素质。第一，通过企业文化宣贯、社会责任培训，树立员工的社会责任理念，提升员工可持续发展能力，为全面社会责任管理提供文化氛围和基本素质保障。第二，切实保障社会责任专岗、专责的人员配备，提升专责人员的理论素质和管理能力；明确各业务部门社会责任工作对接人员，保障社会责任工作的顺利开展。第三，保证人力资源管理的政策、制度和行为符合公司履行员工发展责任的承诺，切实履行员工社会责任。国网浙江电力专门成立了员工社会责任工作领导小组，全面领导企业员工社会责任工作。该领导小组下设员工社会责任工作办公室，设在公司党群工作部，该部门协同办公室、人力资源部等其他部门成员，扎实推进员工社会责任各项工作的落实。

二、财务资源保障

社会责任工作的有效开展以必要的财务支持为前提。公司设置了社会责任管理专项预算，预算费用涵盖物质设备、人力资源、课题研究、专项活动以及信息发布等社会责任管理相关活动；公司要为履行社会责任提供人力资源、科技资源、物资设备资源保障，这些归根结底都依赖于财务资源的支持。在更广泛的意义上，要为公司履行社会责任，推进经济、社会、环境协调发展提供财务支持，其中包括公益活动和环境保护方面的必要支出。

三、物质生产设备资源保障

物质生产设备资源是企业履行社会责任的基础。公司从社会责任理念出发，树立了物资设备管理的效益最大化和安全供电原则；有效整合公司管理社会和环境风险的资源，建立应急管理体系，加强公司全面风险管理。在资产生命周期贯彻落实有效管理对社会和环境的影响，资产购置上推行供应链社会责任管理，开展供应商评估，保证招标的公平公正，与供应商合作共赢；资产运行上严格遵守环保法规，主动提高环保治理标准，强化电网资产运行专业化管理，加强与政府、社会电力设施方面的有效合作，提升资源可持续利用水平；加强资产处置的社会流向管理，提升固体废弃物、处置设备的回收与再利用水平。

四、信息、知识和技术资源保障

利用现代科技提高资源利用效率是企业承担社会责任的题中应有之义。在科技管理方面，公司积极推进科技创新和技术进步，充分发挥电网优化能源资源配置功能，发展环保型、清洁型、高能效技术，提升能源和资源的使用效率；保护知识产权，尊重科技人才的创新精神。在信息资源管理方面，加大数字化电网建设力度，建设信息化企业，建设公司知识管理体系；加强信息披露和共享，保证利益相关方的知情权、监督权和参与权。在信息、知识和技术资源保障方面，科技信息部组织技术标准研究、技术项目攻关，保障可靠供电和节能减排；培训部则以服务公司战略、服务企业发展、服务员工成长为宗旨，为员工提供技能和文化培训，改善员工知识结构，提高业务水平。这些方面都是企业社会责任保障体系的组成部分。

第五节　完善制度规范

制度是社会责任治理体系的重要组成部分。制度建设是保障社会责任工作持续开展的长效机制，只有将零散的工作纳入制度化框架加以规范，才能保障社会责任工作持之以恒地开展下去，才能促使领导和员工行为方式乃至思维习惯的改变，才能达到利益相关方和社会对企业承担责任的预期，才能更好地促进社会责任管理要求全面融入公司运营和日常管理中，实现全员、全过程、全方位履行社会责任。国网浙江电力通过建立健全制度规范，促进公司社会责任推进工作的制度化、规范化和常态化，打造形成了公司推进全面社会责任管理的长效机制，为公司持续推进全面社会责任管理提供了重要的制度保障。

一、公司推进社会责任管理制度化建设的主要工作

近年来，国网浙江电力以建设"世界一流电网、国际一流企业"为标准，努力追求经济、社会和环境的综合价值最大化，全力服务浙江省经济社会发展，同时注重社会责任管理的制度化建设，取得了积极成效。

（一）制度建设的三条主线

国网浙江电力致力于社会责任管理的制度化、常态化、规范化和流程化，保持行为的透明和道德，积极推动各业务部门和管理部门践行社会责任管理理念，将各项工作融入公司制度建设，为公司推进社会责任管理的"全方位融合、全过程覆盖、全员参与"提供制度保障，具体如图5-8所示。

图5-8 社会责任管理制度化建设的三条主线

资料来源：作者绘制。

公司社会责任管理的制度化建设主要按三条线推进：一是建立健全社会责任制度体系，这部分主要是根据公司社会责任理念和企业使命以及国网公司社会责任管理推进的要求，增加社会责任管理的指导原则和实施细则，是制度的新建过程。二是对现有的制度体系进行梳理和审视，对不符合社会责任理念要求的制度予以废止或修改，已有的制度体系不够细致和健全的，予以细化和完善。三是从各下属单位、各业务部门总结全面社会责任管理成果，从中发现优秀的管理模式并及时转化为制度，在公司层面推而广之，也就是将经验制度化。

（二）制度建设的流程

第一，外联部根据社会责任制度建设整体部署，明确需要建立的社会责任制度；第二，各专业部门结合全面社会责任管理要求，对已有日常管理制度进行梳理，明确需要修改、废止和新建的制度；第三，各专业部门结合自身工作，统筹考虑社会责任工作要求，对专业制度进行修订、完善和新订；第四，

制度制定和修订后，征求有关单位和部门意见，需要利益相关方参与的，征询利益相关方意见和建议；第五，在国家电网公司社会责任工作办公室指导下，对有关制度进一步修订完善，报分管领导审批后下发执行。外联部根据制度执行情况，评估制度效果，对制度内容进行及时修改、补充和完善。

二、国网浙江电力的社会责任制度体系

经过持续的制度化建设，国网浙江电力已经形成较为完善的社会责任制度体系。主要的制度类型和内容如表5-2所示。

表5-2　社会责任制度体系

制度分类	基础管理制度	利益相关者社会责任管理制度	责任落实和考评制度	信息披露制度	社会化沟通制度	其他制度
主要制度	社会责任组织管理制度；社会责任工作手册；社会责任管理导则；社会责任根植方案；公益管理办法	编制《客户满意度指数报告》、《员工发展指数报告》、《供应商社会责任指数报告》、《绿色发展指数报告》、《社区和谐度指数报告》	社会责任指标体系和评价体系；社会责任推进考核办法	社会责任报告编制、发布和使用办法	利益相关方参与制度；社会化沟通工作方案	全员培训制度、安全健康管理办法；各类客户服务标准；外宣联动制度；舆情风险管理制度

资料来源：作者整理。

（一）建立健全社会责任基础管理体系

公司社会责任管理制度化的一个重要途径是将社会责任工作文本化、可视化。公司从2008年开始每年编制社会责任报告，成为在浙央企中第一家发布社会责任报告的企业。2009年，下属国网嘉善供电公司成为国网公司系统中第一家县级供电公司全面社会责任管理试点单位。公司连续7年在全省国有企业中率先发布社会责任实践报告，编制发布首份地市公司全面社会责任管理手册；率先建成以社会责任（CSR）为主题的展厅。

在ISO26000社会责任国际指南发布后，国网浙江电力重新审视公司原有社会责任工作和方法，吸取国家电网公司社会责任管理经验，以及ISO26000的核心内容，重塑了自身的社会责任管理工作。2013年，建立了基于ISO26000的省

级供电企业全面社会责任管理导则——CSR26000E，成为我国第一家建立基于国际标准的全面社会责任管理体系的省级国有企业。基于 CSR26000E 体系，国网浙江电力在社会责任管理实践和探索中，努力实现五个率先：率先在国网公司系统省级供电企业内探索建立全面社会责任管理体系，着力构建社会责任组织体系、社会责任能力建设体系、社会责任经营管理体系、社会责任沟通体系、社会责任指标体系、社会责任评估体系六大子体系；率先着力建立《基于国际标准的供电企业全面社会责任管理导则》；率先建立省公司层面全面社会责任管理"心"型应用实施模型，对国家电网公司社会责任管理"鼎·心"模型进行务实有效的精准推广；率先在国网公司系统内探索建立社会责任指标体系和评估体系，进一步明确了供电企业社会责任边界；率先在国网系统内建立《客户满意度指数报告》、《员工发展指数报告》、《供应商社会责任指数报告》、《绿色发展指数报告》、《社区和谐度指数报告》五大报告发布制度，促进企业社会责任工作的可视化和可沟通。

2014 年，公司在浙江省率先发布《服务浙江经济社会发展白皮书（2013年）》，在社会责任管理公开化、制度化方面又前进了一步。同时，公司也成为浙江省第一家开展社会责任根植和根植项目制（2014）和第一家探索建立县供电企业员工责任管理体系（2014）的企业。目前，国网浙江电力已经建立了以社会责任根植项目为抓手的工作制度和工作流程，定期组织各单位进行成果经验交流，共享融合社会责任的具体要求、方式方法和有益经验，实现了工作流程化。

各地市公司在省公司的指导下，也通过各项制度建设，普及社会责任管理知识，规范社会责任管理工作。例如，国网嘉兴供电公司编制了《"红船品牌"全面社会责任（CSR）管理手册》、《社会责任知识普及手册》、《全面社会责任管理文件体系》、《全面社会责任管理指标体系》和《全面社会责任管理感人故事案例集》等，促进了社会责任根植项目的规范运作和效力传播。

（二）利益相关者社会责任制度

浙江省电力在建立《基于国际标准的供电企业全面社会责任管理导则》的基础上，率先在国网公司系统内建立了《客户满意度指数报告》、《员工发展指数报告》、《供应商社会责任指数报告》、《绿色发展指数报告》、《社区和谐度指数报告》五大报告发布制度，促进企业社会责任工作的可视化和可沟通。在环境保护方面，公司还全面落实电网建设项目环境影响评价和项目竣工环保验收制度，最大限度地减少对环境的影响。

员工社会责任管理是核心利益相关者管理的重要内容。国网义乌供电公司通过体系设计，将员工责任分解为岗位责任和公民责任，融入企业管理体系和社会管理体系。公司为保障员工社会责任体系的运行，建立了责任员工的三套机制：价值引领机制、考核激励机制、监督评价机制。价值引领机制引领员工树立起积极向上、责任奉献的价值追求，属于文化激励层次的制度基础。考核激励机制通过梳理岗位履责清单，编制《员工业外行为指南》、《员工责任社会公民行为指引》、《培养责任员工激励工作实施细则》，建立起全方位全维度的责任员工行为的激励惩戒机制。考核激励机制是规范员工履责行为的制度约束，更多体现为文本制度形式的价值指引。监督评价机制则把责任员工的建设体系融入地方的诚信系统建设工作，使员工"八小时"外的社会公民行为受到社会约束及管控，同时引入第三方监督评价机制，提升公司对员工社会责任管理的工作水平。

（三）社会责任推进和落实制度

建立健全符合全面社会责任管理要求的制度体系是实现针对全面社会责任管理形成有效治理的重要环节。公司积极推进将综合价值和利益相关方视角、透明运营和绿色发展理念全面融入整体制度安排，逐步建立起能够为实现社会责任"全方位融合、全过程覆盖、全员参与"保驾护航的制度体系。包括：一是推动社会责任管理融入制度体系建设。公司对照社会责任标准体系对已有管理制度进行重新梳理、修订、完善既有制度；基于实施全面社会责任管理的需要，对于贯彻落实综合价值和利益相关方视角、透明运营和绿色发展理念所需的、目前尚未建立的制度予以增加；动态持续改进全面社会责任管理制度体系，在社会责任根植过程中不断完善各项制度，对于成功的探索性和创新性做法予以制度化，并经过沉淀纳入整个公司的制度体系。二是建立健全责任化和指标化的社会责任推进机制。在社会责任根植和融入方面，通过建章立制，层层落实，形成了社会责任管理的制度框架。通过责任指标考核体系的建立，形成员工责任管理的制度体系和机制标准。各级公司注重在实践中推进制度体系的完善，通过实践应用来检验制度设计的合理性和科学性，并在实践中不断修正、完善制度体系的框架和内容，提高制度体系的可操作性。通过引入第三方监督评价机制，对制度体系的运行进行客观公正的测试、评价并提出改进建议，实现员工社会责任体系建设的闭环管理。

专栏 5-1 国家电网浙江嘉善县供电局

构建社会责任指标体系和评价体系

作为国家电网公司四级全面社会责任管理试点的最基层细胞,浙江省嘉善县供电局构建了社会责任指标体系和评价体系,探索电网企业的社会责任落地机制。

指标体系和评价体系的建立遵循四项原则:其一,指标的对内通用化。指标要具有在电力企业内部通用的价值,不仅适用于县级企业,还要适用于市级、省级甚至总部。其二,指标对外社会化。如何把指标通俗化,让所有人都一目了然,是指标体系能否广泛推行的一个重要因素。比如,将"手拉手环网供电条数",表述为"供电源备用率"。其三,指标的专业化。对每个指标都进行定义,确定科学的计算方法和统计频率,并且明确专业负责部门。其四,指标的动态化。每年从不同的角度对指标库进行评价,从中挑选符合当年工作要求的指标,对每个指标确定权重,最终形成当年的指标体系和评价体系。

基于以上原则,嘉善县供电局建立了覆盖社会责任 12 个方面的指标库,贯穿于战略、规划、计划、预算、日常管理、业绩考核的每个过程。指标库共 72 个指标,包括"全社会用电量"、"20 千伏用户覆盖率"、"农网供电可靠率"、"高危用户隐患治理"、"全员培训率"、"户均停电时间"、"QC 活动成果个数"、"农网投资规模"、"农电安全宣传次数"、"线损率"等,按照权重不同进行动态量化评价,以此衡量企业履行社会责任的能力与效果。

2011 年 2 月到 10 月,通过反复试验和实践探索,两大体系初显成效。通过对指标体系中"户均停电时间"、"农网供电可靠率"等对应指标的考核,2012 年 1 月农网供电可靠率为 99.965%,与同期相比上升了 0.78 个百分点。以省级劳模韩明华命名的"韩明华工作室",将指标体系中"全员培训率"、"QC 活动成果个数"等多项指标融入基层班组和科室的日常工作,通过对各类指标的月度绩效进行考核评价,不断提升员工素质、改进工作方式方法。

对内,指标是对员工的督促;对外,指标是对用户做出的保证。同时,电网企业还可以通过指标体系更清晰地了解社会需求。双项体系的指标简单易懂、推广性强，全面直观地反映了供电企业的工作质量、薄弱环节，有助于企业控制异常波动，针对性地弱化趋于平稳的指标，强化可发展的指标。

社会责任双项体系打开了供电企业内外沟通的窗口，更为注重品牌的建立和优质服务的推广。下一步，嘉善县供电局准备开展基于卓越绩效模式的利益相关者与企业社会责任关系的研究，寻求建立一个渠道以及时了解和回应利益相关方的期望和要求，并接受第三方的约束监管，引导企业更积极地提供优质服务、提升企业效益、建立社会信任、凝聚发展合力、创造综合价值。

第六章 社会责任沟通管理
——确保透明

社会责任沟通管理是社会责任高效实施的重要保障，也是社会责任管理成效向社会公开并获得良好社会评价的前提条件。全面社会责任管理是改善公司形象、提高企业经营绩效的有效价值管理工具。但若缺乏内外部社会责任沟通管理，则这一价值管理工具就失去了其发挥作用的途径，社会责任管理也便沦为企业管理的"摆设"。国网浙江电力通过建立完善的沟通体系，与社会各界实现了理性、及时、建设性的全面沟通，促进了企业社会责任体系的建立和社会责任管理目标的达成。

第一节 探索建立基于价值实现的
社会责任沟通机制

从全面社会责任管理的价值实现角度而言，社会责任沟通机制就是要通过内外部沟通体系的建立，促进核心价值观和社会责任理念在公司内部及利益相关者之间的传播，促进价值认同和行为协调，削减内耗和效率冗余，并最终保证价值目标的实现。建立社会责任沟通机制的目标就是要通过制度化建设，将企业社会责任沟通工作体系化、常态化，形成有序规范的社会责任沟通流程。在企业内部，形成组织有力、协调有序的社会责任理念宣贯、工作推进、责任落实的工作协调体系，针对外部利益相关者，形成责任明确、岗责清晰、推进有据的沟通机制，及时回应利益相关者期待，确保利益相关者满意，减少偶然性、临时性沟通的概率，降低协调成本，提高工作效率，提升企业形象，推动企业价值实现。

一、国网浙江电力全方位社会责任沟通模型

国网浙江电力为了让利益相关方及时、全面地了解公司履行社会责任的业绩，保证利益相关方的知情权、参与权、监督权，促进形成相互信任与共识，构建了完善的三层次、三维度社会责任沟通体系（如图6-1所示）。该模型基于国网浙江电力企业使命和业务发展目标，以核心价值观为内在理念指引，以保障价值链主线业务推进为沟通主线，充分考虑利益相关者价值诉求，依据沟通对象把握沟通的重点和要达成的目标。

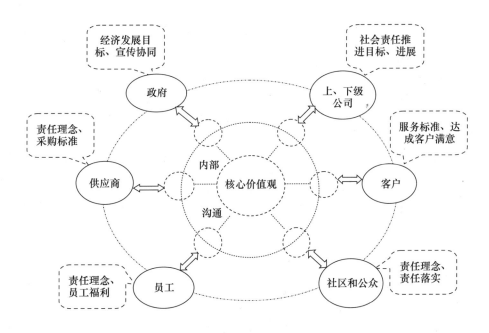

图6-1 浙江电力公司三层次、三维度社会责任沟通模型

资料来源：作者绘制。

（一）社会责任沟通的三个层次

1. 核心层沟通

高效的社会责任管理是一把手工程。只有核心领导层认识到社会责任管理的重要性和必要性，才能在全公司层面形成社会责任管理的强大推动力。

领导层社会责任理念的形成、认同有赖于管理团队的内部沟通。国网浙江电力通过高管集体学习、班子党委会、办公会等形式加强核心层社会责任沟通，对公司统一理念、凝聚共识起到了重要作用。

2. 企业业务层内部沟通

社会责任公司层面的内部沟通是社会责任理念宣贯和工作推进的重要途径。缺乏内部沟通，部门间对社会责任工作的分解就难以落实，员工对社会责任理念就缺乏认同感。因此，国网浙江电力在公司职能部门和各下属单位专门设置了社会责任管理岗，以组织、协调社会责任工作。同时，公司通过组织定期和不定期的社会责任培训、编写社会责任实践案例集等，使社会责任理念和优秀实践经验在公司层面得以传播和扎根。

3. 利益相关方沟通

利益相关方沟通是企业对紧密利益相关者和外围利益相关者进行双向信息沟通，确保相关方价值诉求实现，保障相关方对企业社会责任实践知情权、监督权的重要一环。从表象来看，各利益相关方价值诉求并不一致，但所有诉求都依赖于企业持续健康发展，因此，沟通的本质是在追求企业价值实现的基础上，保障多方利益共赢。

（二）社会责任沟通的三个维度

如上所述，国网浙江电力社会责任沟通是在三个层次进行的，涉及的沟通对象和相关方众多，但从沟通内容和目的来看，社会责任沟通是在三个内容维度展开的。

1. 纵向序贯沟通

国网浙江电力作为省级国有企业，是国家电网的子公司和省内各地市供电公司的上级公司，从社会责任管理工作来看，国网浙江电力既是国家电网公司的一个管理节点，又是具有相当独立自主管理权限的管理单位，公司既承担了国家电网公司系统内上传下达的沟通任务，又肩负着自主管理创新的使命，因此，还需要在纵向管理层级之间进行管理体系和管理内容的传导，纵向序贯沟通就承担了这样的职能。

2. 价值链主线业务沟通

这条主线是企业价值实现的基础。归根结底，企业所有的社会责任管理都根植于企业业务运作中的价值实现。对于电力企业而言，这条主线就是围绕电力设备供应、电网建设和运营以及输配售电业务而展开的，因此，社会责任沟通的核心任务就是在与供应商和客户的交流中，落实安全高效供电的基本目标，确保用户满意。

3. 价值理念和经验的内外部传播

社会责任沟通的第三个维度是传播和宣传。无论是获得内外部价值认同，还是向利益相关者披露企业社会责任实践内容，都需要专门的传播、宣传体系。这部分内容是国网浙江电力社会责任管理的重要组成部分。

二、全方位社会责任沟通的对象和内容

（一）基于社会责任工作协调的业务沟通

1. 上下级公司沟通

国网公司社会责任体系不断完善，国网浙江电力作为国网推进社会责任管理的一个重要节点，充分发挥了自身的能动性和创造性，在社会责任根植方面创造了许多实践典范。在社会责任管理过程中，媒体业务部和外联部作为社会责任素材积累、社会责任实践组织和宣传的主要部门，在国网公司系统内承担了大量上传下达的工作，起到了重要的纵向沟通桥梁作用，保障了社会责任管理工作的协调推进。

2. 部门之间沟通

全面社会责任管理绝不是外联部一个部门的工作，各职能部门和发展规划、安全监察、生产技术、经营销售等业务部门，都分别承担着推广社会责任理念、落实社会责任管理目标的任务，但如果缺乏社会责任理念的内部强化和沟通，这些部门就难以取得社会责任目标的协同。国网浙江电力非常重视各部门对社会责任工作的理念贯彻和协同推进，因此，公司通过内部培训、内部会议、面对面讨论以及各类自办媒体和宣传手册等加强内部沟通。

（二）全面、立体的利益相关方沟通

国网浙江电力大力弘扬"努力超越、追求卓越"的企业精神，牢固树立"诚信、责任、创新、奉献"的核心价值观，全面履行社会责任，忠实践行"四个服务"宗旨，与政府、电力顾客、全体员工、主要供应商等利益相关方建立起了全方位、多渠道、多角度的沟通机制，将公司价值观、发展战略及绩效目标传播给各相关方。

1. 积极主动的政府沟通

电力供应作为关系地方经济发展的民生工程和基础保障，与地方政府的

规划、重要活动息息相关。作为电力企业，只有保持与政府的顺畅沟通，才能更好地履行社会责任，成为地方经济社会发展的有力支撑。国网浙江电力注重搭建与当地政府的沟通平台，与地方宣传部、精神文明办等政府部门及时沟通，争取市政府主要领导的认可，争取政府专业部门的指导与支持，注重社会表达，扩大传播影响。通过专题汇报、专题座谈会、行业交流、社会责任白皮书、新闻发布会等形式，将发展规划、行业信息、发展瓶颈等向政府进行汇报并获得必要的支持。

2. 面向全流程客户满意的立体沟通

国网浙江电力将客户满意作为重要的经营宗旨，通过多渠道立体沟通体系的建立，保证了客户满意度的提升和"便民、惠民"措施的落实到位。国网浙江电力以问题为导向，以客户满意为目标，实施全流程客户满意度管理，准确定位各专业在服务客户中的作用，从客户最需要的地方做起，从客户最不满意的地方改起，各专业协同联动，优化流程、发挥合力，充分利用互联网与信息技术，转变服务模式，拓展服务渠道，创新服务举措，丰富服务内涵，持续提升优质服务水平，真正做到"让政府放心、让客户满意"。可以说，没有良好的沟通，就没有让客户满意的服务。正是在多渠道即时沟通中，公司实现了在经济社会发展中的基本价值。

3. 效率导向的供应链沟通

供应链利益相关方的沟通直接关系着企业价值的实现效率。为了更好地为客户提供优质快捷方便的服务，提高服务品质，公司专门建设供应商服务中心，为供应商提供从物资招标、合同签订、履约协调、物资结算等全过程"一站式"窗口服务。服务中心的建成，加强了与地方企业的沟通与互动，扩大了服务范围，提高了物资供应各环节的办事效率，树立了电网企业的良好形象。中心每年接待供应商超过1万人次，服务满意率保持在100%。为进一步完善服务功能，公司还完成了网上服务厅功能开发，集成多种信息系统，"一站式"提供招投标、合同签订等物资供应各环节业务咨询与办理，加强了与供应商的沟通与互动，提高了物资供应各环节的办事效率和服务质量。与其他商业合作伙伴的沟通方式也是多样化的，通过商务谈判、招投标、发布相关信息公告、座谈会、走访调研、合作协议、网站、报纸、公文及函电、社会责任白皮书等方式，国网浙江电力与商业伙伴保持了密切的沟通和良好的关系。

4. 基于内部认同的员工沟通

企业社会责任管理部门与内部员工进行有效沟通是完善管理体系、形成内在价值指引、规范员工行为方式的必要途径。公司领导高度重视授权环境的创建，牢固树立全心全意依靠员工群众办企业的工作思路，不断提升创新实践的动力；积极推进企业文化传播、落地和评价工程，利用各类展示平台及宣传载体培育和推广社会责任理念和实践经验，建立社会责任根植案例库，在广大员工中形成统一的社会责任理念认知、统一的执行力建设和行为养成。国网浙江电力在社会责任管理体系构建中，特别注重征求企业员工的建议和意见，发动全员参与到体系的构建与完善中，调动全员覆盖的责任体系建构的积极性与参与度。在建构企业员工社会责任体系的过程中，通过多样化的内部传播、高密度的主题传播、高层次的沟通互动，加强社会责任沟通与责任理念的根植，实现了社会责任管理的价值统一、理念认同和行为规范。

5. 及时透明的社会沟通

除了媒体业务部、外联部之外，国网浙江电力各业务部门、各地市公司、各供电服务单位，都承担着社会责任理念宣传的职责。公司注重通过社会责任实践本身进行理念和价值观传播，通过更广泛地服务社会，赢得社会认同。社会沟通的主要内容包括企业履责情况和员工社会责任实践的内容，以及更广泛意义上企业业务创新和基层单位社会责任根植的主要内容。这些内容的及时传播能够为企业发展营造良好的舆论氛围和和谐的社区环境。

第二节　主动创新社会沟通方式

沟通管理既是企业开展全面社会责任管理的重要组成部分，也是企业全面社会责任管理成效得到内外部认可的重要方式。国网浙江电力全面加强和创新社会沟通管理，探索建立系统化和制度化的社会沟通体系，积极转变沟通方式，确保企业运营透明度，赢得了利益相关方的"利益认同、情感认同、品牌认同、文化认同、价值认同"。

一、沟通方式创新的背景目标

（一）创新背景

互联网和手机的日益普及，使人们的交流和阅读习惯发生了很大的变化。传统的纸媒传播日渐式微，而通过网络和移动终端设备的快捷交流方式日益兴盛。在此背景下，公司高度重视通过新兴媒体与利益相关者进行定向和非定向沟通。

（二）创新目标

为全面提升社会责任实施效果，更好地呼应各利益相关方的价值诉求，国网浙江电力着力构建制度化沟通体系，针对不同利益相关者和沟通对象，积极创新社会沟通方式。就企业而言，利益相关方可以分为内部利益相关方和外部利益相关方。内部利益相关方主要包括股东、管理层和企业普通员工。企业内部利益相关方主要关注企业发展和自身利益；企业外部相关方包括供应商、客户、政府和社区等，他们从不同程度和不同侧面关注企业的社会责任表现，如政府关注电力公司安全供电和短期应急供电的保障，社区关注公司在绿色可持续发展方面的表现，客户关注企业提供供电服务的可靠性和灵活性等，而供应商关注企业采购过程中的透明运营。通过明确不同利益相关方的诉求，国网浙江电力创新沟通方式，赢得了利益相关方的"利益认同、情感认同、品牌认同、文化认同、价值认同"。

二、沟通方式创新的主要做法

（一）常规的社会责任沟通方式

国网浙江电力常规的沟通方式主要有发布企业社会责任报告、与利益相关方召开见面会、与企业社会责任有关部门组织加强交流以及内部会议等。

1. 发布社会责任报告是企业主动进行社会责任沟通的常用手段

通过编制并发布报告，企业能够让更多的利益相关方深入了解企业的社会责任理念和文化，使他们在理念认同的基础上更加支持企业的发展。同时，编制报告也是企业自我审视履责进展和绩效的有利途径。国网浙江电力每年以新闻发布会的形式发布《服务浙江经济社会发展白皮书》，通过新闻媒体和企业网站，向社会公众介绍企业履行社会责任方面的相关情况，对政府和相关机构则采取直接上报、赠阅的方式。

2. 与各利益相关方召开见面会是企业进行社会责任沟通的重要形式

（1）与客户的面对面沟通。营销部门会根据业务类型对客户进行分类管理，企业客户和居民客户的需求是截然不同的。尤其是企业客户，为满足企业生产经营的需要，通常有一些特殊的供电需求，这就需要与客户面对面沟通，为客户提供"一站式"全流程的全面服务；同时，建立客户服务意见反馈机制和客户投诉处理机制，通过客户沟通会的方式，真正了解问题或不足的原因，不断改善服务水平，提升企业的社会责任形象。

（2）与供应商的面对面沟通。公司通过订购会议或不定期招标会，与供应商沟通其管理计划和采购信息。公司专门建立了供应商服务中心，为供应商提供物资招标、合同签订、履约协调、物资结算等全过程"一站式"窗口服务，使供需双方沟通高效、快捷。

（3）与内部人员的面对面沟通。员工的内部沟通是提高员工社会责任认知、明晰社会责任管理职责和目标的有效手段。社会责任管理工作有赖于全员的参与，其中，各职能部门、社会责任管理对接人员是重要的内部沟通节点。

（二）针对不同对象创新沟通方式

在常规社会责任沟通方式的基础上，国网浙江电力还针对政府部门、客户、意见领袖、媒体、社会公众、合作伙伴等不同利益相关方，分别创建不同的特色沟通方式，切实不断提升沟通能力和效果（如图6-2所示）。

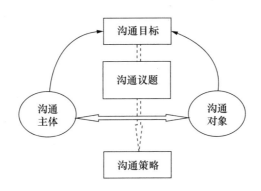

图6-2　针对不同对象和沟通内容匹配沟通方式

资料来源：作者绘制。

1. 加强与政府、相关机构及特定群体的定向沟通

公司重视传统的社会沟通方式，不定期开展国家电网公司社会责任报告和公司《服务浙江经济社会发展白皮书》宣传赠阅活动，向地方党委、政府、人大、政协有关部门、人大代表、政协委员、行风监督员、发电企业、大用户、研究机构及相关学术团体赠阅，进一步树立公司为民服务的责任表率央企形象。公司通过定向沟通，拓展了"品牌监督员"（意见领袖）资源。通过加强公司系统与意见领袖、政企名人、知名博主等的沟通交流，分层次开展"品牌监督员进国网"活动，加快建立基于利益认同、情感认同、价值认同的社企信任关系，拓宽舆论引导渠道，维护良好的政企、媒企、网企关系。

2. 加强与客户的智能化、个性化互动沟通

实践中，主要采取客户满意度调查、客户调研和走访、意见征询会、社会责任白皮书、企业网站、社会责任实践报告、新闻发布会、媒体报道、行风热线、民情热线、行风社会监督网络、优化用电建议书以及微博和微信等新型沟通方式与客户进行全方位沟通，将被动服务变为主动服务，将被动征询变为主动沟通。公司营销、监察等部门通过第三方满意度测评、客户投诉工单、客户回访工单等渠道充分挖掘客户满意度和期望值，围绕4大客户视角、6类服务主题、12个专业方向和38项详细指标，通过开展服务质量与客户期望之间的比对，查找供电服务差距。

随着电力体制改革的深入推进、电力市场化主体日趋多元，面对移动互联时代电力客户更快捷、更流畅、更愉悦的个性化诉求，2013年起，国网浙江电力顺势而为，扎实开展基于微信、微博、95598互动网站、手机APP、短信、彩信"六位一体"的智能互动服务体系建设，以客户需求和客户体验为导向，以服务创新和技术创新为引领，以构建智能、快捷、互动的服务体系为目标，开辟服务模式新渠道，进一步提升运营效率，提升优质服务水平，满足多变的市场需求，更好地为各类市场主体和广大客户服务。通过搭建一体化渠道协同运营平台，公司将所有微信、微博、95598网站、手机APP、短信、彩信等线上渠道全部统一接入，开展渠道运行状态的实时监控。实施渠道一体化运营，在省客户服务中心组建专业化运营团队，开展内容、服务、营销活动和IT技术的一体化运营。采用小步快跑的方式，快速提升客户体验。根据客户渠道偏好，实现服务产品个性化推送，并保持渠道间服务体验

的一致性。

国网杭州萧山区供电公司通过建立"朋友圈"式业扩"阳光服务365"工作室，为专用变压器、小区、分布式电源等各类客户提供点对点、交互式、一站式的365度服务，并设置专任和智能化软件"双轨道"跟踪业扩报装流程节点，对客户进行"朋友圈"式的温馨提醒和告知，对业扩受理工作人员进行全过程透明化监督和提醒。

国网金华供电公司在营销创新实践活动中，大力开展"微服务"，以智能和互动为手段，快速响应客户需求，让客户享受到便捷的预约服务、上门服务、业务代办等亲情服务，实现了从被动服务向主动服务、从普遍服务向差异化服务、从单向服务向互动服务的转变。通过台区经理上门、组织宣传活动等多种渠道，积极推广省公司微信公众号，试行客户经理微信服务。通过建立涵盖交费充值、信息查询、工作动态、用电常识、台区经理信息、营业网点地图等多功能集成的信息平台，实现了与客户的深入沟通、互动营销。通过现场活动推广、主题广告宣传、礼品印刷二维码、办公环境张贴和职工朋友圈转发等多种措施让更多的客户关注该平台，充分宣传国网浙江电力微信公众号的优势，"不需排队等候，不用打印清单，指尖轻轻一划，服务就在您身边"，真正实现了"微服务"的便捷、高效，有效分流了营业厅和95598客服的业务，有效提升了公司社会形象和优质服务水平。金东客服分中心还试点了客户经理开通微信工作号，通过微信平台，实现与客户随时零距离沟通。试点发现微信在工作中有显著效果，例如在业扩工程中，图纸的预审环节，客户可以拍下照片发给客户经理，而不用专门跑一趟；竣工验收环节，工程中的一些小问题，可以在客户整改完成后通过微信将整改完成的照片发给客户经理，有效提高了沟通效率；客户经理也可以在朋友圈发布一些客户业扩工程需要了解的标准，方便客户参考并规范施工。

3. 加强与员工的迅捷深入沟通

随着互联网技术的快速发展，"两微一端"等新媒体的传播效能日益凸显。内宣平台和内部媒体也面临转型问题。长期作为内宣重要阵地的《浙江电力报》2016年1月1日起停刊，公司媒体格局发生重大变化，公司正在加快建设新的内宣平台，承接原有媒体内宣功能。目前员工沟通的途径主要有职工代表大会、员工手册等规章制度，以及员工培训、信访接待、员工投诉信箱、企业活动、各种会议、员工座谈会、企业网站、企业社会责任白皮书等。通过"社会责任周"、"走进国家电网"等活动，进一步引导全体员工自觉践行社会责任，展现企业社会责任形象，提升为民服务水平。公司充分利用网络、微信平台，提高内部沟通效率。目前，媒体建设重点是提升公司现有媒体"一站一刊"，办好《浙江电力手机报》，着力打造"两微一端"的新媒体传播平台。

4. 注重多媒体立体式公众传播

为保证利益相关方及时掌握社会责任根植项目信息，公司推进"内部工作外部化"，持续改进根植项目履责理念和履责绩效的社会表达，通过系统有效的沟通管理，优化沟通方式，提升内外部沟通效果。公司一是注重主流媒体传播，综合运用新华社内参、人民日报、中央电视台等主要媒体，以新电改、同步电网建设、清洁能源示范省创建等为切入点，开展高质量、有影响力的传播。特别是积极策划央视《新闻联播》、《人民日报》头版、新华社《国内动态清样》等报道，2011年至2015年共发出47篇。发挥财经类媒体、行业媒体"合声"作用。在财经类媒体、行业媒体上展示特高压建设、"互联网＋电力营销"的智能用电互动服务体系、创新发展、依法治企、电网智能化升级等工作，打造具有广泛知名度的企业形象名片。二是打造公司"两微一端"的新媒体传播平台。强化省市县三级官方企业微博发布矩阵建设，融入政府微博官方发布体系，提升受众、政府、媒体的互动意愿。开设公司官方微信订阅号"浙电e家"，向社会传递公司核心理念和工作亮点。建成公司系统视频工作室体系，通过数字化、动漫、音频、视频等多种方式传递电网声音，有效占领网络舆论场高地；持续拓展媒体资源，坚持媒体沟通常态化，动态完善媒体资源库，建立健全向各级新闻宣传、网络管理等宣传主管部门的汇报沟通机制。拓展省公司微信服务号的品牌传播功能，借力政府微信公众号等权威平台开展传播，在国网公司系统内首批入驻今日头条APP，提升了品牌影响力。

各下属公司在社会责任沟通方式的创新方面，积累了大量成功的经验。国网义乌供电公司通过"亮责"主动加强与社会公众的沟通。公布公司员工的履责承诺，发布服务地方经济社会发展履责白皮书，组织开展"社会责任体验日"等活动，向政府、公众代表亮出责任承诺，自觉接受外界监督。设立社会责任行为公众监督热线，聘请各界人员担任社会责任监督员，体现出员工社会责任管理的"亮度",提高了企业社会责任管理的透明度。

国网杭州萧山区供电公司注重对业扩"阳光服务365"工作室进行全方位宣传,以"三高"传播提升其知名度和影响力。第一,保持高密度的正面传播,在中央、省级和地方各级报刊、电视、广播、网络各类媒体开展立体化传播。第二,强化高质量传播,结合服务"浙商回归"、服务"中小微企业"等主题策划,软性传播业扩"阳光服务365"工作室工作方法,实现"朋友圈"式社会责任根植深入人心。第三,探索高端定向传播,总结推广业扩"阳光服务365"工作室的工作经验,撰写重点纪实、特写投递新华社和中央电视台等高端定向媒体,传递责任根植在基层的工作理念。搭建"借力共赢"的利益相关方沟通传播体系,不断强化"朋友圈"的战略合作。与地方党委宣传部门、政府新闻出版部门、网络信息管理部门建立互信合作。增进社会和谐互信,借助政府宣传部门、公安网警等在资源和技术上的互信优势,实现对业扩"阳光服务365"工作室沟通传播"上得去,下得来"。

三、沟通方式实现四个转变

综合以上创新方式,国网浙江电力已经建立起全方位立体沟通体系,沟通方式已经由工作沟通转向价值沟通、情感沟通,由单向沟通转向双向沟通,由事后被动沟通转向事前主动沟通,由突发性沟通转向全面系统沟通。

(一)工作沟通向价值沟通和情感沟通升华

基于业务内容的沟通是企业达成基本使命、实现企业价值的基础内容。国网浙江电力为推动社会责任体系进程,将社会责任管理充分融入各项具体工作之中。因此,在工作沟通时,注重责任理念传导和相关方价值诉求呼应,实现了由纯粹的工作沟通和业务沟通向价值沟通、情感沟通的转变,提高了利益相关方对企业的价值认同。

(二)单向沟通向双向沟通转变

传统的沟通方式主要是沟通主体向沟通对象进行单向的信息传输和理念宣贯,但这种做法容易招致利益相关者的反感,也容易忽视相关方的利益诉求,难以达到"价值认同、品牌认同和情感认同"的效果。因此,为改善社会责任沟通的实际效果,国网浙江电力和各下属公司充分发挥创造性,通过"两微一端"新媒体平台的打造,使利益相关者加入公司社会责任管理的

"朋友圈",通过专项信息调研等形式,搭建信息反馈渠道,形成了利益相关方充分参与基础上的互动沟通体系。

(三)事后沟通向事前沟通转变

出现问题后再沟通是一种被动的沟通方式。面对客户,提高客户满意度,本身就是电力企业社会责任的一个方面。想客户之所想,急客户之所急,针对全流程服务中可能存在问题的环节,进行事前针对性的沟通,就是变被动为主动,积极有效的沟通方式。例如,国网杭州萧山区供电公司通过建立"朋友圈"式业扩"阳光服务365"工作室,为客户提供点对点、交互式、"一站式"的365度服务,并设置专任和智能化软件"双轨道"跟踪业扩报装流程节点,对业扩受理工作人员进行全过程透明化监督和提醒,就是事后沟通转变为事前沟通的优秀范例。

(四)从突发性沟通向全面系统沟通转变

突发性沟通通常都是事后的、临时的、应急的沟通方式。这种沟通方式极易产生负面的社会舆论,对企业社会形象非常不利。国网浙江电力非常重视舆情监测和风险防范,因此,一直致力于建立全面系统性沟通体系,通过制度规范,将沟通主体、沟通责任、沟通方式予以明晰,确保在舆情引导方面掌握主动权(如图6-3所示)。

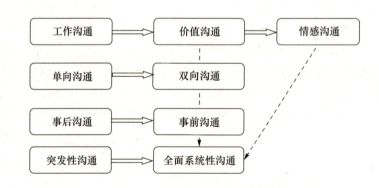

图6-3 国网浙江电力的社会沟通方式创新

资料来源:作者绘制。

第三节　加强社会责任信息披露

社会责任信息披露是公司回应各方关注、自觉接受社会监督的一种方式，也是公司向利益相关者和社会各界展示企业履责实践的有效途径。作为国有企业必须进行充分的信息披露，把信息披露作为企业承担社会责任的基础载体，推动企业和社会之间保持持续、诚信和公开的信息沟通，以消除信息的不对称，增强公司的透明度。外部媒体与社会公众始终高度关注垄断行业以及电力企业体制改革、生产经营、企业管理等方面的敏感问题，负面信息极易经由网络快速传播扩散，从而引发舆情热点。国网浙江电力在积极履行社会责任的同时，不断建立健全社会责任信息披露机制，树立了负责任的"阳光国企"形象，得到了客户和公众的积极评价。《服务浙江经济社会发展白皮书》的发布，有利于加深"国网浙江电力"是"浙江企业社会责任发展的引领者"的公众记忆。同时，多渠道信息披露有利于深化利益相关者的互信，降低沟通成本。

一、全方位信息披露机制

广义而言，社会责任信息披露包括向社会公众和所有利益相关者进行的信息传播。根据披露对象的不同，信息披露的内容应有所差别。国网浙江电力作为服务浙江省经济社会发展的地方大型国有企业，不仅需要向当地政府汇报履责情况，还需要向上级公司国家电网进行信息报送。其他利益相关者和社会公众，也有权知晓公司社会责任工作开展情况。国网浙江电力针对不同的披露对象（如图6-4所示），规定了披露内容和披露频率，从而强化了信息披露的制度保障。

公司全面加强信息报送机制建设，制定了信息工作管理办法，建立了各级公司社会责任专责岗位和信息员工作队伍，建立了定期向政府报告电力供应情况的制度和应急信息实时报告制度。建立制度化的向各级政府部门信息报送机制，以信息专报、重大事项专项汇报、重大决策参考、课题研究报告等方式汇报重大事项和决策建议。建立新闻发言人机制，及时对外披露公司重要信息。完善与媒体的沟通制度，配合各类媒体采访报道公司重点工作和公众关注的热点问题。充分发挥公司网站的信息披露功能，强化网站信息披露工作，刊登公司历年来的社会责任实践，使利益相关方在第一时间了解到公司各方面的重要信息。公司建立了报告发布制度，定期发布履责报告和白皮书，向利益相关方和社会公众披露详细的履责信息。

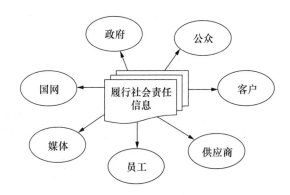

图 6-4　公司社会责任信息披露的对象

资料来源：作者绘制。

二、信息披露内容

国网浙江电力社会责任信息披露的内容涉及面广，披露对象各异，从披露层次和信息的综合程度来看，可分为综合信息和常规信息以及专项信息。

（一）综合信息和常规信息

社会责任信息披露是企业向政府和社会公众展示披露自身履责情况、展示自身良好公民形象的必要手段，也是企业向社会传播、传递积极正能量的有效途径。国网浙江电力一贯重视社会责任信息披露工作，健全社会责任日常信息披露机制，围绕政府和社会关注的重大问题，以及利益相关方的期望和要求，定期披露公司在可靠供电、安全供电、绿色供电等方面的履责实践，详细阐述公司创造经济、社会、环境综合价值最大化的意愿、行为和绩效，系统展示服务地方经济社会发展的主要议题、重要行动和综合绩效。每年的《服务浙江经济社会发展白皮书》就是这些综合信息披露的最重要载体。

（二）专项信息

专项信息包括重大信息、短期风险、针对特定利益相关者的信息。公司持续完善社会责任重大信息披露机制，明确社会责任重大信息披露的程序、范围和责任部门，及时将对利益相关方有重大影响的事件和风险以及利益相关方对公司有重大影响的事件和风险进行披露。省公司和地市公司编写的社会责任根植案例，基本上都是企业在某一方面的履责实践，或服务客户，或促进环境和谐，或促进利益相关者参与，不一而足，这些案例都可以作为针对性的专项信息披露内容，向特定的沟通对象进行定向传播和披露。

三、信息披露方式

（一）报告的编制、发布和传播

社会责任报告既是公司总结自身管理经验，向员工展示企业形象的窗口，也是公司与利益相关者进行沟通的便捷方式，通过文本化的沟通，有利于深化与相关方的互信，降低与不同利益相关方的沟通成本，从而提高企业经营绩效。国网浙江电力积极推动社会责任报告和白皮书发布工作的常规化、系列化和制度化，致力于将其建设成为公司系统的信息披露载体。公司积极推进社会责任实践报告的编制、发布和传播机制，综合运用政府汇报会、媒体见面会、社会责任专题座谈会等方式，传播社会责任报告内容。从 2008 年开始每年编制社会责任实践报告，成为在浙央企中第一家发布社会责任报告的企业。2014 年以来，公司连续发布《服务浙江经济社会发展白皮书》，社会责任信息披露更加充分。2016 年发布的白皮书展示了国网浙江电力在全面社会责任管理创新方面的优秀成果，重点披露了国网浙江电力 2015 年在服务浙江"互联网 +"行动计划、富民强省、和谐社会、生态文明建设等方面的战略思考和实践绩效，是利益相关者了解国网浙江电力的有益窗口。优秀社会责任根植项目成果的发布，则是直接利益相关者更直观、更深入地了解公司在业务开展过程中社会责任融合和根植管理的生动实践案例。这些项目成果不仅可为国网公司范围内传播先进管理经验提供依据，亦可为行业树立管理标杆。

（二）公司网站和移动新媒体平台的广泛披露

公司通过纸媒、网络媒体、新兴移动网络等平台，公开发布社会责任管理的创新成果，使信息披露方式更加多元化。公司官网也是企业进行日常信息披露的重要平台。一些优秀的社会责任管理实践和创新成果，会及时通过公司网站披露出来，获得了利益相关方的积极响应和社会各界的一致好评。公司注重通过"两微一端"的新媒体传播平台向相关方进行信息披露。公司官方微信订阅号"浙电e家"，向社会传递公司核心理念和工作亮点。公司还通过系统内视频工作室，通过数字化、动漫、音频、视频等多种方式传递电网声音，向客户和相关者进行立体化信息传播。

（三）全方位、不定时的社会披露

公司通过日常面对面沟通、工作汇报、参加论坛、召开新闻发布会等多种方式和渠道，及时、准确地披露公司履行社会责任的重要信息，将加强社会责任信息披露纳入日常管理工作要求。公司注重深化与媒体的互动交流，传播责任央企品牌故事，展示社会责任管理案例。2015年，公司系统共在中央权威媒体发稿496篇，平均每天超过1篇，位居国网前三；加强与社区的履责沟通，坚持"你用电，我用心"，从身边的小事做起，增进情感认同。持续拓展媒体资源，坚持媒体沟通常态化，动态完善媒体资源库，建立健全向各级新闻宣传、网络管理等宣传主管部门的汇报沟通机制。拓展省公司微信服务号的品牌传播功能，借力政府微信公众号等权威平台开展传播，在国网公司系统内首批入驻今日头条APP，提升了品牌影响力。2015年，公司加强省市县三级联动，围绕特高压、智能电网、绿色发展、优质服务等主题开展策划传播，形成高密度正面报道声势。

（四）常态化的政府汇报和国网公司汇报机制

公司建立了常态化的政府沟通汇报机制。及时向政府部门报送《服务浙江经济社会发展白皮书》，是公司作为地方国有企业的责任所在。针对重要的保供电项目，公司注重加强与地方政府的即时沟通，以明确要求，获得各方支持，强化服务地方发展大局的责任担当；公司建立了向国家电网定期汇报和重大事项汇报制度，将社会责任根植项目推进进展和优秀成果汇编并及时向国网报送，达到了母公司对子公司的透明运营要求。

第四节　积极推进利益相关方参与

为保证利益相关方的知情权、监督权和参与权，国网浙江电力积极推进利益相关方参与社会责任管理，并做出相应的制度安排、资源保障和行动部署，旨在提高利益相关方满意度，实现公司的综合价值最大化。公司必须积极推进利益相关方在社会责任管理全过程中的参与，使他们从一般相关者转变为积极参与者，成为社会责任管理体系的重要组成部分，这是社会责任工作取得实效的重要保障。国网浙江电力从自身业务实际出发，在社会责任体系构建、实施和评价中，构建了有效的利益相关方参与机制，使各相关方在获得充分知情权的同时，在各个环节也发挥了建言践行的积极作用。

一、利益相关方参与的必要性

在社会责任管理和根植项目实施过程中，国网浙江电力牢固树立利益相关方意识，保持与利益相关方的积极沟通，了解利益相关方对社会责任管理和根植项目实施的意见和诉求，协调和调动各方资源与优势，改进提升项目实施质量，实现"外部期望内部化"，争取利益相关方的理解、认同和支持。

（一）企业履行社会责任本身就是要回应利益相关方关切

社会责任工作的基本目标就是要回应利益相关方的价值诉求，利益相关方参与是获知各方诉求和期待的最直接途径。利益相关方参与的过程，就是各方充分表达自身关切和价值诉求的过程。推动利益相关方参与到社会责任管理的全过程，可以有效回应其利益关切，满足其价值实现预期，从而消除分歧，减少社会责任体系推进过程中的管理噪声和阻力，形成工作合力。从国网浙江电力的实践来看，社会责任体系构建、工作推进以及社会责任根植项目议题的选择，都离不开利益相关方的充分参与。同时，社会责任推进过程中，也会收到相关方的信息反馈，公司可据以调整社会责任管理的指标体系。因此，利益相关方的参与有利于推动社会责任管理的不断完善。

（二）通过社会责任管理改善外部舆论环境需要利益相关者的充分参与

国有企业尤其是中央国有企业，普遍处于垄断行业，如果信息披露有误或披露不及时，一些事件有可能演变成舆论危机，给企业形象造成负面影响。利益相关方的参与有助于其更加深入地了解企业社会责任理念，从而更易于从大局出发思考自身利益诉求的合理性，减少误读和负面评价，强化正面评价。同时，利益相关者在舆论宣传环节的参与还有助于宣传企业正面形象，其意见有时更能够得到社会的认可，为企业发展创造良好的外部舆论环境。

二、利益相关方参与的方式

为保障社会责任管理体系的科学性，更好地统筹利益相关者的价值诉求，提高利益相关者对企业履责原则的了解和认知，国网浙江电力建立了利益相关方全过程参与的社会责任管理体系，利益相关方参与的基础是价值管理，内在机制是信息反馈与信息整合，内在动力来源于公司与利益相关方内在逻辑一致的价值取向。

（一）利益相关方参与的类型与程序

1. 参与类型

根据利益相关方参与公司使命性质的不同可分为战略型利益相关方参与机制和业务型利益相关方参与机制。其中，股东、员工、政府、社区、外部专家属于战略型利益相关方，客户、供应商属于业务型利益相关方。按照公司与利益相关方互动程度的不同，利益相关方参与类型分为信息告知、专题咨询、对话交流、共同行动（如表6-1所示）。

表6-1　利益相关方参与的类型

参与类型	参与方式	利益相关方	基本要求
信息告知	员工培训、函件往来、公司展示、新闻发布、工作汇报、公司报纸、公司网站、公司杂志	地方党委政府、出资人、监管机构、用户、发电企业、员工、供应商、社区、社团组织、新闻媒体	选择合适的信息披露方式，及时回答利益相关方关心的问题
专题咨询	问卷调查、专家访谈、专题论坛、专程拜访	地方党委政府、出资人、用户、发电企业、专业机构	充分考虑各方意见和建议

续表

参与类型	参与方式	利益相关方	基本要求
对话交流	多方论坛、高层对话、集体谈判、定期协商、定向面谈	员工、出资人、地方党委政府、发电企业、供应商、社区、环保团体	相互信任、平等对话、充分沟通，形成共识，实现双赢
共同行动	参与协会、项目合作、联合活动、组织联盟	地方党委政府、用户、发电企业、供应商、社区、社区组织	充分合作、优势互补、共同创造综合价值

资料来源：作者整理。

2. 参与程序

利益相关方参与程序可以划分为互为起点、相互衔接、循环改进的八个环节：梳理议题、明确目标、了解期望、分析影响、拟订方案、实施计划、评价业绩和总结改进。首先由社会责任专职人员或业务部门根植项目负责人员收集、整理需要利益相关方参与的议题，并对利益相关方参与的作用做出明确预期，明确参与目标。其次就是通过各种沟通方式，了解利益相关方团体的期望和要求，并分析利益相关方的力量和影响，进而确定他们参与的规则，在公司层面争取资源保障。最后就是落实行动规划，实施利益相关方参与方案，之后对利益相关方参与的效果与效率进行评价，并及时总结经验，完善利益相关方参与的制度和程序，持续改进。

（二）不同利益相关者的具体参与方式

1. 专家参与：提供征询意见和建设性观点

专家参与是公司社会责任治理的重要组成部分。专家咨询委员会成员、国网公司社会责任管理专家、各类智库专家，都是国网浙江电力进行专业咨询的对象。针对公司全面社会责任管理体系的建立，专家意见起着重要的指导作用。在社会责任工作推进过程中，公司还组织策划重大社会责任活动，举办有奖征文，举办优质服务周活动，制作展板，拍摄社会责任专题片，系统展现公司履行社会责任成果。在这些活动中，公司会广泛邀请专家和利益相关方代表开展社会责任现场研讨会，进一步加强与专家沟通交流的同时，能够广泛吸收各方对公司社会责任管理体系的建设性观点和意见。

2. 员工参与：责任融入与亲身实践

员工是社会责任管理的根基，通过员工在社会关系中的口口相传、微信传播，使公司社会责任管理实践和经验传播到客户和社会中。员工参与社会责任管理的具体途径有符合社会责任理念的本职工作、社会责任根植项目、各种公益活动等。实际上，员工是企业社会责任工作的推动者和实施者，员工社会责任工作更多是将社会责任理念与本职工作融合的过程。

另外，公司员工积极参与浙江电力公益扶贫项目和希望工程爱心捐赠活动。在公司和浙江团省委联合开展的"阳光乡村行动"中，有122名员工担任团建指挥员，帮助共建村建立"阳光留守儿童之家"、"阳光网络教室"、"阳光书屋"、"阳光活动室"等活动阵地，并为农村青年创业者提供一对一帮扶。2015年4月，国网嘉兴供电公司开展庆"五一"电力劳模公益行活动，先进劳模们带领21个公益服务小分队，前往嘉兴各地，深入城乡、走进社区，开展用电义诊、用电宣传、社区服务、爱心帮扶、公共设施清洁等一系列公益活动，展示了南湖红船畔电力人的风采。在其他公司，员工也以各种形式参与到公益活动中，体现了电力员工关爱他人、心怀社会的胸怀。

3. 客户参与：反馈需求，参与履责

在服务拓展活动中，公司充分对接客户需求，通过有效互动，使客户成为服务对象的同时，也使他们也成为社会责任履行过程中的重要一环。社会责任根植项目是客户充分参与的结果。在项目立项之初，就充分征询第三方机构的意见。一些与销售密切相关的项目，都是在走访客户、参考客户意见的基础上确立的服务流程。公司促进客户参与还表现在吸纳客户参与到供电服务和履责过程中。2013年3月，国网浙江电力创新服务模式，在宁波余姚、湖州安吉深入调研的基础上，推广实施供电所服务对接村级便民服务中心，为农村客户提供"零距离"服务。各地市、县供电公司根据当地各村级便民服务中心场所设施情况，以独立办公或联合办公两种模式进驻服务。1个村级便民服务中心明确1~2名台区经理为对接人，在村级便民中心服务大厅张贴、公示对接台区经理的照片、姓名、联系电话，明示供电服务内容、用电受理标识，摆放用电宣传资料。台区经理每周至少有一次到村级便民服务中心提供现场服务，及时掌握并处理村民服务需求。其余时间，台区经理保持手机开通状态，以便于村级便民服务中心或村民电话联系。这种情况下，当地办公主要依托当地村委会的力量，可迅速定位需求，组织服务力量。

4. 地方政府与社区参与：价值期望管理与公益主题确定

公司通过定期汇报机制，接受政府部门的指导。与政府宣传部门密切联系，使各级政府宣传部门成为公司社会责任信息披露的积极推动力量。一些社会公益活动、志愿者活动则是企业与地方政府、社区居委会等部门密切配合，确定需求和主题之后，才适时、因需开展的。例如，电科院"科技绿"党员志愿者服务队的志愿活动就呼应了社会的现实需求，是地方政府、社区参与社会责任工作的典型事例。该服务队依托环保专业岗位，广泛开展以"绿色生活、绿色用电"为主题的"环保走进千家万户"的志愿者服务活动。目前该团队的影响已经辐射在杭系统，主要开展室内环境甲醛等气体检测、石材辐射检测、噪声测试、电磁环境测试等无偿服务。近年来，每年都会于"6·5世界环境日"在西湖文化广场、西城广场、社区等地宣传环保理念、服务社会大众。该服务队还发起"情系革命老区，手牵失学儿童"、"一对一、手牵手"、"爱心助学点"等活动，并在院党委、团委支持下建立了电科院"爱心助学基金"。通过全院捐款、自愿交特殊党费的方式募集款项，资助贫困学生，与当地政府沟通，建立了云南临沧凤庆县、贵州毕节等两个活动基地。

5. 供应商参与：明确公司采购标准，履行供应链社会责任

供应链社会责任是企业社会责任体系的重要一环，没有供应端严格履行社会责任，公司的"环保、节能和安全"理念便无从谈起。对于供应商，公司通过设立供应商服务中心，主动与潜在供应商进行社会责任标准的沟通。在项目规划、设计阶段就明确采购物资的环保要求，使供应商充分理解"绿色、安全、环保"等供电标准，提供符合公司要求的物资和服务，参与到公司的社会责任体系中来。

第七章 社会责任能力建设
——提升能力

履行社会责任的重要前提和基础是社会责任能力建设。当前,国内企业的社会责任能力水平参差不齐,总体社会责任能力成熟度处于弱能级,其中,经济价值创造能力相对突出,社会责任推进管理严重不足,环境管理能力和绿色运营水平亟待提升。在国家电网公司的统一要求下,国网浙江电力立足浙江省情,着力提升社会责任能力,通过开展全员社会责任培训、举办社会责任重大活动、组织社会责任案例编制、规范社会责任根植项目制、加强对外交流,取得了明显的效果,走出了一条全面社会责任管理的创新发展之路。

第一节 社会责任能力理论与模式

企业社会责任的履行与推进需要有足够的能力支撑。在社会责任能力建设过程中,企业扮演着主导者的角色,需要在经营管理过程中将社会责任能力建设置于重要地位,以促进自身的可持续发展和社会责任履行。本部分主要回顾企业社会责任能力的相关理论以及国网浙江电力为此做出的努力,进而总结其建设抓手与模式。

一、社会责任能力理论

(一)社会责任能力的内涵

企业社会责任是一种重要的道德资源、思想资源、组织资源和制度资源(李伟阳、肖红军,2011),而对这些资源配置和整合的能力就是企业社会责任能力，这也成为责任竞争时代新的企业核心能力和动态能力。国家电网公司对企业社会责任能力的界定是：企业实现经济、社会和环境的综合价值最大化的本领，是企业及其员工实现履行社会责任的目标或职责所具有的知识、技能和意愿。

企业社会责任能力既包括企业层面的能力，也包括员工层面的能力，它并不是一个"非无即有"的矛盾体，而是一个涵盖从弱到强的连续体，不同的企业因为社会责任能力的强弱不同而分布在这一连续体的不同位置。对于特定个体企业来说，沿着这一连续体的社会责任能力建设路径，实际上就是企业社会责任能力成熟度的深刻变化过程。

对于企业社会责任能力的具体内容有多种不同的划分标准，比如，根据社会责任内容边界，企业社会责任能力应该包括守法合规能力、风险防范能力、价值创造与共享能力、透明运营能力以及利益相关方参与能力五个方面；根据行为和绩效，又可以将企业社会责任能力划分为经济价值创造能力、社会价值创造能力、环境价值创造能力以及合规透明运营能力四个方面。此外，还有一种分类方法，将企业社会责任能力划分为素质能力、执行能力、实践能力、要素能力、动态能力、创新能力、信息能力、反应能力和协同能力九类能力。

（二）社会责任能力的建设

企业社会责任能力包括履责能力和管理能力两个方面，因此，社会责任能力的建设一般包括组织制度建设、学习能力培养、责任文化建设、管理工具开发等几个方面（如图7-1所示）。

1. 组织制度建设

无论企业处于怎样的生命周期，要想履行社会责任，都应当首先具备有效的法人治理机构。良好的法人治理机构是企业承担社会责任的基础。要想培养企业的社会责任能力，治理结构的设计必须能够有利于企业推进社会责任在不同成长阶段的发展和实施。

尽管企业社会责任的标准法规多种多样，但最终让企业落实到具体经营实践中还需要企业的部门规章制度。因此，企业根据其社会责任战略，将社会责任内容制度化为规章制度，并在企业运转过程中严格执行，才能够将社会责任融入到企业的生产、经营、管理活动中。

员工作为企业运转的灵魂和主体，也是企业履行社会责任的关键。随着企业的不断成熟发展，其社会责任战略在不断调整，承担社会责任的能力越来越强，内容也越来越多。因此，对企业员工建立其社会责任培训制度，才能够不断提升企业员工对企业社会责任的认知程度，更好地履行企业社会责任。

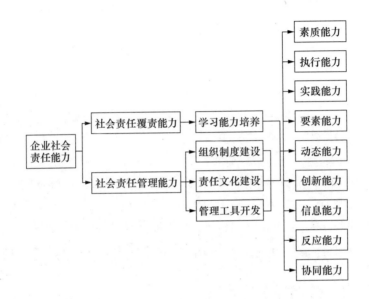

图 7 – 1　企业社会责任能力

资料来源：作者绘制。

　　企业社会责任履行能力的建设之所以被越来越多的企业所重视，除了基于企业公民的基本道德外，还因为企业社会责任事件带给企业的损失越来越大，尤其是对企业信誉、品牌等无形资产所造成的损失。因此，企业社会责任制度的建设必须要能够防范企业社会责任风险，与此对应的是应当建立起企业社会责任的审查和评估制度。

　　2. 学习能力培养

　　企业的不断发展中，要想能够较快适应企业社会责任战略的变化，在不同阶段更好地履行社会责任，就必须要培养企业对社会责任的学习力。学习力是把知识资源转化为知识资本的能力，不但包括知识总量的变化，还包括知识质量、流量和增量变化。因此，学习力强调学习的速度、学习能力以及学习知识的转化。企业社会责任的学习力，同样强调企业对社会责任知识的学习速度、学习能力和应用转化能力。

加强对外交流也是学习能力培养的重要渠道，重点是加强与政府、社会组织的交流；与外部利益相关者的交流；与不同国家同行业之间的交流；与相关行业企业的交流。

3. 责任文化建设

企业文化建设中应该融入企业社会责任理念，建立与企业文化相适应的企业社会责任文化观，在企业文化中充分渗入企业社会责任观念。如果企业履行社会责任仅仅依靠强制性的国家法律法规、行业标准以及企业的制度规范，就无法产生示范效应和感染力，从而无法形成可持续、不断推进的企业社会责任演化。

要推广和普及企业社会责任文化，一方面企业经营者和高层管理人员应不断完善自身，另一方面也要加强企业社会责任文化在企业内部的普及。

4. 管理工具开发

企业社会责任的内部控制是企业内部控制的一部分，它是在企业外部利益相关者得到妥善管理的前提下，由企业内部控制主体，从不同层面实施的一系列控制程序、方法、措施和政策的集合。企业社会责任的内部控制体系是一个管理工具，它能够帮助企业达到设定的企业社会责任管理绩效目标，并且持续监督企业未来的社会责任行为，实现全过程控制。

信息披露是企业履行社会责任承诺的关键步骤。利益相关者、政府和社会组织通过信息披露来了解企业的社会责任履行情况。因此，信息披露系统成为企业社会责任能力建设中不可或缺的工具。

同时，可引入客户管理系统，并应用于企业利益相关者的管理中，或自行开发与利益相关者的沟通工具，用于专门进行利益相关者关系管理。

不同行业、不同规模的企业，承担的社会责任内容不同，所实施的社会责任评价指标体系也会有所不同。为了实现对社会责任的动态监管和评估，一些企业引入社会责任评价系统协助进行社会责任评估。

二、责任能力建设实践

建立自我学习、持续改进的社会责任能力发展机制是实施全面社会责任管理的基础和保障。国网浙江电力通过有效的制度安排和资源保障，以及多种层次、多种途径和多种方式逐步建立自我学习、持续改进的社会责任能力动态发展机制，不断加强公司和全体员工的社会责任能力建设，持续提升公司和全体员工履行社会责任的知识、技能和意愿，夯实全面社会责任管理的能力基础。

根据中长期规划，国网浙江电力在责任能力建设方面的具体目标包括：①社会责任履责能力显著增强。以提升绩效为根本，以创造价值为使命，以可持续发展为主题，实现社会责任与管理职能和业务流程深度融合，系统开展责任管理、责任实践和责任沟通，使公司成为广受尊重的、引领浙江省社会责任发展的表率企业和标杆企业。②社会责任管理能力显著提升。社会责任理念先进，管理制度完善，管理机制健全，利益相关方管理有效，工作长效机制基本形成，使公司成为水平一流的、引领省级电网公司社会责任发展的探索者和示范者。③经济、社会和环境综合价值创造能力显著增强。具有持续竞争优势，带动产业链上下游企业共同履责、共享价值、共同发展，使公司成为影响较大的、国家电网公司内部保持国内社会责任领先地位的创新基地和展示基地，持续引领浙江企业社会责任工作，深化责任表率央企的公众记忆。

重点要通过构建社会责任能力建设体系，继续提升全体员工履行社会责任的要素能力、动态能力和创新能力；通过系统推进全员社会责任培训，持续提升全体员工履行社会责任的素质能力、执行能力和实践能力；通过加强社会责任领导、制度、文化以及信息化建设，不断提升全体员工履行社会责任的信息能力、反应能力和协同能力。

(一) 社会责任能力建设体系

国网浙江电力对社会责任能力建设体系的认识是：供电企业及其员工实现履行社会责任的目标或职责所具有的意愿、知识和技能。只有每个员工在各自岗位上明确对社会责任管理应尽的义务和责任并积极予以履行，全面社会责任管理体系方可有效运行，这需要不断提高员工的社会责任整体能力。供电企业应通过有效的制度安排和资源保障、努力推进全员社会责任培训、加强社会责任管理制度建设、开展重大社会责任活动、研发和应用社会责任管理工具、加强社会责任国内外交流以及建立社会责任知识管理体系等重大举措，逐步建立自我学习、持续改进的社会责任能力动态发展机制，不断提升企业及其员工履行社会责任的意愿、知识和技能，增强本单位履行社会责任的能力。

（二）责任领导

国网浙江电力依据国家、地方政府的法律法规，上级单位的要求，结合本单位实际，按照合法、可行的原则向客户、员工、合作伙伴、政府、社会等利益相关方提供公开、明确的承诺，并确保承诺可行、实施。

承诺内容包括坚持保障可靠可信赖的电力供应，保证企业运营过程对人、环境、社会负责任，保证企业运营透明和接受政府监管及社会监督，保证严格贯彻落实全面社会责任管理等。具体要求如下：

一是社会责任工作领导小组每年要对企业的全面社会责任管理提出明确的责任承诺。

二是各部门、市县各级供电企业及相关方将责任承诺落实到具体的工作中，明确各自的全面社会责任管理职责和义务，为责任承诺实现提供行动支持。

三是社会责任工作领导小组提供必要的资源，如人力资源、财务资源、物质资源、信息技术资源等，确保责任承诺和全面社会责任管理的有效实施。

四是社会责任办公室每年初制定年度全面社会责任管理工作计划，同时将社会责任理念纳入日常经营管理工作和企业宣传推广工作之中。经批准后，下发各部门、市县各供电企业执行。

五是组织全面社会责任管理导则的宣传教育活动，宣传教育对象是全体员工及外部利益相关方，内容包括广泛宣传国家、地方政府和行业制定的有关社会责任的法律法规和标准，宣传企业制定的有关全面社会责任管理标准的规章制度；围绕企业内部组织实施的社会责任实践，如职业健康安全、重大电网建设、智能电网建设、农网改造、责任承诺、优质服务、绿色发展、节能减排、社会公益、志愿者活动等工作；努力造就人人讲责任、人人负责任、事事讲责任的氛围。

六是对外联络品牌部门会同相关职能部门搞好各种特色社会责任活动的宣传推广，如"质量月"、"安全月"、"世界环境日"、"节能宣传周"等，充分利用多种宣传手段，大力宣传社会责任知识，不断提高企业社会责任方面的表现水平。

七是企业其他部门开展工作、组织活动时，也要有意识地落实社会责任要求，或是执行负责任的做法，以便潜移默化地深化企业社会责任理念，树立社会责任形象。

八是社会责任办公室每年总结和评价社会责任管理的开展情况，评价省公司各部门和市县各级供电企业社会责任履行情况，提出持续改进的思路，提交管理评审。

（三）社会责任制度

社会责任制度是企业在承担社会责任方面确定的总的指导方针和行动准则，是评价企业履行社会责任活动绩效的重要依据。国网浙江电力在社会责任制度方面的要求包括：

一是省公司各部门和市县各级供电企业依据 CSR26000E 的要求重新修订和完善各部门的工作标准、制度和规程，修订完毕后经社会责任工作领导小组讨论，由社会责任工作领导小组负责人批准发布。

二是省公司社会责任制度集中体现在责任治理、科学发展、安全供电、卓越管理、科技创新、优质服务、员工发展、伙伴共赢、服务"三农"、企业公民、沟通合作、环保低碳、全球视野和责任文化等方面。

三是将社会责任制度作为公开性文件公布在相关媒介上。

四是社会责任制度与企业其他方面的政策、指导方针、制度、标准、体系等要保持协调一致。

五是履行社会责任的相关制度规范由社会责任工作领导小组授权社会责任办公室定期组织评审，确保其持续的适宜性。

（四）社会责任教育培训

国网浙江电力对于社会责任教育培训的要求是：

一是省公司社会责任办公室每年初制定全企业社会责任理念宣贯计划和社会责任培训计划，报社会责任工作领导小组审批，通过后负责实施执行。

二是市县各级供电企业社会责任办公室根据省公司社会责任办公室的社会责任培训计划制定适合本企业的社会责任培训计划，并报社会责任领导小组批准，同时上报省公司社会责任办公室备案。

三是社会责任理念宣贯和社会责任培训结束后，省公司社会责任办公室及时评估总结培训效果，报社会责任工作领导小组审核。市县各级供电企业社会责任培训结束后，及时评估总结培训效果，并及时上报省公司社会责任办公室备案。

（五）责任文化

责任文化的塑造是供电企业履行社会责任的归宿和落脚点。国网浙江电力从社会责任理念的塑造、责任文化制度和行为、责任品牌塑造、责任文化测评等方面进行了规范和要求。

1. 社会责任理念的塑造

一是明确综合管理部门是省、市、县各级供电企业责任文化的归口管理部门，是责任文化测评和改进的实施部门。

二是综合管理部门根据上级单位企业文化理念和社会责任履责观，结合本单位的经营特性、发展方向和地域特色，制定适合本单位的社会责任价值观，并采取合理有效的方式传播责任价值观，以此培育员工的责任意识，催生员工的进取精神，塑造本单位的责任形象。

三是省公司对外联络品牌管理部门要协助综合管理部门制定和传播社会责任价值观。

四是市、县各级供电企业要认真学习省公司责任价值观，结合本地区特色，制定适合本单位的履责价值观并加以传播。

2. 责任文化制度和行为

一是省公司综合管理部门作为制度、标准的归口管理部门，协助社会责任办公室制定企业制度修订计划，使得每项制度、标准、规程符合社会责任要求。

二是省公司各部门按照综合管理部门制定的制度修订计划，修订和完善各部门的规章制度，使其符合社会责任要求。

三是省公司社会责任办公室协助综合管理部门建立体现企业责任价值理念的行动纲领，使得企业文化与生产运营过程紧密融合，逐步将企业的责任价值观渗透到企业日常经营的各个环节和各项活动中。

四是省公司社会责任办公室协助综合管理部门围绕责任价值观这一核心理念构建企业社会责任的行为准则和制度守则。

五是省公司社会责任办公室协助综合管理部门通过各种形式的培训和教育活动宣贯责任文化，使得企业员工具备良好的责任意识，企业内部形成良好的责任氛围。

3. 责任品牌塑造

一是明确省公司对外联络品牌管理部门是责任品牌的归口管理部门。

二是省公司对外联络品牌管理部门根据企业社会责任战略制定责任品牌
战略，并加以实施。

三是省公司对外联络品牌管理部门改变品牌建设的路径依赖，实现由传
统的广告方式转型为履行社会责任的方式，通过积极主动地履行社会责任来
重塑企业形象。

4. 责任文化测评

一是省公司对外联络品牌管理部门协助综合管理部门根据企业文化发展
战略规划和责任价值观，建立一套科学合理的责任文化测评系统，以监测评
价企业的责任文化建设成效。

二是省公司对外联络品牌管理部门协助综合管理部门根据责任文化测评
结果所显示的问题，及时改进和完善责任文化建设体系，促进责任文化绩效
的持续提升。

三是市、县各级供电企业根据省公司责任文化测评系统监测和改进本单
位的责任文化建设情况，并及时向省公司综合管理部门备案。

（六）信息化建设

国网浙江电力要求加快营销管理、生产管理及物资管理等系统的完善和
深化应用，提升电网信息化管理水平。

一是营销管理系统。首创居民电量电费"集抄集收"模式，率先实现电
费业务的集中远程抄表、智能核算、统一收费和专业运维。

二是物资管理系统。首家建成"1 + 11 + N"的智能化物资仓储配送
体系。

三是生产管理系统。统一 GIS 平台、95598 集成，建设综合抢修平台，
实现配网抢修业务和营销业务的协同工作和流程贯通，建成基于不停电检测
为主的状态检修系统，率先实现配网的智能检测和状态检修。

第二节　开展全员社会责任培训

人才资源是支撑社会责任履行的关键力量。通过落实"全员培训、全员
考试"的人才培养模式，国网浙江电力打造出了一支素质优良、作风过硬、

人心凝聚的员工队伍。从抗击自然灾害到重大活动保电，从坚强智能电网建设到体制机制变革，在履责的各个方面均交出了令人满意的答卷。

一、培训制度

国网浙江电力高度重视人才培训，制定了一整套严格的员工社会责任培训制度和相应的配套制度。并在培训过程中坚决落实全面社会责任管理的"三全"模式，即"全过程覆盖、全方位融合、全员参与"。

（一）社会责任培训制度

省公司要求省、市、县各级供电企业都应执行培训发展相关的管理标准，从教育、培训、技能和工作经验等方面确定人员的能力要求，提高员工的意愿、知识和技能，培养高素质、高层次、复合型人才，以保证在岗员工能力满足全面社会责任管理标准及卓越绩效（如图7-2所示）。

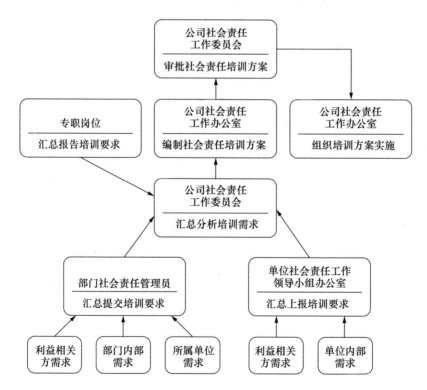

图7-2　国网浙江电力社会责任培训工作机制

资料来源：作者绘制。

企业在履行社会责任时，应符合法律法规及其他相关要求，促进组织的战略发展和员工的职业发展，持续提高员工和组织的绩效，使员工能够胜任其所担负的工作，具体应做到：

一是执行供电企业相关工作标准，规范从事影响电能供应和服务及履行社会责任相关人员的任职条件和岗位职责。

二是建立包括需求识别、计划制定与实施、效果评价和改进的系统的教育与培训管理体系。

三是不同层次员工教育与培训计划的内容可包括：教育与培训的对象、目标、方式、经费和设施，相关的法律法规、社会责任、管理手册、管理方针、规章制度、标准（程序）文件、作业指导书及其他要求的知识、技能等。

四是在培训中加强员工质量、环境及职业健康安全、履行社会责任的能力和意识培训。

五是教育与培训可采取：①根据岗位和职位的不同分类分层实施，如按管理、技术、操作及不同工种分类，按高层、中层、基层分层；②采用多种方式，可包括委托培养、自学、短期培训、学术研讨会、远程教育、轮岗、交叉培训等。

六是有效性评价应确保从事对全面社会责任管理有影响的任务的任何人员都具有相应的能力。能力的评价，要从教育、培训、技能和经验等方面进行判断。

七是按照培训计划的要求组织实施培训，并通过各种形式的考试、考核，评价培训效果，做好培训记录，并根据培训要求和考试成绩给予奖励或处罚。

八是结合员工和组织绩效的变化，跟踪评价教育与培训后学以致用的有效性，不断改进教育与培训工作。

九是加强培训的组织保障与财务保障。每年从预算开始，按照一定流程科学制定培训计划，确定参加培训的人数、内容以及效果评估等。

（二）配套制度

为了促进以上社会责任培训制度与规定的贯彻落实，国网浙江电力还相继出台了一系列的相关配套制度，主要包括：

1. 推行准军事化管理条例及准则

公司在市、县两个层面开展准军事化管理执行与应用成效竞赛，推动准军事化管理不断深入，提升员工的技能水平和作风素养。在电网运行、检修一线全面推行准军事化管理，在供电营业窗口开展礼仪操培训和竞赛，强化行为规范，员工的执行力明显增强，精神面貌焕然一新。深入开展"三位一体"综合竞赛，丰富技术比武形式，促进员工成长成才、岗位建功。

2. 发布《员工职业发展手册》

公司建立紧缺专业复合型人才培养机制，完善人才发展通道，在国网公司系统内首家发布《员工职业发展手册》，实施员工职业生涯发展管理。落实全员教育培训计划，推行员工培训积分制。总结推广复合型人才培养经验，开展紧缺管理岗位的复合型储备人才培养。构建公司人才库，建立完善员工发展"四个通道"，制定管理、技术、技能通道人才评选办法。兼顾不同门类、不同专业的需要，拓展员工职业发展空间，培养各类优秀人才。完善公司人才选拔、使用、考核"一体化"管理，突出基层、业绩和创新导向，促进员工立足岗位成长成才。完善劳模培育、成长激励机制，发挥劳模导向作用。

3. 编制安全"口袋"手册

公司编制安全"口袋"手册，建立员工安全技术等级体系，严格安规考试、持证上岗和安全考核奖惩制度，推广"开放式"班组安全活动，推行"个人安全积分制"，提高全员安全素质。

4. 完善班组建设制度基础

公司落实国家电网公司"十三五"班组建设再提升工程指导意见，明确各层级、各专业的班组管理责任，完善班组建设标准，强化专业管理的指导力、穿透力和协同力，促进业务末端融合。加强专业能力培养，培育技艺精湛、业务精通、勤奋好学、开放包容的一线职工，完善班组长培养机制和职业发展通道。创新班组激励机制，加强班组思想政治工作，提升班组员工归属感和向心力。进一步优化整合信息系统、台账记录、培训竞赛和检查评比考核，切实减轻班组负担，集中精力做好核心业务，提升基层一线的管理效率、工作效能和服务质量。

（三）积极落实"三全"要求

国网浙江电力在社会责任培训的实际工作中认真落实"全过程覆盖、全方位融合、全员参与"要求，具体主要体现在：

一是全过程覆盖。①将社会责任培训纳入公司年度教育培训工作计划，拓宽培训内容，改进培训方法，确保培训质量。②积极创造条件，制定下发标准的社会责任和社会公益培训 PPT 模板，并组织开展社会责任和社会公益工作师资培训。自 2012 年以来，国网浙江电力每年举办社会责任培训班，各地市社会责任工作骨干人员近 80 人参培。同时，还邀请国际前沿的专家教授集中宣讲，广泛介绍了当前国际一流企业社会责任理论研究和体现全过程覆盖的实践概况，积极宣传了中央企业履行社会责任的政策和要求，系统宣贯了国家电网公司社会责任观和理论模型，多渠道传播《国家电网公司履行社会责任指南》、《国家电网公司社会责任报告》、《公司的价值白皮书》等核心内容。

二是全员参与。①不断扩大社会责任培训的覆盖面。国网浙江电力在对社会责任工作的意见中明确要求，各地市局每年要定期开展社会责任培训，每年接受社会责任课程培训人次，应不少于 50 人次；提出"百千工程"的概念，要求实施 100 个项目，影响 1000 个人；参加培训人员从原先的社会责任相关工作人员扩大到社会责任根植的负责人，体现跨专业培训。②在公司处级领导干部轮训中安排社会责任管理培训课程，确保社会责任理念在高级管理人员中的 100% 植入。2012 年，国网浙江电力系统平均每年累计开展社会责任相关培训 32 次，参培人员达到 2890 人次。

三是全方位融合。促进理论与实践相结合，提升社会责任工作价值。通过系统的学习和宣贯，在公司系统各部门、各专业逐步形成社会责任工作共识。在试点单位嘉兴电力局，社会责任工作与"三集五大"高度融合，各专业根据自身特点设置社会责任议题，积极服务系统全局，社会责任工作上下衔接，统筹推进。运用社会责任管理经验，国网浙江电力指导各地市局开展了"点亮玉树"、电力社区共建等一系列社会责任实践活动，获得了社会各界的广泛认同。

二、培训方式

（一）培训方式选择依据

由于不同层级、不同背景员工的责任意识、履责内容均不相同，电网企业需要针对不同员工设定不同的培训目标、采取不同的培训方式、选择不同的培训内容，有针对性地深化员工对社会责任的认识和理解，提升员工履行社会责任的能力，努力让每一位员工发掘工作的责任意义，以负责任的方式做好日常的每项工作。

（二）分层分类培训方式

国网浙江电力在员工培训方面主要采取了分类、分层培训的方式（如表7-1所示）。具体主要体现在：①公司创建分层申报项目、统一组织实施、专业评估效果的培训模式，提升培训实效，运用网络平台远程开展相关培训。拓宽一线员工发展渠道，按照"专业培训、择优使用"原则，建立人力资源、财务等复合型人才培养与储备机制。②建立了两级培训管理架构，公司培训中心集中开展高级经营管理及专业技能培训，地（市）级培训中心主要承担一般管理及技术人员培训。③建立新员工培训、青干班、领导培训等一系列培训形式与制度。

表7-1　面向不同层级员工的社会责任培训方式

培训对象	培训目标	培训方式
高级管理人员	深入了解企业社会责任最新发展趋势，把企业社会责任理念和要求融入企业战略和重大决策	社会责任论坛、社会责任专项会议、社会责任活动
中层及部门管理人员	深入了解企业社会责任理念，把企业社会责任要求融入部门日常管理和工作中	社会责任论坛、社会责任专项会议、社会责任讲座、社会责任活动、责任故事
基层员工	了解企业社会责任基本理念，把社会责任理念融入日常工作	社会责任讲座、责任故事、开展社会责任活动

资料来源：陈岩.浅谈电网企业社会责任能力建设［J］.中国电力教育，2012（36）.

其中，以社会责任为主要内容的培训方式与思路是，通过社会责任讲座、培训、交流、会议、报告、案例、活动、研究、相关网站或报刊等多种平台、途径和方式，有计划、分层次、有重点地开展公司全员社会责任能力建设，使对象逐步从高层领导扩展到各级管理人员，最终扩展到基层每位员工。

三、培训载体

国网浙江电力在省、市、县各级供电企业范围内多元化打造员工培训载体，比如依托培训中心、劳模工作室、展览馆等，全方位提高员工的专业能力和社会责任能力。

（一）培训中心

国网浙江电力成立了培训中心，将浙江省电力局所属学校资源整合起来，承担公司系统员工培训工作，培训宗旨是为企业服务。每年承担 1000 期，50000 人次培训，截至目前，累计培训 30 万人次，培训考试率达 99%。

此外，还完善培训设备设施，分类分专业开展全员培训、全员考试，构建培训、取证、比武、作业、薪酬分配关联运作模式，增强培训针对性和实效性。

目前，培训中心已被人社部评为职工培训优秀单位、国家技能人才培育突出贡献单位、总工会示范单位并被授予五一劳动奖章。未来的建设目标是，在服务公司战略、企业发展和员工成长方针下，将培训中心建设成为国网领先、国内一流的职工培训基地。

（二）劳模工作室

制定劳模工作室标准，创建劳模创新工作室，发挥培训初级技能人员的功能。实施劳模创新工作室分级管理，通过命名劳模工作室示范点，评选公司以职工命名的先进操作法来提升劳模传帮带效果。目前，公司设立了 8 个劳模培训工作站，建成 150 家劳模创新工作室，其中，两家分获全国总工会和中国能化工会"示范性劳模创新工作室"称号，3 个劳模工作室入选国网劳模创新工作室示范点，2 人获中央企业劳动模范称号。

深入开展劳模跨区域培训。扩大劳模跨区域培训规模，截至目前，公司培训点增加至 20 个，跨地区培训累计 374 人次。

积极推进专家和通道人才"师带徒"。目前，公司 1067 名专家人才与 1394 名员工结对授艺，并评选产生了 100 对优秀师徒。这也使得 2014 年公司参加国家电网公司和中电联的 4 个竞赛项目全部进入前五名，其中内控知识竞赛获团体第一；4 项调考获国网公司系统团体第二名。

（三）各地展览馆与展示中心

比较典型的有两个：

（1）湖州电力教育博物馆。这是国内首家电力教育博物馆，也是国网浙江电力企业文化建设十佳传播工程、湖州市爱国主义教育基地。

湖州电力教育博物馆以其翔实的图文与实物，全面揭示了湖州百年电力发展的演变进程，同时借助二维码等延伸手段立体化呈现了电力人"努力超越、追求卓越"的奋斗精神，成为国网浙江电力宣扬科普、传承文明的重要窗口。

（2）嘉兴"嘉电印象示范点"。嘉兴公司创新多种形式和渠道向全社会表达、传播企业社会责任内容和理念。嘉兴公司建成浙江省内首家社会责任与企业文化展厅，并打造建设"嘉电印象示范点"。社会责任展厅与嘉兴电力博物馆、企业文化长廊共同构成一个展示企业历史脉搏、文化传承与社会责任的有机整体，它不仅成为企业内部社会责任理念和企业文化的传播地，也是社会各界走进电力、理解电力的良好沟通渠道和有效展示平台。从培训载体角度来看，嘉兴社会责任与企业文化展厅、嘉兴电力博物馆、企业文化长廊以及湖州的电力教育博物院一起有效提升了公司员工的社会价值创造能力、环境价值创造能力、企业社会责任理念与战略等社会责任能力。

四、培训内容

国网浙江电力充分认识到社会责任管理工作的重要性、前瞻性和战略性，把实施全面社会责任管理作为公司推进"三集五大"建设、创建"两个一流"企业的重要行动。近年来，公司根据不同层次的需求，有针对性地开展全员社会责任培训和导入活动，不断扩大社会责任培训的覆盖面和影响力，使社会责任工作在企业中生根开花。

（一）分类培训

国网浙江电力充分重视培训对提升员工社会责任能力的重要作用，积极推进多个层次、多种形式的社会责任培训，并将社会责任培训纳入公司教育培训的整体规划。省公司及下属单位先后采取集中培训、岗位培训、远程教育培训等多种方式开展了多期社会责任培训，并针对不同层次设定了不同的培训重点，确保培训工作的覆盖面和有效性。

其中，针对高层管理者，重点介绍企业社会责任起源和历史、国内外企业社会责任发展、行业社会责任、企业与社会责任的关系等，立足全球视野为高层管理者将企业社会责任融入公司战略、组织管理提供理论依据。针对中层、基层管理人员，重点介绍企业社会责任基础知识、供电行业履责现状、社会责任管理工具和方法，介绍国家电网公司企业社会责任的指南、报告、实践等，力求提高中层、基层管理人员日常工作和管理中的履责能力。针对班组长及基层员工，重点介绍企业社会责任基础知识、企业社会责任现状与发展和公司社会责任管理，展示优秀履责案例，剖析常见误区，开展互动交流，力求提高班组长及员工的履责实操能力。

近年来，公司先后采取集中培训、岗位培训、远程教育培训等多种方式分层（领导层、管理层、员工层）、分级（公司级、单位部门级、班组级）、分批（结合季节特点和工作性质）地开展社会责任培训，以企业社会责任基本知识、上级公司理念要求、实施规划目标思路以及年度方案措施为主要培训内容，鼓励和倡导公司各部门、各单位在各类专业培训中有机融入社会责任理念，着重加强全面社会责任管理试点部室、单位和班组的管理能力及实践培训，培养和提升了全体员工履行社会责任的素质能力、执行能力和实践能力。同时，公司编制和散发了社会责任学习资料，内容涵盖企业社会责任和全面社会责任管理的基本知识、上级公司的社会责任要求和部署、公司实施全面社会责任管理的规划与部署，以及相关的企业社会责任管理工具，培养和提升了全体员工履行社会责任的知识能力、学习能力和动态能力。

（二）专业与社会责任培训相结合

培训内容安排的总原则是：落实年度培训计划，按照"缺什么、补什么"和工学兼顾的要求，细化培训内容和时间安排，分层、分专业、分阶段实施全员培训，提高培训的针对性和实效性。

一方面，开展专业化培训。比如，围绕公司转型发展和管理创新，开展客户经理人才培养和资格认定，推进大电网、电力市场、"大、云、物、移"和内部监管控制等重点专业复合型人才培育；加强特高压、智能电网等新技术培训，继续推行生产人员驻厂专项培训；开展特高压工程立功竞赛、"三位一体"综合竞赛和群众性技能竞赛；推广"一事一卡一流程"经验，提升一线班组风险防控和事故应急处置能力，组建应急救援预备队，加强应急培训和联合演练等。

另一方面，进行了一系列企业社会责任方面的专题培训。比如，以文化大讲堂为载体，对员工开展关于社会责任的教育，提升全员对社会责任的认知水平；在对直接面向生产一线和客户的人员培训中，开发一些把企业社会责任培训融入进来的课程等；在公司处级领导干部轮训中安排社会责任管理培训课程。

第三节　举办社会责任重大活动

国网浙江电力坚决贯彻国家电网公司以"三个建设"为保证、全面推进"两个转变"、建设"一强三优"现代公司的科学发展总战略以及浙江省"八八战略"和"创业富民、创新强省"总战略，坚持"干中学"和"学中干"相结合的方式，积极通过策划和实施多项重大社会责任活动实现社会责任管理能力的提升。

一、举办社会责任重大活动的程序与做法

国网浙江电力举办的社会责任重大活动大体上可以分为两类：一类是承担和开展的以社会责任为主题的重大课题研究，另一类是策划实施的重大社会责任事件，比如举办"社会责任周"、策划和发布企业履行社会责任指南和服务浙江经济社会发展白皮书等。

（一）承担和开展社会责任重大课题

作为省级的电力公司，承担和开展的社会责任重大课题主要有两类：一类是国网公司或其他政府部门对外招标的课题，另一类是省公司对内或对外进行招标的课题。两类课题的开展程序并不相同。

1. 国网公司发布的招标课题

这里主要以国网公司发布的社会责任课题为例。一般来说，国网公司每年都会根据外联品牌工作计划，为持续深化公司社会责任理论研究，梳理总结供电企业全面社会责任管理工作模式，建设一批社会责任管理、根植、履责示范基地，对下属子公司发布招标或委托课题。省公司承担和开展这类课题研究的程序和步骤大体如下：首先，在公司内部发布国网公司的课题招标或委托通知，鼓励相关部门组织申报。其次，由归口部门，如外联部组织相关研究力量完成工作方案制定，并上报国网公司。项目获批后（若是委托课题，前面两个步骤可以省略），建立项目负责制，省公司外联部负责加强过程和关键节点的管控，并将项目负责人和联系人的信息反馈至国网公司外联部。再次，省公司外联部协助课题组完成课题中期审查和评估。最后，通过

专家评审，结项并交付研究成果。

2. 省公司发布的招标课题

省公司发布招标课题的程序和步骤一般如下：①省公司社会责任办公室是社会责任方面课题发布、组织、验收等的归口单位，通常需要在每年初根据年度全面社会责任管理工作计划来安排相应的招标课题。②获得社会责任工作领导小组批准并得到相应资源支持后，省公司外联部协助社会责任办公室下发课题招标通知。③外联部协助社会责任办公室组织力量进行研究方案的评审，并公布中标单位。④外联部协助社会责任办公室组织完成课题中期审查与评估。⑤外联部协助社会责任办公室组织专家对课题研究成果进行评审，并反馈修改意见。⑥外联部协助社会责任办公室完成课题结项工作，并对年度课题研究开展情况进行总结，上报给社会责任工作领导小组。

（二）策划实施重大社会责任事件

省公司策划实施重大社会责任事件的步骤一般如下：①省公司社会责任办公室每年制定拟实施的重大社会责任活动计划，比如社会公益计划、志愿者计划等，具体包括组织支援社区建设、文明共建、促进和谐发展、积极参与慈善公益事业、扶贫济困、捐资助学、抢险救灾、关爱弱势群体、公共卫生、自愿献血、青年志愿者活动等，并上报社会责任工作领导小组。②社会责任工作领导小组批准后，下发通知给省公司各部门以及市县各级供电企业。③社会责任办公室联合相关职能部门组织实施社会责任活动，并联合省公司外联部以及相关媒体做好活动宣传，树立企业履行社会责任良好形象。④活动结束后及时总结，并形成总结报告上交社会责任工作领导小组评估审核。

二、社会责任重大活动与责任能力

举办社会责任重大活动对于国网浙江电力社会责任能力的培养和提升具有明显的促进作用，本部分着重以举办"社会责任周"活动为例，分析其对于公司企业社会责任能力的影响。

（一）实施背景

为深入开展第二批党的群众路线教育实践活动，引导广大干部员工主动践行社会责任，自觉丰富"你用电、我用心"的内涵，大力提升服务水平，加强与利益相关方的沟通交流，进一步彰显公司良好企业形象，国网浙江电力于 2014 年 4 月 14～18 日在全省组织开展首个"社会责任周"活动。以群众满意为落脚点，切实解决为民服务"最后一公里"问题。

（二）具体做法

（1）向社会推出"为民服务十项举措"并启动实施，深入推进公司"你用电、我用心"为民服务活动。十项举措紧密围绕如何倡导窗口贴心服务、如何更好地向客户提供"零距离"服务、如何方便客户业务办理、如何缩短装表接电速度、如何推行互动服务、如何减少客户停电时间、如何进一步提高供电质量、如何帮助客户节电省电、如何方便分布式电源并网、如何为困难群体提供爱心服务等一系列为民服务"最后一公里"问题，出实招，解难题，办好事，办实事，确保真正做到便民、利民、惠民。

（2）开展国家电网公司 2013 年社会责任报告和公司 2013 年服务浙江经济社会发展白皮书宣传赠阅活动。公司充分利用报刊、网络等媒体，结合自身社会责任工作实践，对公司服务地方经济社会发展的主要议题、重要行动、综合绩效和履责承诺进行广泛宣传。向地方党委、政府、人大、政协有关部门、人大代表、政协委员、行风监督员、发电企业、大用户、研究机构及相关学术团体开展赠阅 6850 册。

（3）围绕民生关注点，组织开展"走进国家电网"社会公众体验日活动，着力输出公司工作的社会价值。公司邀请人大代表、政协委员、媒体记者、企业和居民客户代表走进特高压变电站、走进智能电网展厅、走进电动汽车充换电站、走进抢修一线、走进电网建设工地、走进电网调控中心。例如，金华公司邀请人大代表、媒体记者、企业和居民客户代表走进溪浙特高压工程金华换流站，实地了解特高压电网的震撼雄姿和巨大作用；临安公司组织"媒体开放日"活动，邀请 12 家社会媒体记者走进青山湖科技城智能电网综合建设工程，近距离体验智能电网带来的变化；绍兴公司邀请 50 多名小学生集体参观镜湖新区智能电网综合展示中心，感受智能电网的无穷魅力；桐乡公司邀请政府和企业代表走进道路绿色照明改造项目，现场了解节能改造的成功经验和显著成效。

（三）对社会责任能力的影响

通过向社会推出"为民服务十项举措"、宣传赠阅国家电网公司社会责任报告和公司服务浙江经济社会发展白皮书以及开展"走进国家电网"体验日活动，让社会公众近距离感受到了国网浙江电力在满足用电需求、加快电网建设、提升服务水平、促进环境治理等方面所作出的各种努力，彰显了公司为民服务的责任表率央企形象，进一步增进了政府部门和社会各界人士对公司工作的理解和信任，为公司营造了良好的发展环境，对企业社会责任能力的培育具有非常明显的积极影响。

正如本章第一节理论部分所说的，企业社会责任能力的培育需要从多个方面入手，比如企业的社会责任文化建设、企业履行社会责任学习能力的培养、企业社会责任组织制度建设、企业社会责任管理工具开发等。概括起来，举办"社会责任周"活动对于公司社会责任能力的影响主要表现在以下几个方面：一是提炼和形成了企业社会责任理念，二是推广和普及了企业社会责任文化，三是提供了信息披露的平台，四是检验了企业社会责任组织制度的有效性，五是为形成利益相关者管理系统奠定了良好基础等。这些培养提升了全体员工履行社会责任的知识能力、素质能力、实践能力以及动态能力。

第四节　促进社会责任优秀成果转化

典型经验的总结、传播与推广转化也是社会责任能力建设的一个重要组成部分。促进社会责任优秀成果转化主要表现在组织社会责任案例编制方面。这也是国网浙江电力履行社会责任，对外宣传、彰显企业良好形象的重要窗口。通过健全社会责任案例编制制度，持续保持高强度正面传播态势，公司有效深化了全面社会责任管理理念，提升了品牌形象。

一、社会责任案例编制要求与程序

（一）社会责任案例编制的制度化

国网浙江电力在实践中不断探索完善出一套企业社会责任管理、信息流通及汇总宣传的机制。主要包括以下内容：

1. 社会责任工作管理机制

一是公司将企业社会责任工作纳入日常管理工作规划，由公司外联部负责公司企业社会责任工作的全面监督和指导，并就具体事项进行决策。

二是公司要求各主要职能部门、地市公司、县公司以及业务支撑机构根据公司关于企业社会责任工作的精神和相应的管理制度，将企业社会责任工作纳入工作规划，并内化到各自的主营业务当中，认真落实各自部门分担的环境保护、员工志愿者行动、利益相关者权益保护、企业社会责任信息收集和上报等工作。

2. 社会责任信息流通与汇总

一是公司要求各部门和所属各公司在年末将各自企业社会责任工作的成果总结以书面形式报送公司相关职能部门，为公司编制年度企业社会责任报告、服务浙江经济社会发展白皮书、社会责任案例等提供素材。

二是公司要求所属各公司提交的企业社会责任信息包括但不限于文字描述、具体案例，并尽量结合图片、视频信息等素材，鼓励企业社会责任信息内容和表现形式的创新性和独特性。

三是公司要求所属各公司编制年度企业社会责任报告、服务当地经济社会发展白皮书、社会责任案例等。

3. 执行与完善

一是公司将各部门和所属各公司主要负责人的企业社会责任工作管理绩效纳入各自年度考核的范畴。

二是对企业社会责任工作有突出成绩、突出贡献的员工，给予表彰，并在员工年度考核时给予必要奖励。

（二）社会责任案例编制的内容

对于社会责任案例的编制工作，公司在全面社会责任管理导则中明确规定，要求省、市、县各级供电企业及时发现、提炼和广泛传播社会责任实践亮点，并对典型经验、典型案例进行动态挖掘、总结和提炼，全方面展示供电企业在实践社会责任中所取得的成绩，并为推广全面社会责任管理提供借鉴。社会责任案例编制内容主要包括两个方面：

一是结合公司各个方面社会责任典型实践，编写具体案例和综合案例。其中，具体案例是指公司履行社会责任的典型实践和具体成绩；综合案例是指结合公司履行某方面社会责任的背景、利益相关方情况、存在的问题，公司履行社会责任的定位、社会责任管理采取的具体举措等，详细总结公司履行社会责任在创造价值、控制风险、促进创新等方面取得的成效，评价社会责任管理对公司发展的重要意义。

二是系统总结公司实施全面社会责任管理取得的成绩，全面阐述公司使命、战略、管理模式及文化等方面发生的变化，编制公司履行社会责任整体案例。

（三）案例编制的程序与体系

根据国网浙江电力的工作实践，社会责任案例编制的过程大体上可以划分为五个阶段：

第一阶段是酝酿阶段，即省公司案例编制归口管理部门，社会责任办公室会同外联部根据年度社会责任工作计划提出案例编制构想和方案，并上报省公司社会责任工作领导小组。

第二阶段是宣传发动阶段，在案例编制计划获批之后，社会责任办公室与外联部的主要工作是向各职能部门以及市县供电公司下发启动社会责任案例编制工作通知，提出相关要求，并利用信息化手段在公司网站上进行宣传，甚至还有可能会联合省公司相关职能部门以及各市县公司召开案例编制工作的启动会议。

第三阶段是全面实施阶段，即各职能部门以及市县供电公司全面梳理和评估本单位履行社会责任的典型实践和创新做法。然后遴选各专业领域的管理创新成果，组织力量进行案例采编和完善提升，进一步提炼本单位管理创新实践优势和特色亮点。

第四阶段是总结提炼阶段，即各职能部门以及市县供电公司将编制的社会责任案例汇总上报至省公司社会责任工作办公室，由其会同外联部组织进行内部和外部评审，根据需要再进一步提炼成省公司层面的社会责任案例汇编。

第五阶段是宣传推广阶段，比如召开社会责任案例发布会；将案例集发放到各部门和各单位，成为企业内部学习社会责任的重要材料以及企业外部利益相关方了解公司工作，树立负责任央企形象的重要资料；搜集反馈意见并持续改进内容等。

二、社会责任案例编制实践与责任能力

（一）社会责任案例编制实践

国网浙江电力高度重视案例征集、编写、评比和学习过程对于增强各部门和各单位履责能力的重要作用，多次组织开展了全员参与的特色履责实践、优秀社会责任管理实践和感人社会责任故事的征集、编制和评比活动。

省公司以及各市县公司紧紧围绕公司的重点工作任务和日常生产运营活

动，从社会责任的视角诠释和解读公司的核心业务、重点工作，系统梳理了本单位、部门在社会责任实践中的亮点领域、特色做法，并经过多轮的写作、修改和提炼，形成了各单位和各部门在开展社会责任实践和社会责任管理方面的优秀案例。

总体来看，近年来，国网浙江电力在编制社会责任案例方面成果颇丰，且各地市县公司充分发挥主观能动性，使得从广义角度讲的社会责任案例表达形式丰富多样，比如：①省、市、县三级公司分别发布年度社会责任实践报告；②省、市、县三级公司分别发布服务地方经济社会发展白皮书；③公司汇编年度优秀社会责任管理案例集；④组织社会责任微电影拍摄；⑤发行社会责任感人小故事集等。

（二）对社会责任能力的影响

近年来，国网浙江电力在先进模范的示范带领下，涌现出了一大批先进人物和团体，将这些感人事迹汇编成社会责任案例集，一方面可以为公司赢得良好的口碑和声誉，树立良好形象；另一方面也可以对公司的社会责任能力提升形成积极的影响。

从公司层面来说，汇编社会责任案例可以加强企业与利益相关方的对外交流、完善企业履行社会责任的报告机制、检验公司社会责任的组织机制、推进企业社会责任的文化普及等，从而有效提升企业的社会价值创造能力、合规透明运营能力以及企业社会责任推进管理能力。从员工层面来说，汇编社会责任案例可以在公司内部放大其示范效应，增强员工的素质能力、知识能力以及学习能力。

第五节　持续推进社会责任根植项目制

国网浙江电力长期以来将社会责任理念融入公司的使命、战略、日常经营管理、企业文化中，实现了全员、全过程、全方位的社会责任履责局面。2014 年以来，公司持续开展社会责任根植项目制，使得社会责任工作进一步融入各项专业管理，赢得更多员工的积极参与。

一、社会责任根植项目制与社会责任能力

（一）社会责任根植项目制的内涵

社会责任根植项目制就是通过选择公司特定工作或业务，应用社会责任理念推动管理改进，提升综合价值创造的重要方式；是实施全面社会责任管理，促进公司管理水平整体提升的重要举措；是加强公司价值输出和利益相关方感知评价，巩固社会责任工作持续领先地位，塑造责任品牌形象，打造一流企业品牌重要载体的制度。

（二）对社会责任能力的影响

实行社会责任根植项目制对于企业社会责任能力的建设具有非常积极的意义。对于员工个体来说，推动社会责任根植，客观上要求努力做提升履责能力的表率，不断提升责任领导力，提升广大员工在岗位、团队、专业、企业、产业、社会中的知识能力、素质能力、学习能力、执行能力。对于企业来说，推动社会责任根植，要求强化履责意识，坚持"全过程融合、全方位覆盖、全员参与"，将履责理念导入日常工作，牢固树立可持续发展理念，综合价值最大化理念，利益相关方理念，安全发展理念，绿色发展理念，社会、环境及文化影响理念，透明运营理念，主动沟通理念，合作创造价值理念。实际上，就是将企业社会责任的基本精神内涵内化为企业社会责任文化，长远、可持续地影响企业，并随着企业的发展不断积淀，这对企业的社会价值创造能力、合规透明运营能力、企业社会责任理念与战略以及企业社会责任推进管理能力等具有明显的提升作用。

二、社会责任根植项目制组织与评价

（一）根植项目组织模式

1. 普通模式

基于公司现有的社会责任管理机构和运作机制，由社会责任管理机构负责项目的组织、统筹、协调和检测评估，具体项目实施分解到各个职能部门和下属单位。普通模式的组织结构较为分散，工作效率和资源配置能力相对欠缺。

2. 部门级模式

部门级模式是指社会责任根植项目所涉及的公司资源较少，不需要公司

其他相关职能部门配合，本部门组建团队开展即可。项目的具体决策机制、运作机制、实施机制基本由本部门社会责任负责人决定，只需向公司社会责任工作机构汇报备案即可。该类型模式的根植项目一般不涉及公司重大的决策和对公司战略有重大影响的项目，或涉及和影响的利益相关方较少。

3. 公司级模式

在确定根植项目实施的优先顺序后，针对需要重点实施的项目，成立专门的工作团队，团队成员来自各个部门或下属单位以及利益相关方，确保每个项目在公司中顺利推进和落实。公司级的组织模式更利于项目管理的顺畅高效开展，需要公司投入更多的人力、物力、财力以及高层领导投入更多支持。

（二）根植项目评价标准

在国家电网公司社会责任根植评价标准出台之前，国网浙江电力就率先开展了责任根植项目评价标准的研究，并确立了六维评价标准。国家电网公司社会责任根植评价标准出台之后，公司依据国网公司四维评价标准开展社会责任根植项目评价。

1. 社会责任根植项目六维评价标准

国网浙江电力在国网公司社会责任根植项目评价标准出台前制定了六维评价标准，具体包括：战略性、融合性、创新性、实效性、可持续性以及可读性六个方面（如图7-3和表7-2所示）。

图7-3　社会责任根植项目六维评价标准

资料来源：国网浙江电力提供。

表 7 - 2　社会责任根植项目六维评价标准内容

项目	指标	分值
战略性 (16 分)	1. 是否符合公司年度 CSR 战略重点	4
	2. 是否建立根植项目计划和组织	4
	3. 是否制定社会责任根植项目相关制度	4
	4. 是否有助于公司年度战略规划目标达成	4
融合性 (24 分)	1. 是否将社会责任理念和战略有效融入企业经营管理	8
	2. 是否将社会责任根植工作有机融入相关项目	8
	3. 是否将社会责任有目的地融入合作伙伴倡议和供应链责任管理	8
创新性 (10 分)	1. 是否在理念上有创新，如提出了社会责任的新观点或新思路	5
	2. 是否在管理方法上有创新，如提出了提升企业社会责任管理的新举措或新路径	5
实效性 (30 分)	1. 是否有助于推动企业经营管理升级	6
	2. 是否有利于公司在某个 CSR 具体议题上的绩效表现	6
	3. 是否为利益相关方创造了显著的社会价值或环境价值	6
	4. 是否能推动公司责任央企品牌的建设	6
	5. 是否产生了积极的社会影响（公众评价、第三方反馈、媒体报道等）	6
可持续性 (10 分)	1. 是否可以成为有效提升企业经营管理的持续开展的项目，如可持续开展 3 年以上	5
	2. 是否具有在全省乃至国网推广复制的价值	5
可读性 (10 分)	1. 是否严格按照社会责任根植项目报告要求规范编写	5
	2. 社会责任根植项目报告编写是否观点鲜明、内容丰富、结构有序、可读易懂	5

2. 社会责任根植项目四维评价标准

（1）选题立项（见表 7 - 3）。

表 7 - 3　选题立项评价标准

得分项	加分项
1. 外部视野：选题融合外部视角，关注企业对社会的影响，具有社会价值（5 分）	2. 问题导向：选题关注具体问题和工作难点（6 分）

续表

得分项	加分项
3. 前期调研：在项目实施前针对内外部环境和利益相关方开展调研进行背景与现状分析（5分）	4. 可行性评估：项目启动前对风险点、经济类型进行评估，确保措施合法合规（5分）
5. 企业需求：服务保障支持企业发展的重点工作和中心工作，有利于营造企业和谐发展环境（2分）	6. 社会关注：关注可持续发展，结合社会舆论热点，推动解决重大社会问题（2分）
7. 核心业务：选题立足于企业的核心社会功能，以及企业发展中长期的、稳定的业务（2分）	8. 地域特色：充分考虑地方特点，结合区域经济社会环境特点，发挥企业优势（2分）

（2）策划实施（见表7-4）。

表7-4 策划实施评价标准

得分项	加分项
9. 项目制管理：运用项目制管理方法，确立关键节点和实施进度有完整的项目管控流程与规划（6分）	10. 组建团队：需要明确项目实施团队以及责任分工（5分）
11. 有效推动：按要求及时报送项目推进工作中的计划总结等相关材料（4分）	12. 透明运营：保证项目运行透明度，多渠道披露项目实施过程相关信息（5分）
13. 开展培训：开展社会责任根植项目制培训，全员普及社会责任理念与方法（4分）	14. 厘清边界：定位分析企业与各利益相关方诉求，确定各方责任边界（2分）
15. 合作共赢：建立利益相关方参与机制，依据利益相关方各自特点确立合作机制（3分）	16. 变化导向：项目实施对现有工作目标、方式、流程有所改进和优化（3分）
17. 坚持创新：积极探索，运用创新的方式解决问题，有效改善原有解决方案的局限性，推动社会资源的优化配置（2分）	18. 严格管控：明确项目的投资或其他资源投入的情况，有效防范管理漏洞与风险，确保项目运营效率效益（2分）

（3）总结评估（见表7-5）。

表 7 - 5　总结评估评价标准

得分项	加分项
19. 成效量化：对项目的关键成效进行量化，通过指标衡量（5分）	20. 成效多元：不仅从企业角度衡量效果，同时体现利益相关方合作并影响项目开展的具体过程及成效（5分）
21. 可持续：项目具有延续性，不是单纯的短期工作绩效的总结；满足可持续开展的条件（5分）	22. 运用工具：积极运用社会责任的管理方法与工具（3分）
23. 社会表达：熟练运用社会表达，项目的实施过程及有关材料充分体现内部工作外部化（4分）	24. 社会绩效：优化内部指标和评价体系，将社会绩效指标与专业工作绩效指标有机结合（3分）
25. 外部评价：建立外部评价体系，成效评估加入第三方评价（2分）	26. 示范效果：核心的工作理念和方法可应用于其他单位或其他业务，管理的流程和制度可复制推广（2分）
27. 品牌导向：针对项目实施的不同阶段开展品牌推广策划，创新传播载体和方式，彰显责任央企品牌（2分）	28. 价值导向：成效能体现利益相关方共赢，除了为企业创造价值外，同时产生显著的经济、社会、环境价值（2分）
29. 奖项荣誉：项目获得专利、奖项、荣誉，可纳入加分范围。按专利和奖项级别不同、分值加分不同（3分）	

（4）改进提升（见表 7 - 6）。

表 7 - 6　改进提升评价标准

得分项	加分项
30. 反馈调整：依据项目实施过程中内外部利益相关方反馈及时调整措施（4分）	31. 周期管理：每年在项目总结的基础上提出下年改进提升的目标与任务（5分）
32. 成果推广：针对已得到检验的项目成果，及时开展内外部推广与分享（4分）	33. 机制固化：在项目实施中形成激励、考核、纠错等机制。形成可以固化的流程和机制（2分）
34. 长期效果：注重项目实施的长期效果，设立远景目标，兼顾短期目标，坚持持续改进（2分）	35. 能力提升：持续推进项目开展有助于全员业务能力、履责能力的提升（2分）

三、社会责任根植项目制实施流程

国网浙江电力社会责任根植项目的组织活动每年都有明确的要求，比如要求各地市公司、各直属单位外联品牌管理部门切实发挥项目实施的组织协调作用，牵头负责本单位社会责任根植项目的管理、培训、推广等工作；定期组织召开项目汇报会，并开展好项目的中期评估和检查评比工作，重点对项目推进过程中的人员培训、过程管控、项目成效、成果推广等开展评价。从组织流程来看，一般经历六个步骤，分别是：项目申报、项目筛选、项目培训、项目实施、验收评审、总结推广，形成一个闭环（如图7-4所示）。

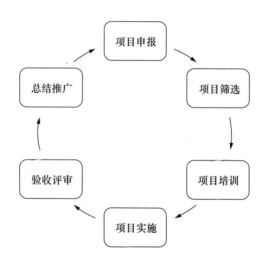

图7-4 社会责任根植项目实施流程

资料来源：国网浙江电力提供。

（一）项目申报

企业的每个部门、每个岗位，下属公司可根据全年的工作计划，运用项目制管理方式，明确项目名称、工作内容、工作计划、预期成效、成果形式等进行项目申报。

（二）项目筛选

根据公司发展实际，结合社会责任工作要求，从项目的重要性、可行性以及所能产生的价值等方面进行评审筛选，择优对各单位上报的项目进行立项批准。

（三）项目培训

举办一期社会责任培训班，邀请国家电网公司专家以及外部社会责任专家，就社会责任根植项目制管理进行专题辅导和培训。

（四）项目实施

项目负责人按照项目计划和时间进度安排进行落地实施。同时，为加强项目实施的过程管理，确保及时高效完成，外联品牌管理部门将根据工作需要组织开展项目中期执行情况检查。

（五）验收评审

项目负责人在项目结束后，先在本单位进行自评，然后向省公司外联品牌管理部门提出验收申请，并提供工作总结报告。外联品牌管理部门将组织开展项目的验收评审，综合考虑项目实施成效、对公司发展及相关指标的提升作用、产生的社会经济效益等方面，形成评价意见和验收意见，评选出优秀项目。

（六）总结推广

对获得示范奖和优秀奖的社会责任根植项目进行表彰，并在全公司进行推广。

第六节　加强对外交流

国网浙江电力积极开展与国内外各种机构组织的社会责任交流，掌握和了解企业社会责任领域的国内外最新进展及趋势，强化与不同类型利益相关方的互动沟通，提升公司履行社会责任能力和社会责任管理水平。

一、对外交流与企业社会责任能力建设

（一）对外交流制度

可以说对外交流在国网浙江电力全面社会责任管理导则中多处得到体现，尤其是在责任沟通、全球视野部分对其做了更加详细的规定与说明。比如公司要求加强行业交流，省公司每年要定期参加行业协会的交流沟通，并在行

业交流中提交有建设性的议案；省市县各级供电企业要加强与利益相关方的沟通，获取利益相关方的信任、认可和支持，实现利益相关方的价值共享；要主动参与经济全球化进程，实施国际化战略，推进国际能源合作和跨国经营，加强国际交流与合作；在环境管理方面，要求电网营销管理部门开展宣传、推广和技术交流活动等。

（二）对企业社会责任能力的影响

对外交流有效提升了企业社会责任信息能力。一是与政府、社会组织的交流。通常情况下，中央政府或地方政府、行业协会、非政府组织或其他社会组织通常会召开多主题、多类型的企业社会责任会议、论坛。经常参与这些会议，不但能够实现与其他企业之间的交流，还能够通过政府或社会组织发起的社会责任相关活动，展现并提升企业的社会责任履行能力。二是与外部利益相关者的交流。包括消费者、股东、供应商等主要外部利益相关者。通过与消费者的交流，能够更加了解消费者对企业社会责任的需求，有助于企业开发社会责任商机，赢得更大竞争优势和市场份额。与股东和供应商的社会责任交流能够帮助企业维持良好的合作关系，这是企业稳步发展的前提。三是与不同国家同行企业之间的交流。发达国家企业尤其是大型跨国企业的企业社会责任发展经历了较长的发展历史才不断成熟，通过与同行业的其他社会责任表现更好的企业沟通，学习它们的经验和教训，有助于企业更有效率、更长远地进行社会责任战略规划和调整。四是与相关行业企业的交流。这里主要是与和企业处在同一产业链上的其他企业进行交流，企业可通过它们的社会责任履行情况，来做出相应的社会责任调整，以确保整个产业链条的社会责任能力的提升。

二、对外交流的实践

近年来，国网浙江电力开展了多项对外交流活动。

一是开展与学术界的交流。积极开展与多个研究机构的互动合作，省公司与中国社会科学院、浙江大学等重要的社会责任研究机构建立长期合作关系，经常开展互动交流，探讨社会责任领域相关问题。

二是开展行业内交流。①与基层单位的互动交流。例如，嘉兴电力局是浙江省内国网公司系统内部全面社会责任管理的唯一试点单位，省公司经常会通过多种形式与之开展互动交流。②参加浙江省电力行业协会、浙江省企业社会责任报告发布会等专业协会和会议，加强与中电联、省企业联合会的联系等。

三是开展跨行业交流。①积极与国家、浙江等各级国资委以及各种行业组织进行交流和沟通，主动参与各种会议、论坛，在交流中与各行业组织共同进步。②组织去其他系统内公司进行交流学习。比如国网浙江电力曾经组织员工去中石化等系统外的其他央企进行访问、学习。③积极参与多项国内外社会责任活动。例如，作为社会责任促进会的副会长单位，每年参加社会责任高峰论坛，参与多个有影响力机构组织的国内外社会责任论坛、参加行业交流等。

四是开展跨国交流。①广泛开展国际业务，除了进行对外项目的承包外，还加强与国外的技术交流与合作。②参加国际论坛、会展与学术活动。近年来，国网浙江电力平均每年需要接待国外交流团 20 批左右，并举办国际技术交流会。

第八章 社会责任融入运营
——全面融合

　　全面融合,就是社会责任的落地与企业的业务运行全过程相融合,就是将其与企业的全体岗位、部门和公司全面融合,通过全过程、全员和全方位的融合,实现企业社会责任的可持续和最终落地,进而促进企业经营绩效的有效改善。国网浙江电力基于这样的认识,将企业社会责任与规划、建设、运行、检修和营销"五大体系"相融合,将企业社会责任与岗位、班组、部门和公司各个组织层级相结合,实现企业社会责任与运营的全面融合。具体来看,国网浙江电力以管理融合、专业融合、班组融合和岗位融合,促进全面社会责任管理与企业运营的全过程和全方位融合(如图8-1所示)。

第一节 管理融合

　　全面社会责任管理的重要落脚点就是将履责行为与企业管理有效融合,国网浙江电力在国家电网全面社会责任管理的战略部署下,将社会责任工作与战略管理、基础管理、职能管理以及专项管理活动紧密结合,实现全面社会责任管理在企业管理实践中的融合发展(如图8-2所示)。

一、社会责任融入企业战略,指明全面社会责任管理的发展方向

　　为实现企业的可持续发展,国网浙江电力结合本省实际特点和环境要求,全面理解企业使命、愿景和价值观,并通过多种渠道和方式传递到每一个员

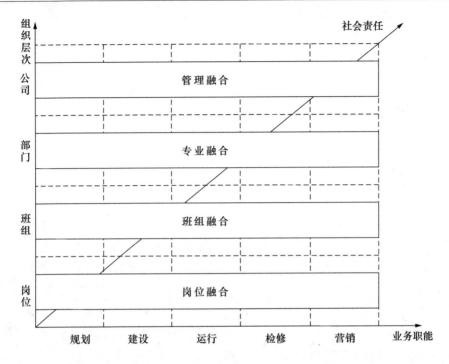

图 8 – 1　国网浙江电力社会责任全面融入运营总体框架

资料来源：作者绘制。

图 8 – 2　国网浙江电力社会责任全面融入企业管理基本模型

资料来源：作者绘制。

工、客户、合作伙伴等利益相关方，确保获得利益相关方的利益认同、价值认同和情感认同，并赢得利益相关方接受和支持。国网浙江电力在国家电网总体战略的指引下，制订浙江电网全面社会责任管理战略，并强化战略实施过程中的跟进与评价，确保战略的有效实施。

（一）响应号召，制订全面社会责任管理战略

自 2005 年起，国家电网公司立足国情和中央企业实际，积极探索科学的企业社会责任观，坚持走有中国特色的全面社会责任管理创新之路，经历了探索起步、系统部署、四级试点和全面试点四个阶段。在国家电网不断推进全面社会责任管理的大背景下，国网浙江电力公司先行先试。2007 年，国网浙江电力发布第一份企业社会责任报告，是在浙央企中第一家发布社会责任报告的企业。2009 年，所辖国网嘉善供电公司 2009 年成为国家电网公司唯一一家全面社会责任管理县级试点单位。2012 年，所辖国网嘉兴供电公司成为国家电网公司全面社会责任管理地市级试点单位。2013 年，国网浙江电力以企业社会责任国际标准建立起全面社会责任管理导则 CSR26000E，是第一家建立全面社会责任管理体系的中国企业。2014 年，国网浙江电力发布《服务浙江经济社会发展白皮书（2013）》，是浙江省第一家发布白皮书的企业，同年，国网浙江电力开展社会责任根植和根植项目制（2014）并探索建立县供电企业员工责任管理体系（2014）。在此基础上，国网浙江电力制定了省公司和市县级供电企业的社会责任战略，并通过加强环境管理，确保社会责任战略的有效性。

第一，由社会责任工作领导小组每年组织制定（修订）本企业社会责任战略，以使企业使命、愿景和价值观得到利益相关方的认同和支持。在战略制定前，公司全面学习、理解国网公司关于企业履行社会责任的要求，按照全面社会责任管理标准的创新要求，定期分析内外部环境变化，以确定是否需要评审、修订战略。市县各级供电企业根据省公司社会责任战略制定适合本单位的社会责任战略，并报省公司社会责任办公室备案。

第二，为确保社会责任战略的有效性，公司设立社会责任办公室，协同相关职能部门建立有效、全面的数据和信息收集途径，收集内外部的数据和信息并定期维护和更新，以确保及时、真实、有效地反映企业所面临的经营环境现状和未来的发展趋势进而制定社会责任战略。

第三，实事求是，不断校正企业社会责任战略目标。由每年年终的社会责任管理评估会确定社会责任年度目标，并在此过程中邀请相关部门参加，战略目标的制定遵循"上一阶段全面社会责任管理实践总结—方法选择—环境分析—确定目标—制定方案—评估方案—确定方案"的基本逻辑。为确保全面社会责任战略目标的有效性和科学性，在中长期战略规划的制定过程中结合地方政府规划要求并依据国网公司规划予以细化和调整；确定关键的年度社会责任战略目标时将电网规划和电网建设、供售电、客户满意、电能质量、员工满意及员工发展、绿色发展和节能减排、社区参与和发展等因素予以综合考虑。

第四，为确保企业社会责任战略的顺利实施，国网浙江电力在战略制定过程中坚持以客户为关注焦点，并将社会、环境纳入本企业战略决策和管理标准活动应关注的重要内容，注重战略决策对社会和环境的影响并积极承担责任。在践行社会责任活动中，以客户和利益相关方为关注焦点，对过程进行识别，并对相关活动实施控制。社会责任办公室组织各部门对主要利益相关方进行识别，确定利益相关方目标群，每年有计划地开展需求调研、分析，有针对性地进行过程改进等其他活动。

第五，电网营销管理部门每年通过调研确定客户需求和要求，开展系列品牌活动，增强客户满意度；明确目标及各部门的职责，为客户提供合格的电能和优质的服务，以确保客户的要求得到满足；建立监督机制和客户满意度调查机制，通过对客户满意度的定期测量和评估，了解客户的满意程度，及时处理客户的抱怨或投诉，制定相应的战略，不断提升客户满意度。

（二）强化管理，促进全面社会责任管理战略实施

为保证和促进企业社会责任战略的有效实施，国网浙江电力从多个维度着手，推动战略落实到具体的部门、单位和个人，落实到企业的年度、半年度、季度和月度工作中，落实到具体的业务过程中。

第一，不断分解战略目标，确保战略目标的落地。社会责任工作领导小组授权的战略管理职能部门将战略贯彻落实到企业各部门及各级供电企业，在各个层级上分解转化成可测量的目标，并为每个目标设定完成期限、分配职责权限，识别内部过程的关系，明确要求，评估风险，并建立适当的应对措施，提供战略部署必要活动所需要的资源，并组织实施。

第二，不断细化战略规划，确保战略规划落地实施。国网浙江电力将年度责任战略目标结合分项战略规划，按照管理层级（决策层、管理层、执行层等）、时间（半年度、季度、月度等）和企业层级（省级供电企业、市级供电企业、县级供电企业）三个维度展开，依次确定社会责任评估指标。并将全面社会责任管理战略目标转化为具体年度计划，最终形成电网规划和发展战略规划、营销服务战略规划、资产运营战略规划、人力资源战略规划、利益相关方沟通战略规划、绿色发展战略规划等。

第三，"两点论"与"重点论"相结合，确保关键战略目标的落实。依据对责任战略目标的影响程度按优先议题和非优先议题两个层次对各项计划进行排列，按优先顺序考虑资源需求的高效合理配置。对省级各部门及市县各级供电企业的分解目标由人力资源管理部门负责绩效评估考核，考核以工作实际业绩为主，先自我评估，然后再由上级或归口部门共同确定考核结果。

第四，多手段并进，促进企业社会责任战略的更新。不断加强外部环境管理，当法律法规、其他要求，或外界相关要素发生变化时，相关部门注重提出重新评审和修订战略目标或调整进度。由省公司外联部组织相关单位、部门识别覆盖范围内的企业运营活动带来的环境保护、资源消耗、安全生产、安全供电、客户服务、社区参与等方面的影响，并结合 ISO26000 社会责任七大主题要求和上级单位社会责任优先议题进行策划选题，并确定履责理念、制定履责战略。

（三）注重考核，确保全面社会责任管理战略目标实现

为实现企业社会责任战略与企业经营管理的全面融合，国网浙江电力构建全面的社会责任考核指标，其中重点关注考核指标的设计与管理。

一方面，明确社会责任战略考核指标设计的关键原则。国网浙江电力和下属市县公司在责任战略目标制定时以上级单位可持续发展战略目标为基础，结合当地特色和企业自身情况适时修改制定。各企业根据企业社会责任政策和确定的重大社会责任因素，依据法律法规和相关指标的要求制定本企业社会责任目标或指标及其控制措施，确保指标的实现。调整全面社会责任管理的目标、指标，确保与公司已经发布的目标、指标体系等保持一致，避免重复设置指标或与企业生产经营脱节。全面社会责任管理的指标设置遵循SMART 原则，对于全面社会责任管理标准虽然设计但是不可量化，不宜考核，难以获取的或没有依据的内容暂时不列入考核指标体系中，避免考核的无效性。

另一方面，注重社会责任战略考核指标的管理。国网浙江电力和下属市县公司根据目标或指标及其监督检查要求，制定各个部门的行动计划和措施，确保目标或指标的实现。责任战略目标或指标由社会责任办公室会同人力资源管理部门、电网规划管理部门、电网建设管理部门、电网营销管理部门等相关部门制定，并根据上一年度的实施状况每年修订一次，以确保持续改进。全面社会责任管理战略目标或指标管理标准考虑本企业生产经营实际情况，正确处理需要与可能，以及组织能力、人力、财务、物资、时间和信息技术等资源的保证。全面社会责任管理战略目标或指标由社会责任工作领导小组负责人批准，以保证全企业的重视与执行。

二、社会责任融入基础管理，巩固全面社会责任管理的组织根基

实施社会责任管理融入"三项"基础管理工程，其目的是在公司的决策管理、流程管理和绩效管理中导入和融合社会责任管理理念，优化管理理念、管理目标、管理内容、管理标准、管理程序、管理方法和管理制度，全面提升公司基础管理水平。国网浙江电力不断强化企业的决策管理、流程管理和绩效管理，为实施全面社会责任管理构建坚实的组织根基。

（一）优化决策管理

决策管理是企业管理的核心内容，是开展全面社会责任管理的基础工作。国网浙江电力选择"三重一大"决策管理作为切入点，按照全面社会责任理念和要求，推动将社会责任管理要求融入公司的"三重一大"决策管理，从理念、标准、程序、内容、制度、绩效等方面优化公司的"三重一大"决策管理，推动重大决策不但考虑"技术可行、经济合理、能力可及"，而且考虑"社会接受、环境友好、价值优越"。按照全面社会责任管理理念和要求优化总经理办公会议决策，推动企业从源头推动社会责任融入企业运营过程，夯实企业全面社会责任管理的核心保障能力，有利于推动决策理念和要求向中层管理决策和班组层决策复制和推广。

第一，不断优化决策流程。国网浙江电力将社会责任管理理念融入企业决策中，从议题选取、方案编制、决策实施、决策评估四个阶段流程进行优化，使决策更加充分考虑利益相关方参与及保持合理的透明度，使决策过程更加注重收集社会和环境的影响信息，使决策方案更加充分考虑社会和环境的制约因素，尊重利益相关方的利益，考虑利益相关方的期望（如图 8 - 3 所示）。

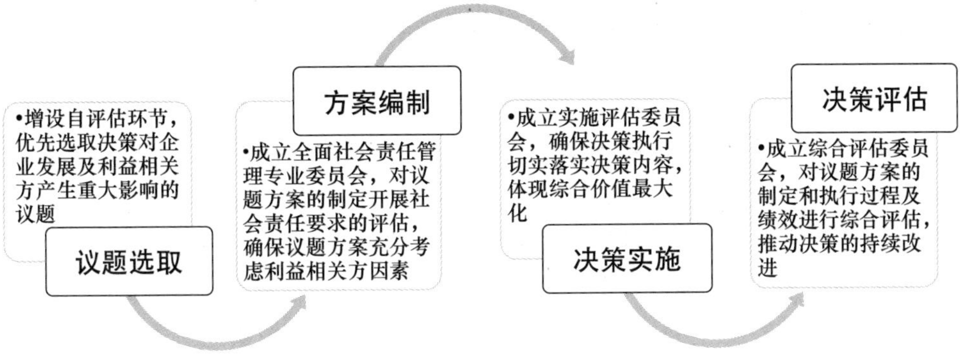

方案编制

•成立全面社会责任管理专业委员会，对议题方案的制定开展社会责任要求的评估，确保议题方案充分考虑利益相关方因素

议题选取

•增设自评估环节，优先选取决策对企业发展及利益相关方产生重大影响的议题

•成立实施评估委员会，确保决策执行切实落实决策内容，体现综合价值最大化

决策实施

决策评估

•成立综合评估委员会，对议题方案的制定和执行过程及绩效进行综合评估，推动决策的持续改进

图8-3 国网浙江电力社会责任管理决策流程

资料来源：作者绘制。

第二，不断完善决策标准。国网浙江电力制定会议决策管理工具表，决策不但应考虑技术可行、经济合理、能力可及，更应考虑社会接受、环境友好、价值优越。决策审批表一表四份，分别由议题提出部门、全面社会责任管理专业委员会、社会责任工作领导小组、实施评估委员会填写，为多次评估提供评估标准和依据，确定决策充分考虑利益相关方参与，保持合理的透明度。

第三，强化决策考核。国网浙江电力增设"一次上会通过率"、"决策结果执行率"、"利益相关方参与率"、"决策考虑利益相关方价值"等决策管理指标，重视收集决策成效的判断指标，体现决策的综合价值创造能力、社会认可、利益相关方信任和品牌美誉度等综合绩效。

（二）提升流程管理

国网浙江电力将全面社会责任管理融入企业的流程管理中，将社会责任融入流程设计中，注重在重要流程中融合社会责任活动，并以部分流程为突破口不断推进流程的优化。

第一，将全面社会责任管理融入企业流程设计中。国网浙江电力不断优化流程管理理念，在工作流程梳理过程中，融入社会责任管理理念，打破固有习惯，流程设计目标更加注重以综合价值创造为导向，更加注重考虑外部视角和利益相关方期望，更加注重以人为本；流程设计方式更加注重内外部利益相关方的广泛参与，更加注重提升运营透明度，更加注重考虑企业活动的社会和环境风险，更加注重设置有效的社会沟通策略和利益相关方管理策略。

第二，在企业重点流程中注重社会责任根植的落实和根植。一方面，以"五大"体系重点流程梳理优化项目。按照"内部工作外部化、外部期望内部化"的社会责任管理理念和要求，梳理大规划、大建设、大运行、大检修、大营销的重点流程，推动将社会责任管理融入其中，打破内部之间、内外部之间的协同运行障碍，实现这些重点流程的优化。另一方面，在职能管理重点流程梳理优化项目。按照换位思考和外部视野的社会责任理念与要求，梳理人力资源管理、财务资产管理、科技信息管理、安健环管理、品牌建设管理、企业文化建设、行政后勤管理、党政工团管理、纪检监督的重点流程，推动将社会责任管理融入其中，实现这些重点流程的优化。

第三，以部分流程为突破口，加强社会责任的融入。国网浙江电力选择"业扩报装"流程管理为突破口，探索流程管理融合社会责任管理理念，优化流程管理理念、服务目标、设计方式、评估和改进以及管理绩效。与此同时，选择大规划流程管理为突破口，按照"内部工作外部化、外部期望内部化"的社会责任管理理念和要求，推动将社会责任管理融入大规划流程，优化大规划流程管理理念、服务目标、设计方式、评估和改进以及管理绩效，探索出社会责任管理融入流程管理的具体方式和基本路径，并向其他类型的流程管理进行复制和推广。

（三）加强绩效管理

在优化绩效管理方面，国网浙江电力按照全面社会责任管理的要求，进一步推动绩效计划、绩效辅导、绩效考核和绩效结果应用的绩效管理全过程融合社会责任管理理念，建立健全社会责任绩效管理体系，实现对绩效管理的全面优化。特别是，公司将社会责任管理理念和要求融入绩效考核体系，构建符合企业实际的社会责任绩效考核体系，包括考核目的、考核原则、考核主体、考核对象、考核方法、考核指标、考核周期和考核结果。

下属的嘉兴市供电局选择以社会责任绩效衡量和评价为重点，推动完善公司绩效管理的内容、标准与方法，建立健全保障公司深入开展全面社会责任管理的激励与约束机制。嘉善局探索在建立社会责任指标体系的基础上，进一步构建和完善与管理体系相协调的全面社会责任指标体系和评价体系，同时建立社会责任的监控体系，并结合绩效管理系统进行考核。

三、社会责任融入职能管理，促进全面社会责任管理的具体落实

国网浙江电力在推动全面社会责任管理的过程中，不断将社会责任理念融入职能管理工作中，并探寻社会责任在"三集"工作中的融入方式。

（一）将社会责任理念融入职能管理工作中

国网浙江电力坚持在各项职能管理中全面落实"有效管理决策和活动对利益相关方、社会和环境的影响，保证安全健康和公平公正，保持行为的透明和道德，积极推动利益相关方参与，追求经济、社会和环境的综合价值最大化"等社会责任管理要求，运用社会责任理念对各项职能管理进行重新审视、评估、改进、丰富和完善。在人力资源管理、财务资产管理、物资采购管理、科技信息管理、安健环管理和全面风险管理等职能管理过程中，牢固树立利益相关方视野、环境视野、外部视野和综合价值创造理念、强化沟通理念，全面落实守法合规、诚实守信、以人为本、透明开放、风险预防、持续改进、永续发展、价值创造等社会责任管理原则，为公司开展负责任的业务运营、最大化对可持续发展的贡献提供制度、资源和员工能力素质的全面支撑。

（二）探寻社会责任与职能管理的融合方式

国网浙江电力积极探索社会责任在企业职能管理中的融合方式，通过实施社会责任管理融入"三集"管理工程，运用社会责任理念对人、财、物的集约化管理进行重新审视、评估、改进、丰富和完善，为公司开展负责任的业务运营，以及最大化对可持续发展的贡献提供制度、资源和员工能力素质的全面支撑。首先，基于社会责任管理理念完善"三集"管理制度，基于利益相关方视野、环境视野、外部视野和综合价值创造理念、强化沟通理念对人力资源管理、财务资产管理、物资采购管理的制度进行修订和完善，确保政策与制度在考虑经济绩效的同时实现社会绩效，并符合社会责任管理的基本原则。其次，推动"三集"管理过程落实社会责任管理要求。在人力资源管理、财务资产管理、物资采购管理过程中，推动全面落实"有效管理决策和活动对利益相关方、社会和环境的影响，保证安全健康和公平公正，保持行为的透明和道德，积极推动利益相关方参与，追求经济、社会和环境的综合价值最大化"等社会责任管理要求。最后，推动"三项"基础管理融合社会责任管理理念，积极尝试在决策管理、流程管理和绩效管理中导入和融合

社会责任管理理念，优化管理理念、管理目标、管理内容、管理标准、管理程序、管理方法和管理制度，全面提升公司基础管理水平。

四、社会责任融入专项管理，巩固全面社会责任管理的实践成果

国网浙江电力注重企业社会责任融入专项管理工作，通过不断建立健全公司公益管理、利益相关方管理和沟通管理机制，提升公益管理、利益相关方管理和沟通管理的水平和绩效，增进利益相关方的"利益认同、情感认同、价值认同"，提升公司的社会形象。

（一）加强利益相关方管理和沟通管理

按照与利益相关方建立和谐共生关系的要求，国网浙江电力全面加强利益相关方管理和沟通管理，推动实现公司与社会各界理性、建设性的全面沟通和透明运营，赢得利益相关方对公司决策和运营的理解、信任、支持和合作。以下属国网嘉兴供电公司为例，国网浙江电力在加强利益相关方管理和沟通管理的重点工作包括如下三个方面。第一，不断推动社会沟通的"四化"建设。针对政府部门、客户、意见领袖、媒体、社会公众、合作伙伴等不同对象，系统化、规范化、结构化、制度化地开展定制沟通，策划形成不同的沟通方案，建立差异化的沟通机制和制度体系，并形成《嘉兴电力局利益相关方管理与沟通指导手册》。在此基础上，国网浙江电力将嘉兴经验在省公司及其他市县公司推广，为公司加强与利益相关方沟通提供了有利的指引。第二，以社会责任报告和白皮书等形式优化与利益相关方的沟通方式。2007年，国网浙江电力发布第一份企业社会责任报告之后，国网浙江电力连续发布企业社会责任报告和白皮书，并要求市县两级公司探索社会责任报告和白皮书的沟通方式，目前已形成全覆盖的社会责任报告体系。第三，创新和完善利益相关方沟通与参与形式。针对政府、客户、媒体、社区、公众、合作伙伴等积极探索不同的利益相关方管理机制，充分考虑利益相关方期望及价值取向，积极听取意见建议，建立与省内媒体定期交流的平台。持续建立健全利益相关方参与机制，争取发展共识，凝聚发展合力，协调推进公司与社会和谐发展。

具体来看，国网浙江电力将公司各部室主要领导和各单位党政领导作为全面社会责任管理的第一责任人，明确各部门、单位的社会责任管理专责，形成公司层面的社会责任管理网络，按照公司统一要求，结合各自实际和工

作特点制订本部门、本单位的实施计划，各司其职，各负其责，形成合力，确保有序推进、务求实效。开展全面社会责任管理培训，加强全面社会责任管理理念的宣贯，逐步赢得公司内部全体员工的广泛认同和积极参与。①结合地方经济发展规划，提前与有关部门对接，掌握重要项目拟建情况，及时对电网发展规划进行修编，在确保民生用电的基础上，重点强化大项目、工业园区等电源布点，确保重要项目投产前，供电设施先投产。②加强重点项目沟通，超前谋划做好供电方案，设立重要项目服务平台，由专人进行服务，缩短供电时间。③重新确定重要用户，定期走访，帮助用户解决用电实际问题。④科学安排电网运行方式，保障供电供给。⑤深化农村安全用电强基固本工程，继续开展隐患治理，推广一二三级漏保安装，根本解决农村私拉乱接、临时用电不规范现象。⑥开展帮扶村建设活动，保障帮扶村安全、可靠、优质供电。⑦与设备厂家沟通合作，共同提高设备质量，实现共赢。

（二）加强沟通管理

国网浙江电力不断提升公司社会沟通能力和水平，推动实现公司与社会各界的理性、建设性的全面沟通和透明运营，增进利益相关方的"利益认同、情感认同、价值认同"，在责任沟通方面主要开展的工作包括如下几个方面。

1. 开展定制社会沟通

针对政府部门、用户、意见领袖、媒体、社会公众、合作伙伴等不同对象，系统化、规范化、结构化、制度化地开展定制沟通，策划形成不同的沟通方案。并在此基础上，系统梳理不同利益相关方的沟通需求，明确沟通目的，确定沟通频率，设计差异化的沟通程序、内容和方式，制定效果评估流程，形成针对不同利益相关方的规范化和结构化沟通方案，并将其制度化，实现了工作沟通向价值沟通转变、单向沟通向双向沟通转变、事后沟通向事前沟通转变、一事一议沟通向全面系统沟通转变的"四个转变"。

2. 深化重大信息沟通

持续完善社会责任重大信息披露机制，明确社会责任重大信息披露的程序、范围和责任部门，及时将对利益相关方有重大影响的事件和风险以及利益相关方对公司有重大影响的事件和风险进行披露。编制省公司和市公司年度社会责任报告和白皮书，综合运用政府汇报会、媒体见面会、社会责任专题座谈会等方式，系统展示服务地方经济社会发展的主要议题、重要行动和综合绩效。

3. 强化日常信息沟通

强化社会责任日常信息披露机制，围绕政府和社会关注的重大问题，以及利益相关方的期望和要求，通过日常沟通、网络平台、工作汇报、参加论坛、召开新闻发布会等多种方式和渠道，及时、准确地披露公司履行社会责任的重要信息，将加强社会责任信息披露纳入日常管理工作要求。重点是要推动关键利益相关方日常沟通创新，加强服务地方发展大局的社会表达，当好"电参谋"、讲好"电故事"；深化与媒体互动交流，传播责任央企品牌故事，展示社会责任管理案例；加强与社区的履责沟通，坚持"你用电，我用心"，从身边的小事做起，增进情感认同；建立公司总经理与社会各界面对面对话机制，开展总经理直接走进媒体、走进社区、走进学校、走进客户进行对话，让利益相关方感受到供电公司的亲近感。

（三）不断提升公益管理水平

按照"集团化运作、规范化管理、品牌化发展"的发展思路，全面加强公益管理，开展公益资源调研和整合，打造公益品牌项目，提升参与社会公益事业的能力和水平。

构建扶贫帮困、爱心帮扶长效机制，建立职工服务中心，成立员工爱心互助会，每年开展"冬送清凉、夏送温暖、平时送帮扶"以及学雷锋献爱心、金秋助学、结对帮扶、"姐妹献爱心"、志愿服务等活动，在抗灾抢险救援、募集活动中积极带头，大力参与地方"五水共治"竞赛并在全省作经验介绍。

公司于 2008 年设立"国家电网浙江电力希望工程爱心基金"，多年来，每年投入 900 余万元开展对外捐赠。目前爱心基金主要投向捐建"国家电网爱心希望小学"、资助贫困家庭学生、资助残疾人、资助孤寡老人、对口扶贫项目和其他捐赠活动。一是与浙江省青少年发展基金会合作开展"希望工程圆梦大学助学行动"，通过实施"国家电网浙江电力希望工程爱心基金"，帮助浙江省低收入农户青少年和四川地震灾区青少年实现上大学梦想。二是积极响应省委省政府的号召，开展对贫困地区的对口帮扶工作。对四川广元，浙江龙泉兰巨乡、道太乡进行对口帮扶，支持贫困地区农业、教育、交通建设。主要包括为特色农业发展提供帮扶和培训资金，资助村级便民桥建设，建设浙江电力光明小学等。三是支持社会公益事业，向浙江省残联提供爱心捐助资金。

注重培育特色项目，深化"点亮玉树"公益行动，申请注册了国内首例供电企业公益品牌商标。积极参与"国家电网公益基金会"的运作，推进公司公益资源的集团化运作，结合浙江实际，创新开展社区参与、社区建设等方面的公益项目。国网嘉兴供电公司已打造出公益管理的"红船服务"品牌，并延伸出"园区驿站"、"社区驿站"、"光明驿站"、"爱心驿站"等子品牌，打造形成完善的公益（服务）品牌体系。阿斌电力服务是国网杭州供电公司深度践行"你用电，我用心"优质服务理念的招牌实践，也是社会责任根植的特色项目。对外，面向社会公众、用电客户和政府等相关方，回应了各方诉求，创新了履责实践，强化了对外价值表达。对内，提高了员工分析和解决各项疑难问题的能力，强化了员工面向客户积极行动的"当责意识"，促进了员工成长，彰显了国网精神。

通过积极探索实施公益管理、利益相关方管理、沟通管理，并建立健全相关的管理机制，国网浙江电力提升了自身社会责任管理水平，最大限度地增进利益相关方的认同、理解、信任和支持，助推"国家电网"品牌的知名度、美誉度和影响力提升。

第二节　专业融合

作为电力企业，国网浙江电力紧密结合电网企业的专业属性，在电网规划、建设、运营、检修和营销过程中发挥自身的专业优势，将社会责任管理融入五大体系建设行动。通过在整体思路、主要内容、融入方式和融入重点与社会责任融合，实现"负责任的规划、负责任的建设、负责任的运行、负责任的检修、负责任的营销"，构建了覆盖电网运行管理全过程的社会责任推进体系（如图8-4所示）。

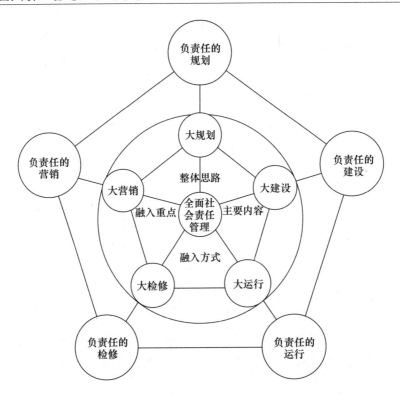

图 8 - 4 国网浙江电力全面社会责任管理融入"五大体系"模型

资料来源：作者绘制。

一、整体思路：将社会责任核心思想融入"五大体系"

为保证企业社会责任在"五大体系"中的融合，国网浙江电力将企业社会责任核心思想予以分解，将社会责任管理的五个层次核心思想融入大规划体系、大建设体系、大运行体系、大检修体系和大营销体系（如图 8 - 5 所示）。

（一）将合规守信的要求融入"五大体系"

合规就是要自觉遵守国家法律法规，遵守国家批准或承认的国际公约、国际惯例，遵守社会道德和行业规范，遵守公司承诺和规章制度。守信就是要自觉遵守真诚正直、公平正义、恪守信用的道德标准，信守和实践公司的社会责任承诺。在"五大体系"中，国网浙江电力始终恪守合规守信的基本思想，杜绝任何违反法律法规和失信的行为。

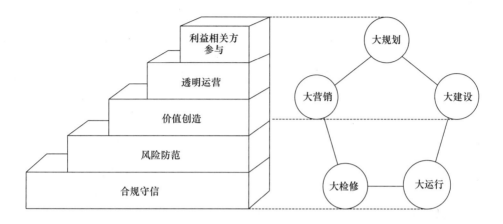

图 8 - 5　国网浙江电力社会责任管理核心思想融入"五大体系"示意图
资料来源：作者绘制。

（二）将风险防范的要求融入"五大体系"

风险防范就是要主动采取预防措施管理电网建设运营过程中的社会和环境风险，防止出现可能危害利益相关方和生态环境、危及公司和社会可持续发展的行为和结果。无论是在规划、建设、运行、检修还是营销过程中，国网浙江电力始终将可能引致的社会和环境风险予以充分研究，从源头上避免风险的出现，在过程中最大化地降低和消除相关风险。

（三）将价值创造的要求融入"五大体系"

价值创造就是要以实现经济、社会和环境的综合价值的最大化为目标，既为出资人创造价值，也为其他利益相关方创造价值；既注重创造财务业绩，也注重创造社会业绩和环境业绩；既关注当代人的利益，也关注子孙后代的利益。国网浙江电力在"五大"体系中，始终注重综合效益最大化的创造，始终注意可持续价值的创造，实现企业社会责任和价值创造的有效融合。

（四）将透明运营的要求融入"五大体系"

透明运营就是要加强向利益相关方和社会的信息披露和共享，增进与利益相关方的定期与不定期沟通，保证利益相关方的知情权和监督权，切实增强公司运营透明度。从"五大体系"的立项、决策、实施以及评价过程中，国网浙江电力始终将利益相关方引入进来，以公开、透明、平等的方式加强与利益相关方的沟通，提升公司的运营透明度。

（五）将利益相关方参与的要求融入"五大体系"

利益相关方参与就是要完善公司治理结构，改进公司决策程序，广泛听取利益相关方的意见和建议，加强与利益相关方的交流、互动与合作，保证利益相关方的参与权，切实实现与利益相关方的互利合作共赢。国网浙江电力将利益相关方视为重要的价值创造主体，在"五大体系"中极为注重利益相关方的全程和全面参与，将利益相关方的需求和诉求充分融入到"五大体系"中。

二、主要内容：实现社会责任与"五大体系"全面融合

国网浙江电力深入挖掘"大规划、大建设、大运行、大检修、大营销"体系建设的社会贡献和综合价值，凝聚发展共识，积极争取广大员工和社会各界对"三集五大"体系建设的理解、信任和大力支持。在推进"三集五大"体系建设中，要充分考虑社会责任理念，融合追求综合价值最大化、统筹平衡社会期望和利益相关方要求、有效管理社会和环境风险、制定沟通策略和保证运营透明度等社会责任管理要求，实践和展现"负责任的规划、负责任的建设、负责任的运行、负责任的检修、负责任的营销"。

（一）推动社会责任管理融入和服务"大规划"

为促进浙江省区域经济的快速、健康发展，服务地方经济社会发展大局，国网浙江电力在制定电网规划过程中，将其与城乡规划和城市规划衔接好，将电网规划纳入城乡规划中，以专项规划的形式服务城乡经济社会发展。在制定规划过程中积极听取当地政府和民众等利益相关方的意见和诉求，确保方案为各方所接受和认可。在制订规划原则、做好相关规划衔接、注重环境分析、明确设计原则、风险分析及防范、沟通管理以及规划总结等环节中，国网浙江电力将社会责任管理融入"大规划"体系中，致力打造"负责任的规划"。

第一，明确负责任的规划原则。在规划过程中，国网浙江电力更加注重测算综合价值和社会认可要求，系统测算规划项目的经济、社会和环境的综

合价值，从规划主要考虑技术和经济因素，转向更加注重反映社会期望及利益相关方诉求，满足社会认可要求。

第二，注重相关规划的有机连接。国网浙江电力要求规划不但要保证内部各种规划的衔接一致，而且要与外部的各种相关规划衔接一致，如城镇规划、农村规划、开发区规划，确保平时公司能够及时了解并参与政府的各种相关规划，建立与政府规划相关机构的定期联系机制。

第三，探索开展大建设的利益相关分析，定义建设过程中与利益相关方的关系，明确利益相关的利益诉求，研究保证高质量的利益相关方关系需要采取的可行行动。建设过程中加强与利益相关方的沟通，保证相关方的知情权、监督权、参与权、努力赢得利益相关方的理解、信任和支持，并在此基础上充分发挥利益相关方的潜能和优势。

第四，明确规划设计原则。在规划设计中，国网浙江电力充分体现建设"三化"、"三型"（资源节约型、环境友好型、社会和谐型），包括设备选型（节水节材、综合价值明显、标准）、建设标准和生命周期管理等。

第五，注重风险分析及防范。规划编制中充分考虑未来电网建设与运营过程中可能出现的社会风险和环境风险，并制定相应的防范策略。

第六，注重规划制定过程中的沟通。认真研究规划的信息流管理，研究具体的规划信息传递机制，确定内外部规划信息传递的系统化、规范化和制度化，明确规划部门要分别向内部、外部输入和输出信息的方式和内容。并定制"大规划"的沟通策略，积极争取规划决策得到各方认同、上级部门批准和地方政府赞赏。

第七，注重综合和归纳。认真总结实施大规划能够创造的综合价值，如节约土地资源的价值等，提升服务水平所带来的价值。探索开展大规划的利益相关方分析，定义与利益相关方的关系及利益相关方的利益，研究保证高质量的利益相关方关系需要采取的可行行动。保证利益相关方的知情权、监督权、参与权，努力赢得利益相关方的理解、信任与支持，并在此基础上充分发挥利益相关方的潜能和优势。

（二）推动社会责任管理融入和服务"大建设"

在"风餐露宿讲奉献，优质高效"的优良传统下，国网浙江电力将社会责任融入到建设过程中。

第一，在责任规划的基础上，国网浙江电力在建设之前就针对具体的建设项目制定详细的沟通策略和行动部署，研究确保建设项目赢得社会各界认可的具体方案。在多方认可的建设方案统领下，国网浙江电力的建设工作方可有序顺利地开展。

第二，认真贯彻落实"安全、高效、绿色、和谐"的社会责任管理要求，开展负责任的电网建设。一是在电网建设过程充分考虑社会和环境因素，立足确保电网全生命周期的运行安全，立足发挥电网的能源优化配置功能，立足服务各地实际，科学开展电网建设；二是电网建设全面落实基本建设项目的安全与健康管理体系，保证公司员工、承建单位人员、社区居民等人身安全与健康；三是全面落实电网建设项目环境影响评价和项目竣工环保验收制度，电网建设充分考虑避让环境敏感地区，实事求是地开展电网建设景观设计，最大限度地减少项目建设对环境的影响；四是全面加强与利益相关方的沟通交流，保持和谐的利益相关方关系，积极争取各方对项目建设的理解与支持；五是妥善开展征地、拆迁和补偿等工作，切实保证各方合法权益，加强社会和环境风险管理，制定部署相关应急预案；六是注重打造一流的负责任的电网建设品牌。

第三，探索开展大建设的利益相关方分析，定义建设过程中与利益相关方的关系，明确利益相关方的利益诉求，研究保证高质量的利益相关方关系需要采取的可行行动。建设过程中加强与利益相关方的沟通，保证利益相关方的知情权、监督权、参与权，努力赢得利益相关方的理解、信任和支持，并在此基础上充分发挥利益相关方的潜能和优势。

（三）推动社会责任管理融入和服务"大运行"

在"建设世界一流电网，建设国际一流企业"的目标指引下，国网浙江电力将安全高效的电网运行作为重要立足点，不断通过机制建设、技术升级和管理规范化，将社会责任理念融入到电网运行各个岗位的工作过程中，实现电网运行过程中的全面社会责任目标。

第一，制定大运行的沟通策略，让社会各界了解负责任的电网运行所创造的经济、社会和环境价值。第二，围绕"安全、高效、绿色、和谐"的社会责任管理目标和要求，打造负责任的"大运行"品牌。第三，推动"大运行"过程充分考虑社会和环境因素，有效管理运营过程中的社会和环境风险，主动了解和回应利益相关方期望和社会诉求，积极推动利益相关方参与，凝聚各方合力。确保电网安全稳定运行，杜绝大面积停电事故。确保供电质量，最大限度减少停电时间；最大限度地贯彻落实"资源节约、环境友好、社会理解、各方和谐"的和谐发展要求，推进节能环保调度，保证资源的高效利用，淘汰高能耗技术、工艺与设备，加强环保治理，并支持可再生能源发展；坚持厂网协调制度，加强与发电企业的沟通，严格执行"公开、公平、公正"调度与交易合同；开展透明运营，及时了解用电需求，定期向社会发布电力生产相关信息，自觉接受社会监督；加强与政府部门合作，共同防止电力设备外力破坏。第四，加强电网运行的应急管理，防范电网运行故障可能带来的经济风险、社会风险和环境风险。

第五，探索开展"大运行"的利益相关方分析，定义电网运行过程中与利益相关方的关系，明确利益相关方的利益诉求，制定切实的行动以确保与利益相关方的良好关系。在电网运行过程中，积极探索多样化的沟通方式，保证利益相关方的知情权、监督权、参与权，努力赢得利益相关方的理解、信任和支持，并在此基础上充分发挥利益相关方对电网运行的积极贡献。

（四）推动社会责任管理融入和服务"大检修"

国网浙江电力承担着浙江省域10.2万平方千米的电网建设、运行和检修任务。在推动社会责任管理融入和服务"大检修"体系建设过程中，国网浙江电力开展了一些有益的探索。第一，定制"大检修"的沟通策略，让社会各界了解负责任的检修所创造的经济、社会和环境的综合价值。第二，围绕"安全、高效、绿色、和谐"的社会责任管理目标和要求，打造负责任的"大检修"品牌。第三，推动"大检修"过程充分考虑社会和环境因素，有效管理检修过程中的社会和环境风险，主动了解和回应利益相关方的期望和社会诉求，积极推动利益相关方参与，凝聚各方合力。第四，制定合理的检修承诺目标，合理利用检修资源。第五，加强检修的应急管理，防范电网检修可能带来的经济风险、社会风险和环境风险。第六，探索开展"大检修"的利益相关方分析，重新定义与利益相关方的关系并创新沟通方式以明确利益相关方的诉求，采取行动以确保与利益相关方树立良好关系。在"大检修"以及日常检修过程中，以良好的机制构建保证利益相关方的知情权、监督权、参与权，努力赢得利益相关方的理解、信任和支持，为开展检修工作创造良好的外部环境，并获得利益相关方的支持。

（五）推动社会责任管理融入和服务"大营销"

国网浙江电力将社会责任管理融入企业的服务理念、服务标准、服务战略、服务内容、过程沟通、流程优化、制度建设以及利益相关方管理过程中，服务于企业的"大营销"（如图8-6所示）。

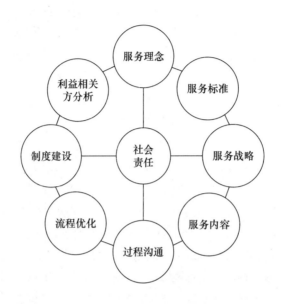

图8-6 国网浙江电力社会责任管理融入和服务"大营销"示意图

资料来源：作者绘制。

优化服务理念：坚持"服务标准有限，服务努力无限"、"服务零违章、努力百分百"、"供电品质的根本是体现用户价值至上"。全面提升优质服务水平，实施供电服务"快响模式"，在全省推广建设集预约派单、跟踪督办、智能互动为一体的快速响应和服务质量管控平台，在各地市公司供电抢修服务中心和县供电公司设立"服务快响组"，通过电子渠道、营业窗口、电话等线上线下受理业务，均归口到快响组集中办理，显著提升了办电效率。

优化服务标准：制定合乎国情和政府要求的服务标准，在充分挖掘管理潜力的基础上，力所能及地、有针对性地提升服务标准。2015年实现服务兑现率达到99.99%以上，95598客户回访满意度达到99.75%。

优化服务战略：实施用户价值创造战略、服务效率提升战略、服务资源整合战略、服务品牌塑造战略等，促进企业服务水平的全面提升。

优化服务内容：优质服务过程中，深入贯彻落实安健环管理体系要求，自觉推动用户安全用电、便捷用电、放心用电、满意用电、科学用电、环保用电。从为用户提升价值出发提升供电服务品质。提升受托计量的透明度和公信度，自觉接受政府监管和社会监督。多渠道、多方式了解用户的期望、要求和建议，从用户需求出发改进内部服务流程和工作。

注重过程沟通：定制"大营销"的沟通策略，让社会各界了解负责任的营销所创造的经济、社会和环境的综合价值。以社会和用户能够理解的方式定义和传播服务绩效指标内容，全面展现负责任的服务。

优化服务流程：围绕着提升服务效率、提升用户价值、提升服务透明度、提升服务沟通能力和塑造优秀的服务品牌，优化服务流程。

优化服务制度：及时将良好的做法和实践制度化，建立长效机制。

探索开展"大营销"的利益相关方分析：再定义与利益相关方的关系，明确利益相关方的利益诉求，制定可行的方案和行动保证与利益相关方的良好关系构建。在营销过程中确保其知情权、监督权和参与权，加强与利益相关方的互动，努力赢得利益相关方的理解、信任与支持，以发挥利益相关方参与营销的能动性。

三、融入方式：将社会责任固化到"五大体系"中

国网浙江电力结合"五大体系"建设中期评估情况和国家电网公司验收标准，认真查找梳理"三集五大"体系建设中存在的问题和困难。特别是在对"大规划、大建设、大运行、大检修、大营销"的制度体系、运行流程和"三大标准"进行梳理的过程中，运用社会责任管理理念对其进行重新审视，据此对相应的制度、流程和标准进行修订与优化，并在此基础上将保证社会责任理念固化到"五大体系"的规章制度、工作流程和"三大标准"中（如图8-7所示）。

（一）将社会责任管理固化到"五大体系"规章制度中

国网浙江电力在"五大体系"规章制度梳理过程中，融入社会责任管理理念，废除与社会责任管理理念相背离的制度，立足社会和环境视角修订完善现有制度，落实社会责任管理理念制定增加新制度。

（二）将社会责任管理固化到"五大体系"工作流程中

国网浙江电力不断优化流程管理理念，在"五大体系"工作流程梳理过

程中，融入社会责任管理理念，打破固有习惯，流程设计目标更加注重以综合价值创造为导向、更加注重考虑外部视角和利益相关方期望、更加注重以人为本。流程设计方式更加注重内外部利益相关方的广泛参与，更加注重提升运营透明度，更加注重考虑企业活动的社会和环境风险，更加注重设置有效的社会沟通策略和利益相关方管理策略。

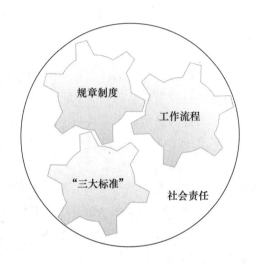

图8-7　国网浙江电力社会责任管理固化到"五大体系"示意图

资料来源：作者绘制。

（三）将社会责任管理固化到"五大体系"三大标准中

在"五大体系"、"三大标准"梳理过程中，全面融入社会责任管理内容，与业务体系建设相结合，与管理实际相结合，与信息化系统相结合，用标准指导实践，用标准落实责任，在管理标准、工作标准和技术标准中体现社会责任管理。

四、融入重点：注重在重点领域的深度融合

全面社会责任管理不仅要求企业经营管理工作的全面融合，还要求在重点领域深度融合。国网浙江电力在"全面覆盖、重点突破、以点带面、点面结合"的推进思路下，立足价值导向、问题导向和变化导向确定社会责任管理融入和服务"五大体系"的重点领域。

（一）综合领域：将社会责任理念融入节能服务

作为浙江省核心的能源供给企业，国网浙江电力在全面社会责任管理的指导下，积极倡导用户侧和自身的节能服务，促进全省能源效率提升，推动浙江省经济社会可持续发展。

第一，积极推进高效电机、建筑用能等节能改造项目。通过创新节能项目商业运作模式，扩展社会节能项目，拓展商场超市、工业节能等领域的节能服务市场，国网浙江电力完成节能项目 2357 个，节约电能 6 亿千瓦时。运营过程中，针对浙江能效水平位于全国先进行列、民营经济发达、企业节能愿望强等特点，制定了切合实际的工作方针和策略，大力开拓面向社会的节能服务，同时加强了项目风险分析和控制，面向市场的节能服务工作位于国网同行前列，受到国网营销部的表彰。国网浙江电力节能公司从挂牌至 2015 年四年累计完成社会节能服务、购销、咨询项目共 409 个，通过合同能源管理（Energy Management Contracting，EMC），公司实现合同收入 19246 万元，实现年节电能力 4.47 亿千瓦时，圆满完成历年国家考核要求，并完全实现自负盈亏。其中 2015 年完成项目 151 个，实现年节电能力 1.21 亿千瓦时，实现营业收入 7821 万元，利润总额 1266 万元，在国网公司系统 27 家节能公司中位于前列。

第二，积极推动绿色照明节能工作。国网浙江电力快速响应省政府"加快推广应用高效节能环保的半导体照明（LED）产品，促进节能降耗"的工作精神，四年累计实施绿色照明节能项目 117 项，实现年节电能力 5879.04 万千瓦时。直接在省内推广应用 LED 路灯超过 10 万套、室内照明超过 100 万套，成功将改造方案、商业模式、技术路线推广到兄弟单位实施，案例入选国网公司推广技术汇编，绿色照明节能改造走在全省前列。

第三，做好表率，节能服务"从我做起"。2013 年，国网节能服务有限公司与国网浙江电力合作开展了国网浙江电力生产调度大楼建筑节能改造工程。项目采取效益分享型合同能源管理模式。通过调用各用能设备历史数据和实时测量在用设备用能情况，构建大楼用能基础数据库，同时参考大楼建筑参数和系统运行性能参数，开展建筑本体分析和能耗分析，最终确定了包含 11 项节能技术的综合性楼宇节能方案，包括建立能耗监测管理平台、循环冷却水泵变频控制、幕墙玻璃安全隔热改造、绿色照明改造、大楼围护结构节能改造、中央空调系统改造、蓄冰槽保温改造、空调盘管风机控制改造、智能水表及水平衡测试、配电监控系统软硬件更换、配电系统谐波治理。项目实施后，大楼能耗同比下降25％，年节电量达572万千瓦时，折合标准煤1899吨。不仅显著提升了大楼建筑品质，而且提高了建筑物及各类系统使用的安全性、舒适性和健康性，为国网浙江电力员工创造了低碳、环保、良好的办公环境。

（二）"大规划"重点领域：以规划助推浙江省能源结构优化

浙江省一次能源匮乏，且在经济高速增长的背景下电力供应长期短缺，严重依赖燃煤发电，这已导致浙江省环境问题日益突出。在此背景下，国网浙江电力积极行动，将社会责任理念融入到整体的电网发展规划中，从消费侧和供给侧共同推进能源清洁化，并取得了良好的成绩。"十二五"期间，国网浙江电力共消纳清洁能源发电4029亿千瓦时，减少煤炭消耗12006万吨，减排二氧化碳37873万吨，减排二氧化硫149万吨；完成电能替代95亿千瓦时，减少煤炭消耗383.8万吨，减排二氧化碳947.15万吨，减排二氧化硫28.5万吨，有效地缓解了环境污染问题。

一方面，推动消费侧能源清洁化。加强清洁替代、电能替代的项目研究与应用，提高电网的开放性和灵活性，保证多元化负荷全接入和清洁能源全消纳。深入推进电锅炉、电窑炉、热泵、智能家居等领域的电能替代，实现全省江河湖海港口岸电全覆盖，2015年完成年替代电量45亿千瓦时。贯彻"浙江大气污染防治行动计划"，利用清洁电能代替煤、油等传统能源，提高电能在终端能源消费中的占比，减少污染气体排放。细分客户个性化用能需求，制定便于实施、费用较低的电能替代组合策略，并因地制宜拓展新领域、推广新技术。成功打造一批港口岸电、空港岸电、锅炉煤改电示范项目，形成社会效应；在高等院校、企事业单位、监狱、餐饮业推广电磁灶、电蒸锅；在机场地勤维护中实施"以电代油"项目；在沿海、内河地区推广岸电替代；在居民小区、学校等领域推广碳晶、电热膜、发热电缆等采暖技术。2015年完成电能替代项目1686个，替代电量40亿千瓦时。推进电动汽车产业发展，与省交投集团合作建成高速公路电动汽车快充站35座。加快科技创新，降低电网损耗，完成高效变压器项目994个，线路改造项目597个，实现年节约能量2.95亿千瓦时。配合政府部门开展大气污染防治及无燃煤区建设，集中改造城市道路照明设施。加快电动汽车充换电设施建设，实现境内高速公路服务区快充网络全覆盖，城市核心区建成快充站331座。积极推动燃煤机组清洁排放改造工作，完成22台机组清洁排放改造，有序淘汰企业燃煤自备电厂。①

另一方面，推动供给侧能源清洁化。在国家电网公司和浙江省的共同推动下，2013年和2014年先后建成了皖电东送交流、溪洛渡—浙西直流和浙北—福州交流"两交一直"特高压输电工程，增加供电能力近1800万千瓦。西南水电等清洁能源的输入，有效改善了能源结构，大幅减少了污染物的排放，2014年仅溪洛渡—浙西直流工程投运半年时间就向浙江输送了243亿千瓦时的清洁电力，相当于减排二氧化硫9.03万吨、氮氧化物7.77万吨。据2014年末的环境检测，浙江11个设区市PM2.5平均浓度比2013年同期下降了22.7%，重度和严重污染次数明显减少，这其中远距离清洁能源的输入功不可没。2016年宁东—绍兴特高压直流工程投运后，国网浙江电力将形成"两交两直"特高压网架结构，通过特高压输电浙江省从区外省外受入电力达2500万千瓦，输入电量占全社会用电量的1/4左右。2015年共从三峡、溪洛渡等水电厂购入清洁水电电量382亿千瓦时，节约标准煤1100万吨、减排二氧化硫14万吨。根据浙江省2014~2017年大型燃煤机组清洁排放实施计划安排，优化电网运行方式，为实施改造的机组提供充裕的停役时间，并优先调度清洁排放达标的机组，2015年完成1364万千瓦机组的改造任务。实施燃煤机组有序调停和有序替代，提高机组发电负荷率，降低机组发电煤耗8.6克/千瓦时，节约标准煤超过262万吨。建立绿色通道，为1572个风电、光伏项目提供并网专属服务，确保清洁能源全消纳。

通过推动能源清洁化，国网浙江电力助力浙江省工业企业实现"节能、降耗、减污、增效"目标，并借助全社会参与大气污染防治的契机，积极响应"两个替代"，做好电能替代项目的示范带头作用，巩固传统电力输配售业务，拓展新兴领域，驱动未来的可持续发展。

（三）"大建设"重点领域：重大项目"无障碍"建设属地环境构建

在全面社会责任管理理念的指引下，国网浙江电力不断优化大建设过程中的社会责任融入。结合近年来浙江省大电网建设的现状，国网浙江电力在重大电网建设项目过程中，将利益相关方充分整理，利用多种方式，积极促

---

① 国网浙江省电力公司工作汇报（2016年2月3日）。

进属地良好企民关系的构建。全过程落实安全、高效、绿色、和谐的要求，有效管理运营对社会和环境的影响和落实安全健康管理体系，保证施工建设人员、社区居民、电网运营人员的人身安全与健康。在工程建设中，按照绿色施工的要求制定每一个施工的具体方案，并通过索道式运输、无人机放线等技术的运用，减少对山体和植被的破坏，确保废料、废油的有效处理，确保对环境的影响达到最低。

项目建设过程中，建立利益相关方沟通制度，保持和谐的社区关系，确保项目建设过程中良好的外部环境。通过在实践中的不断探索，国网浙江电力形成了一套成熟的工程"无障碍"建设属地环境模式。在此基础上，国网浙江电力积极推动相关的制度建设，于2014年3月推动浙江省第十二届人民代表大会常务委员会第九次会议通过《浙江省电网设施建设保护和供用电秩序维护条例》，为电网建设营造了良好的外部环境。

专栏 8-1　重大电网工程"无障碍"建设属地

环境构建：国网诸暨供电公司

随着土地和环境资源的日益紧缺，公众维权意识的逐步增强，大型变电所落地难、电力线路架设难、电建项目施工难等情况越来越突出，一些村民对电力供应的要求越来越高，对涉电损失"漫天要价"，已经成为影响电网建设的主要因素，在诸暨曾经发生过因项目投产受阻直接影响供电能力的个例（如220千伏西子变延迟投产近1年，导致大唐区域的几座110千伏变电所超满载运行），如何为电网建设营造良好的社会环境，已成为当前供电企业面临的迫切需要解决的重大课题。

1. 总体思路

诸暨公司以灵绍特高压绍兴换流站建设为实施载体，引入电网工程"无障碍"（保障工程按期建设＋营造良好建设环境）建设理念，通过优化前期管理、发挥属地职责、创新沟通方式，避免和化解工程建设过程中的社会矛盾和风险，构建电网建设齐抓共管、各方参与的良好社会环境，保障重大电网工程"无障碍"施工。

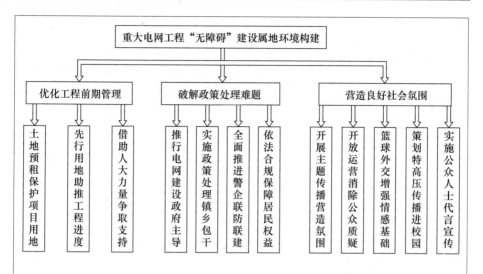

2. 具体做法

（1）先行先试，优化工程前期管理。一是采用土地预租方式，提前预留项目用地。创新开展项目前期工作，在争取诸暨市委市政府支持的基础上，多次与次坞镇党委政府研究磋商，并上门与站址周边村协商解释，以预租方式，委托次坞镇政府向道林山村经济合作社租赁320亩站址用地，对灵绍特高压绍兴换流站用地进行了保护，防止项目在通过立项审批前另作他用，确保特高压项目顺利"落地"。二是尝试先行用地模式，助推工程实施进度。先行用地是指由国务院批准用地的地方批准（核准）建设的民生工程、基础设施、生态环境和灾后重建项目，不占用基本农田的控制工程的单体工程在申请报批用地时，由于工期紧，对控制工期的进场道路、导流涵洞、输电设施等用地，在查清所需使用土地的权属、地类、面积，兑现被用地单位群众的地上附着物和青苗补偿费，妥善处理好先行用地的有关问题的前提下，经有批准权的一级人民政府土地行政主管部门同意，可以先行用地，但须在半年内办理正式用地报批手续。由于特高压绍兴换流站项目挖方及填方量近50万立方米，数量大，厚度深，为保证工程进度及质量，按设计要求需选部分区域（主变设备区）先进行试填试夯，为此，公司通过积极与诸暨市国土局的沟通对接，对满足报批条件的试填试夯区申请先行用地，提前进行施工，为接下来的整体施工提供有力的前期保障。同时，加强与市规划、国土、环保等部门和工程建设沿线的乡镇（街道）工作联络，做到每周互通信息、每月碰头研究，加快启动项目征地、站址内房屋拆迁、坟墓迁移、青苗赔偿和临时围拦等工作，为特高压项目"无障碍开工"提供属地支撑。三是借助市人大力量，争取社会各界支持。公司领导多次走访诸暨市的全国人大代表，对特高压工程的建设必要性、建设紧迫性等问题进行详细的介绍，就加快特高压工程建设等工作进行呼吁和沟通。在2013年初召开的诸暨"两会"上，作为诸暨市人大代表的诸暨公司张宏达总经理向大会提交了"关于加快特高压工程建设的建议"，提出"成立由市领导任组长的特高压工程领导小组，组建相关保障工作小组，加大新闻媒体宣传，形成全市人民理解支持、共同参与的良好氛围"等建议。在公司的大力推动下，诸暨市人大多次组织人大代表到实地考察，积极宣传。项目所在地次坞镇人大主席戚焕平还积极参与协调站址范围坟茔迁移、房屋拆迁、土地征用、自来水铺设等前期工作，为特高压工程的建设争取了社会各阶层多方面的关心与支持。

（2）政企联动，破解政策处理难题。一是推行"电网建设政府主导"模式。在全市推动并建立"电网建设政府主导"模式，促成诸暨市先后出台了《诸暨市人民政府办公室关于诸暨市电力工程建设政策处理的意见》及《诸暨市人民政府办公室关于加强电网建设保障和电力设施保护工作的意见》，明确电力工程建设政策处理赔偿标准，加强电网建设项目的所址路径保护，为电网建设项目顺利实施提供政策支持。二是建立"政策处理镇乡包干"机制。成立分管副市长任组长的诸暨市电网建设领导小组，年初召开电网建设协调会，与20多个乡（镇）街道签订电网建设政策处理责任书，要求乡镇（街道）明确责任领导、落实专门人员，配合做好通道预留、项目选址、路径保护等前期准备工作和房屋拆迁、青苗赔偿等政策处理工作，对阻碍电网建设或为一己私利漫天要价、无理取闹的人和事，及时采取措施限期解决，保证工程按期推进。同时通过市政府发布年度电网建设考核细则，把电网建设的政策处理纳入乡镇领导的岗位目标责任制考核。公司每月定期向市政府提交电力重点工程月报，及时反映特高压工程开展进度及存在问题，并积极与市主要领导汇报、沟通，每年市主要领导专门督查电力重点工程进展情况，及时解决特高压前期工作实施过程存在的困难和问题。三是全面推进警企联防联建合作。在灵绍特高压绍兴换流站揭牌成立浙江第一家"特高压警务室"——"诸暨市公安局次坞派出所灵绍直流绍兴换流站警务室",诸暨市公安局派驻2名警察和3名协警常驻特高压换流站办公,通过指导灵绍特高压绍兴换流站加强内部治安安全防范,开展安全隐患和涉电矛盾纠纷排查、协调处置,防止涉电违法犯罪活动的发生,为特高压工程无障碍施工保驾护航。四是坚持依法合规保障居民权益。公司在涉及征地拆迁等政策处理上,坚持履行法律责任,依法合规开展工作,认真对待项目所在地居民反映和提出的赔偿问题,会同当地政府多次沟通联系,商讨合理赔偿和补偿方案。对于不满意赔偿和补偿方案的农户,及时提供设计规划标准、环评报告等文件,深入进行沟通解释,并严格按照有关电力工程建设政策处理的意见和文件等标准进行赔偿。当需求或要求超出供电部门答复范围时,积极联系地方政府进行协调。在开展政策处理时,公司充分做到换位思考,了解居民具体情况和心理活动,换流站站址有1户居民恋旧不愿搬迁,公司多次主动登门与居民进行诚意沟通,在保障居民利益,兼顾居民情感需求的前提下,与居民、当地村干部三方协商解决方案,最终顺利解决了拆迁难题。

（3）多元互动,营造良好社会氛围。公司在项目前期对特高压建设的经济、技术、环境、社会可行性进行调查与评估时,发现特高压工程的社会价值和公众对电网工程的认知之间存在较大差距。通过对地方政府、电力客户、周边居民等不同群体进行问卷调查,发现社会公众对特高压的认知度较低,有的甚至因误导而产生恐惧,现有的沟通方式方法亟须转变和改进。经前期调研,公司认为,特高压建设亟须建立一套各方参与、多元互动的沟通机制,提高社会各界对特高压的认知度,从而形成对特高压的情感与价值认同。一是开展主题传播,为特高压落户诸暨营造声势。公司编制的《国网浙江诸暨市供电公司服务诸暨经济社会发展白皮书》,不仅向公众传播特高压落户诸暨的价值,也对公司服务地方经济社会发展所开展的努力进行整体宣传,并向诸暨市级机关、镇乡街道、工业用电量前150名企业、行风监督员寄发600余份白皮书,同时,充分利用微信这一双向互动效果极佳的新媒体传播渠道,在诸暨最大微信平台——"诸暨日报爱诸暨"上开展特高压相关知识竞答,通过这种互动活泼的形式,将有关特高压的价值深入公众的心智，并且在互动中了解并回应了公众关注的问题，为特高压落地诸暨营造良好的社会氛围。二是实施开放运营，消除公众对电磁辐射的质疑和抵触。由于受项目影响较多的居民多数对特高压知识了解不充分，对电磁辐射、噪声污染等存在担心心理，项目建设沿线的村干部和村民对特高压工程的建设产生了一定抵触情绪。公司组织人员带上电力设计规范，进村逐户对村干部和村民进行解释，让村民知道换流站的建设符合设计规范，对人体的影响也很小。同时公司还组织村干部及部分村民参观已建成的位于诸暨市区的110千伏城中变电站。通过电力员工的现身说法，村民逐步消除了对换流站建设的抵触情绪，使工程能够顺利建设。三是开展篮球外交，增强电网企业与村民的情感基础。诸暨是篮球之乡，市民村民都非常热爱打篮球。公司抓住这一地方特色，以增进双方交流和感情为导向，在政策处理之际，与次坞镇道林山村篮球队进行了篮球友谊赛。一个小小的篮球成了交流和沟通的大使，让双方的关系变得更加融洽，之间的沟通渠道变得更加畅通。通过"篮球外交"，为特高压政策处理工作的开展创造了十分有利的条件，也为工程后期工作的顺利进行打下了较好的基础。四是携手属地小学，以"小手拉大手"增进情感交流。公司在特高压属地小学积极开展特高压品牌传播进校园活动，如为学校贫困学生设立"特高压电网爱心助学金"，向学校全体学生捐赠特高压及安全用电相关书籍和资料，展出特高压知识展板，为小学生上特高压知识课，开展主题征文等，让属地小学的学生对特高压形成良好的品牌感知，并回家向其家长邻居进行特高压知识普及，形成口碑宣传。同时还邀请学生家长填写调查表，了解其对特高压的评价并将反馈意见融入到政策处理和后续工作中。这些家长有不少都是项目所在地周边的村民，通过这种"小手拉大手"的形式，为特高压工程的政策处理赢得了更多的情感认同。五是公众人士代言，开展现场体验式传播和口碑宣传。2015年3月，灵绍特高压绍兴换流站施工现场呈现一片热火朝天的景象，每天有20多台打桩机、300多名施工人员忙碌在现场。公司联合诸暨市作家协会、次坞镇人民政府适时举办"秀美道林山，阳光特高压"徒步采风主题活动，邀请诸暨市登山协会、作家协会等会员300余人感受建设氛围，了解建设过程中的各项负责任举措。邀请诸暨市作协副主席陈全苗主笔，到灵绍特高压诸暨境内的施工现场跟踪采访，撰写系列报告文学并在诸暨地方媒体刊载，客观反映特高压工程开工、建设全过程的履责实践和施工人员不畏严寒酷暑辛勤奋战的奉献精神，增强社会各界对特高压的感性认识和理性认识。

3. 实施成效

（1）确保了工程顺利实施。重大电网工程"无障碍"建设属地环境构建，在诸暨全市范围内推动并构建了"电网建设政府主导、政策处理乡镇包干"的建网模式，揭牌成立了浙江省首家"特高压警务室"，有力保障了灵绍特高压绍兴换流站及其配套500千伏输出工程的顺利建设，未发生责任性投诉和群体性阻工事件。诸暨境内131基铁塔基础开挖进度居绍兴各县（市）首位，公司有效加快特高压诸暨段工程整体建设进度的做法也得到了诸暨市委市政府通报表彰。

（2）节约了项目建设资金和企业管理成本。重大电网工程"无障碍"建设属地环境构建，促成诸暨市政府出台了《诸暨市电力工程建设政策处理的意见》，统一了全市电力工程建设政策处理赔偿标准，有效遏制了在征地、拆迁过程中部分村民"漫天要价"现象。此外，诸暨公司在得知店口镇线路范围内有一个地方要造加油站，提前将地块买下为线路预留用地；8次上门对接阮市镇政府，最终将线路通道上一块已出让的土地争取了过来，同时还妥善化解了5件特高压建设方面的来信来访，包括要求增加青苗赔偿、拆迁赔偿费用等诉求，降低了信访人过高的诉求期望。据统计，仅诸暨境内131基铁塔基础的征地费用一项，就节省了900余万元。

（3）创新了内外沟通机制。各方参与、多元互动沟通机制的建立，实现了重大电网工程建设的社会沟通方式由"自话自说"、"单一单向"、"严肃传统"向"第三方代言"、"双向互动"、"活泼有趣"转变，改变了公众对特高压的负面认知和抵触情绪。公司创新沟通机制的做法，荣获省公司2015年度社会根植项目一等奖，并入选"国家电网公司社会责任根植项目案例选编2014~2015"。

（4）彰显了责任央企形象。项目实施过程中，公司尊重当地居民情感需求，保障项目建设涉及居民的应有权益。同时，为保证工程施工所修建的道路、供水管道等基础设施也惠及周边村民实现利益共享，塑造了国家

电网责任央企的良好形象。2015 年，诸暨公司获评"全国文明单位"、"诸
暨市市级机关年度经济考核责任制考核一等奖单位"和"通报嘉奖单位"。

资料来源：国网浙江电力 2015 年度优秀管理创新成果集。

（四）"大运行"重点领域：重大事件保供电

针对"大运行"过于内部化的问题，国网浙江电力探索将社会责任管理
融入"大运行"管理，以实现"内部工作外部化、外部期望内部化"。注重
电网运行的日常管理，将各项隐患在日常运行过程中检查发现，努力杜绝大
面积停电事故，支持浙江省经济社会发展。加强对重点地区、重大事件和重
要时间点中的运行管理，重点重要情境下的供电服务（见专栏 8 - 2）。协调
推进国网浙江电力与社会的可持续发展，保障更安全、更经济、更清洁、可
持续的能源供应，提升利益相关方满意度，实现国网浙江电力综合价值最
大化。

专栏 8 - 2　供电企业国家级重大活动电力保障的乌镇模式

世界互联网大会（World Internet Conference）是由中华人民共和国倡
导并举办的互联网盛会，旨在搭建中国与世界互联互通的国际平台和国际
互联网共享共治的中国平台，让各国在争议中求共识、在共识中谋合作、
在合作中创共赢，桐乡乌镇被认定为世界互联网大会永久会址，大会层次
高，参与人数多，内容丰富，电力保障工作要求非常高。为确保世界互联
网大会全程的电力供应，国网浙江电力、国网嘉兴供电公司和国网桐乡供
电公司积极行动，将全面社会责任管理与重大活动电力供应有机结合，确
保重大活动电力供应全程无差错和电网的高效运行，也为 2016 年之后浙
江省范围内要陆续召开 20 国集团（G20）峰会、亚运会等一系列国家级重
大活动的电力保障提供借鉴。

1. 总体思路

国网桐乡供电公司贯彻落实政府的工作部署和省公司、地市公司的工
作要求，坚持重大活动保电工作"政府主导、电力主动、客户联动"的

基本原则，成立省地县合署的保电专项办公室，建立统一指挥、上下联动、专业协同、属地负责、综合管控的工作机制，实施多级多专业联动，探索构建重大活动电力保障"五位一体"保障体系，即政企户联动组织保障体系、高可靠规划建设体系、分层分级指挥协调体系、创新主动服务保障体系、完善化外援管理体系和集团化配套保障体系（见下图），形成了国家级重大活动电力保障新模式，起到了责任清晰、统筹协调、主动作为、闭环管控的效果，保证了重大活动期间电网安全可靠运行、供电场所安全可靠用电，实现了"电网设备零故障、特级场所零闪动、保电组织零差错、客户服务零投诉、安保舆情零事件"的"五个零"的政治保电目标。

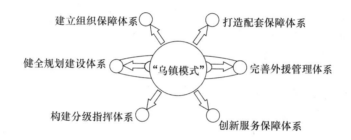

重大活动电力"五位一体"保障体系

2. 具体举措

主要做法如下：

（1）建立组织保障体系，确保稳步有序推进

首先，建立相关的机构，落实相关工作职责。桐乡市政府成立世界互联网大会承办工作领导小组，下设10个专项组，国网桐乡供电公司是环保监管与基础保障组成员单位，专门负责大会供电保障，与政府建立了联系对接渠道。成立省地县三级客户服务保障组，建立面对面沟通机制，全面指导用户侧保电工作。开展用户侧完善电源配置专业化指导，提升应急处置和设备运行水平。延伸服务内容，协同用户做好重大活动期间供电保障工作。在省地县三级分别成立重大活动电力保障领导小组基础上，同时成立省市县合署的保电专项办公室，实现多级多专业协调和管控。乌镇互联网大会保电专项办公室常驻桐乡公司，调配省公司、嘉兴公司、桐乡公

司专业人员现场办公，负责做好信息报送和保电日常管理，制定工作规程及专项工作联系单处理流程、项目实施进度计划表、保电重要用户清单和主配网及特级保电用户接线图等并上墙展示。

其次，完善制度建设，规范过程管理。编制嘉兴公司、桐乡公司保供电方案，同时报送省公司，嘉兴市委、市政府和桐乡市委、市政府，包含1个总体方案和9个专项子方案（电网运行、设备运维、服务保障、信通保障、后勤保障、外联品牌、保密、安保反恐和现场保障），明确工作职责，指导各专业有序开展专业保电工作。工会方面编制电力保障劳动竞赛方案，推动保供电工作进展。编写嘉兴电网事故预案、特高压宾金直流闭锁配合预案、突发事件新闻处置应急预案、车辆后勤保障应急预案、配电线故障应急处置预案、保电指挥系统应急预案等各类预案。细化应急处理要求和工作流程，指导应急人员规范、有序、高效开展应急处置工作。编制变电站保电"一站一册"、输电线路"一线一册"、配电线路"一线一册"、开闭所"一馆一册"、保电卡、"口袋书"。编制突发事件舆情管理应急操作手册、突发事件新闻处置应急处置卡，编制典型模拟案例。通过印制操作手册，将保电工作要求岗位化、简约化、具体化，实现设备参数现场速查、按图索骥开展应急联动，将保电工作要求落到一线。

再次，明确工作流程，为工作提供指引。明确重大活动电力保障工作分为保电任务接收、任务下达、前期准备、临战准备、保电实战和保电总结六个阶段。在任务接收阶段，公司办公室接受重大活动保电任务；在任务下达阶段，专项办提出保电等级和保电范围建议，经公司重大活动保电领导小组组长审批后下达保电任务，专项办编制保电总方案；在前期准备阶段，各专业保障开展现状评估，编制子方案、应急处置预案和工作计划表，开展隐患排查治理，组织综合应急演练和专业应急演练，提出支援需求和人员政治审查、通行证办理等工作；在临战准备阶段，专项办编制保电实施方案、临战工作计划表，用户签订《重大活动供用电安全责任书》、应急装备现场就位，支援队伍现场交底，保电现场指挥中心试运行；在保电实战阶段，即重大活动开始前一天，正式启用各级应急指挥中心，保电人员现场到位，线路上实施不间断或周期性特巡，重点区域蹲点守护，做好新闻宣传和后勤保障；最后是保电总结阶段，在保电任务结束后一周内上报工作总结和数据统计表，并组织召开保电工作总结会，梳理存在的问题和提升措施，编制总结报告和后续问题提升建议表，分省地县三级落实责任部门，限定整改时限，实行"销号管理"，开展保电资料梳理汇总。

最后，加强内外协同联动。建立对内协同机制：一是建立领导小组月度例会、工作小组周例会、工作周报、督办单、工作联系单、议事规则、资料上墙等推进保障制度，全面统筹推进保供电工作。二是根据国网浙江电力客户服务工作标准，按特级、二级、三级保电用户确定系统侧保电要求和实施方案，实施差异化管理。三是按照保电前准备、保电中实战、保电后总结三个阶段落实各项任务，提高工作针对性。建立对外协调机制：一是建立联系单工作机制。统一编号出口市政府书面工作联系单，书面答复政府工作交办单，所有与政府往来的工作均可追踪、有依据。二是建立主动对接交流机制。营销、运检、安监等部门主动对接政府对口专业部门，积极沟通反馈问题，实时跟踪工作处理进度。三是建立以政府为桥梁的问题处置机制。对于用户侧相关处理难题，主动汇报政府，充分取得政府各相关方的工作支持，借助政府力量协助督促用户完成问题整改。

（2）健全规划建设体系，提升配电网可靠性

在组织建设的同时，为确保乌镇互联网大会供电的设施有效性，省市县三级企业互动，健全规划建设体系，确保配电网运行的可靠性。

首先，制定配套电网规划。针对乌镇配网急需补强的需求，结合乌镇配电网实际，提前谋划，主动与桐乡市政府及乌镇镇政府沟通协商，共同签订《推进乌镇区域配电网提升工程框架合作协议》，按照"景区一年建成、镇区两年提升、全区三年完善"的思路制定《桐乡市"十三五"配电网规划》和《乌镇配网提升方案》，对乌镇配电网进行改造升级，提升乌镇区域供电能力。确保改造完成后满足乌镇环网化率达100%，10千伏线路 N-1 通过率100%。其余乌镇镇区达到 A 类供电区域、乌镇外围区域达到 B 类供电区域供电可靠性要求。

其次，落实配套电网项目。在国网公司范围内率先采用配网标准化设计软件，以嘉兴公司主导编制的配电网工程通用设计为标准，全面贯彻执行国家电网公司通用设计和标准物料，统一规划引领、夯实统一设计基础。提升了配电网设计标准化水平和建设质量，为高效建设乌镇可靠配电

网提供更高效更可靠的技术支撑和服务。在国网配网标准化设计基础上，结合浙江地区实际情况，梳理物资成套模块426个，通用物资清单433条目。通过历史数据分析，实施配网通用物资的寄存和成套储备，优化供应流程，以周为供应周期的限时，以成套模块为单元实施配网需求计划申报、模块物料转换，物资按周按需配送，实现配网物资精准、高效供应，有力保证电力保障配网相关项目按计划实施。加大配网项目管理量化管控，创新开展"五型十化"配网项目管控模式，即配网制度成果型、配网管理示范型、配网设计创优型、配网建设智能型、配网团队学习型；项目管理流程化、前期管理深度化、招标管理市场化、技经管理管控化、合同管理依法化、计划管理节点化、物资管理集约化、安全管理现场化、质量管理工序化、档案管理责任化，实现电力保障配电网建设精确管控，四个配网改造项目和五个电网大修项目均按计划保质保量完成。2015年乌镇配网提升工作投运后，乌镇峰会会址供电可靠率达到99.999%（达到A＋类供电区域供电可靠率要求），实现不同变电所电源同时互供，特级保电用户实现"双电源、双线路、双接入"。

（3）构建分级指挥体系，实现精准有序指挥

首先，依托政治保电系统实现精准指挥。一是实现用户设备信息采集，依靠政府支持，特级保电场所用户设备新建或加装"两遥"采集装置，用户设备自动化信息接入调度自动化系统，构建特级保电用户从380伏至500千伏输变配和用户设备一体化监控网络，实现设备状态、电网潮流、故障及异常告警远程一体化监控，将监控范围由系统侧电网延伸至用户插头、灯头，消除监视盲区。二是实现电网信息集成，集成用电采集系统、调度自动化系统、设备状态监测系统、无人机和机器人巡检系统和气象环境监测系统，实现用户设备、电网运行方式、设备状态评价和气象条件等信息全采集。三是实现保电资源可视化，输变配设备、车辆管理系统工程车和应急车辆、移动作业终端保电人员位置信息，采集应急物资仓库定位信息，在高分辨地图上实现保电资源可视化展示。四是实现保电精准指挥，区分正常态和异常态并推送预警和告警信息，及时触发指挥中心启动应急处置流程，采用故障智能研判和故障原因分析，结合保电进程和重大活动节点，迅速、准确地就近部署故障巡检和故障抢修力量，科学、有序、

高效地完成应急处置指挥工作，实现 G20 保电指挥精准化。

其次，建立分层指挥机构，提高指挥效率。一是设立用户保电指挥组，在重要用户保电场所，面向用户服务设置指挥协调组，无缝衔接，实现用户内部、客户经理和现场负责人之间信息沟通和协调机制。用户保电指挥组重点是做好特级保电场所配电房监视、响应和处置，快速解决用户侧异常问题。二是设立前线指挥部，在桐乡乌镇供电所启用前线指挥部，省地县一体化指挥，专业保障组指挥中心待命，辅助指挥决策。前线指挥部协调重点是做好电网运行监视，以及跨专业跨单位响应和处置，快速解决用户供电电源侧异常问题。三是建立政企指挥联络机制，供电企业指挥部纳入政府指挥体系，共享保电信息，协调政企保电相互配合工作，相辅相成，确保保电应急联动高效。四是实现高效指挥，用户保电指挥组受前线指挥部指挥，前线指挥部受政府指挥部指挥，三者根据职责分工，有重点地做好本职指挥工作，实现指挥分级、工作量分流和信息汇集，提高了指挥效率。

（4）创新服务保障体系，构建融入服务模式

首先，创新业扩方式，提升保电用户接入效率。一是建立一口对外、协同运作机制，以客户服务中心为对外服务窗口，整合内部服务资源，建立"规划、建设、运行、检修、营销"五大专业协同运作的业扩服务新机制，实现流程通畅、信息共享、过程可控、响应快速、服务优质，确保保电用户接入责任清晰，协同到位。二是应用自动业扩报装，根据客户业扩报装用电地址，利用 GIS 系统地理接线图等资源信息，搜索周边电源情况，辅助制定电源接入方案，实现供电方案远程拟定，提高方案答复效率。三是简化业扩手续、提高办电效率，进一步简化业扩手续，优化办电流程，完善服务机制，实现业扩服务的全环节工作协同、全过程质量管控、全时段量化考核，最大限度地实现保电用户业扩报装便利性。

其次，提升服务范围，保障"最后一米"用电安全。结合政治保电特点，在用户侧设备隐患多、保电能力不足、供用双方配合不紧密的情况下，主动延伸客户侧用电安全服务至用户低压侧末端，排查更深更细，从而实现了从 0.4 千伏至 500 千伏各个环节设备运行信息的全掌握，基本消除了客户侧用电安全及设备状态"盲区"，为保电的最终成功奠定了基础。主动

联络协调，确保供用电双方的保电范围、原则、措施，保电人员安排不相悖、不冲突，在保电用户保电方案编制、保电技术培训、隐患排查、应急演练等环节双方一同参与、相互搭配，采用"1＋1"的模式，最终保障了直至用户"插座"、"灯头"的最后一米用电安全。

最后，强化演练，提升客户应急处理能力。细化考虑各种突发情况下保电用户停电可能，编制各种情况下的停电应急预案，促使保电人员熟知保电用户接线情况及各类事故预想；摒弃通常情况下突发停电应急演练仿真模拟的方式，通过大量与用户的沟通协调工作制定停电方案，采用真拉线路、真停设备的方式，检验供用电双方的现场保电人员应急响应和应急处置能力。

（5）完善外援管理体系，确保规范有序保电

首先，测算外援需求，推进队伍组建。桐乡公司按照"先属地、后外援"的原则，根据重大活动电力保障工作标准和政府部门需求，开展可支配人员梳理和外援队伍核算，同步考虑人员、装备、通信工具、车辆、交通、饮食、住宿、医疗保障外援需求，经内部整合后提请公司专项协调办在全省范围调配人员、装备和车辆等保电资源。根据分区分段保电原则，嘉兴公司内部调剂市本级和县公司输、变、配人员、装备，承担区段巡视单元保电任务，调剂六家单位移动发电车赴乌镇景区保供电，在公司运检部协调下，借用周边地市公司大容量发电车，实现景区保电应急电源"8＋2"配置。

其次，强化技术培训，做好支援准备。桐乡公司根据保电场所和设备情况，编制现场保电"一线一册"、"一站一册"、"一馆一册"、保电卡和"口袋书"等资料并组织支援单位人员进行针对性培训。组织支援队伍管理人员开展现场踏勘和技术交底，熟悉保电场所和现场设备。保电前完成支援队伍人员和车辆通行证办理工作，并提前发放到外援单位。召集外援队伍参加动员实时大会，鼓舞士气。提前组织外援应急电源车发电车就位和接入、完成大负荷测试。组织外援队伍参加省市县三级联动综合演练和专项应急演练，提高应急处置能力。

再次，划分保电单元，实施现场保电。根据现场保电情况，划分13个巡视区域，49个巡视组，25个巡视单元，按照分区分段原则落实保电责

任单位，明确外援队伍的保电责任，提高保电工作质量。主网和配网抢修人员就近部署在保电区域，缩短响应距离和时间，大幅提升应急处置效率。

最后，制定退出方案，确保灵活机动。外援队伍带队领导接到撤离指令后，按照先外围后核心区，先系统侧后用户侧，先巡检值守人员后安保值班人员，先现场保电队伍后指挥中心，后勤保障人员最后撤离的顺序，有序组织人员和装备撤离，做到工完场清，向桐乡公司归还工作职责并移交保电相关资料。撤离后，支援队伍带队领导及时向桐乡公司对口联络人报告撤离情况，确保人员有序撤离，撤离进度动态掌控。

（6）打造配套保障体系，统筹推动工作开展

首先，注重安全保障准备工作。发布重点部位反恐处置预案，制定《保安员工作要求》、安保应急处置手册，梳理安保、应急等方面制度文件。制定大会期间重要场所安保执勤方案，落实安保力量。针对重要变电站每周开展一次保安员安保演练。向大会组委会申请大会期间系统侧特级保电场所进驻公安保卫。对所有场所安保配备安保员装备。对特级、重要安保场所在原有技防措施基础上安装视频监控系统、一键报警系统（110联动）、电子围栏（110联动）、围墙振动系统（110联动）、火灾报警系统。

其次，注重对不稳定源管理。大会召开前两个月即开展公司内、外部不稳定因素排查工作，大会召开一个月内每周开展不稳定因素排查，大会期间实行24小时值班，信息实时上报。对排查出的不稳定因素制定《重点稳控人员信息表》，一对一落实稳控责任人和包干领导。纵向落实条线分明的管理责任，分块落实保供电辖区管理责任，制定下发安保稳定纪律要求、制定乌镇峰会安保稳定网络图。组织签订保密工作责任书和涉密人员保证书。

再次，以品牌宣传推进广泛参与。制定品牌宣传方案以及三个子文案（新闻宣传、文化建设、舆情监测），编制市县一体乌镇峰会保供电舆情专项操作手册和处置卡。组织舆情网络人员和一线生产人员培训和操作演练。公司内网开辟"第二届世界互联网大会保供电"专栏。组织地方主流媒体开展智能路灯、党员服务队、应急发电车进驻等专题策划，邀请地方

党报和电视台记者作为公司兼职新闻通讯员，做到新闻信息和素材的同步共享。同步开展互联网大会保供电专题片视频素材拍摄。了解桐乡市新闻突发事件应急处置工作要求，确定新闻发布工作地点及新闻发布人员。加强地方媒体沟通，正面引导舆论。与市委网信办、网警、嘉兴19楼等部门提前沟通，联合管控。编制舆情值班计划，开展全时段舆情监控。

最后，注重过程和细节管理。建立互联网乌镇峰会保供电后勤工作网络。提前制定保供电菜单，购置餐具及保温设备。与政府沟通解决景区内值班人员餐饮需求。提前完成保供电人员应急食品和物资的配送储备。根据保供电人员统计情况，提前预订，在景区周边、乌镇供电所、景区外围安排床位。聘请嘉兴市兴安国际医院专业医生在桐乡公司、乌镇保供电指挥中心现场坐诊。

3. 实施效果

（1）圆满完成第二届世界互联网大会保供电任务

2015年12月18日下午，历时三天的第二届世界互联网大会·乌镇峰会正式落下帷幕，浙江公司省市县三级联动，圆满完成大会保供电工作。国网嘉兴供电公司荣获嘉兴市委市政府第二届世界互联网大会·乌镇峰会保障服务工作先进集体，驻嘉省部属单位中嘉兴公司名列第1位。实现了让总书记满意、让国内外嘉宾满意、让人民群众满意和确保绝对安全"四个满意一个确保"。桐乡公司在第二届世界互联网大会电力保障工作中的突出表现，荣获桐乡市委市政府"特别贡献奖"，分管领导荣获国家网信办、省政府"组织工作先进个人"。国网嘉兴供电公司、国网桐乡供电公司被省公司和工会授予世界互联网大会保电立功竞赛"一等功臣集体"。

（2）初步建成完整体系，提升了电力保障水平

建立重大活动保供电总方案和子方案的保供电方案体系，明确编制1个总体方案和9个专业保障子方案（电网运行、设备运维、服务保障、信通保障、后勤保障、外联品牌、保密、安保反恐和现场保障）。首次编制重大活动保供电实施方案，细化保电工作具体要求。建立保电配套应急机制，提高处置效率，编写嘉兴电网事故预案、突发事件新闻处置应急预案、车辆后勤保障应急预案、配电线故障应急处置预案、保电指挥系统应急预案等各类预案62份。细化应急处理要求和工作流程，指导应急人员规

范、有序、高效开展应急处置工作。完成 28 册变电站保电"一站一册"和 58 册输电线路"一线一册"和 16 册配电线路"一线一册"编制，发布 27 个保供电点及东瑶、慈云两个用户开闭所的"一馆一册"、保电卡、"口袋书"。发布国网嘉兴供电公司突发事件舆情管理应急操作手册、国网嘉兴供电公司突发事件新闻处置应急处置卡，编制了 10 个典型模拟案例，设置了规范流程，明确规定了处置口径、流程、操作要点。初步系统化建立了保电规章制度和资料规范。

（3）已经取得丰硕成果，确保了安全可靠并网

随着 2015 年乌镇配网提升工作的按期投运，乌镇峰会会址供电可靠率达到 99.999%（达到 A＋类供电区域供电可靠率要求），构建"双电源、双线路和双接入"高可靠性网架，实现镇区电网向国际一流电网转变。乌镇景区中压线路电缆化率大幅提高，同时也提高了景区美化程度。原有乌镇景区负荷转供能力差、绝缘化率低、设备老旧、电源点单一等问题得到改善。会议会址满足公司制定的保供电要求。

（4）社会效益日益明显，发挥着示范推广价值

随着国家经济发展，国际地位日益提升，国网浙江电力将承担更多的国家一类会议一级安保重大活动电力保障工作，嘉兴公司和桐乡公司圆满完成乌镇峰会保供电任务，创立了乌镇峰会重大活动保供电新模式，将为后续承担重大活动保供电单位提供宝贵的经验和借鉴价值。乌镇峰会保供电结束后，承担 G20 峰会的杭州公司和丝绸之路国际博览会的嘉峪关酒泉公司纷纷来嘉兴公司、桐乡公司调研学习，将"乌镇模式"保供电经验运用本单位保供电实际工作中。

资料来源：国网浙江电力 2015 年度优秀管理创新成果集。

（五）"大检修"重点领域：带电作业管理

针对带电作业在检修公司越来越被采用，且与百姓居民的生活用电质量密切相关，国网浙江电力选择以检修公司为对象，探索社会责任管理融入带电作业管理。截至 2015 年 12 月，已经拥有 35 千伏及以上变电站 2134 座，其中除 4 座 1000 千伏特高压变电站之外，全部采用无人值守模式，通过运维人员持续开展高频次的诊断维护工作，确保安全稳定运行。近年来，浙江公

司以管理创新为突破口,提出以优化变电设备巡检模式为抓手,整合智能巡检及管控技术,以推进智能巡检机器人应用,推动变电站辅助系统建设,建立差异化巡检机制为手段,开展实践工作,提升设备巡检质量和效率,从而提升运维人员资源利用率,取得了显著成效。

本着预防为主的基本原则,国网浙江电力加强对重点区域的预警与管控,通过运用"互联网+"的模式,以构建"大数据"、"大智能"、"大指挥"综合信息平台为理念,广泛采用"物联网"技术,以"一中心、一平台、一智库"建设为核心,并建立了相应的管理、运行和保障等配套机制,确保了全天候灾害预警和应急响应及时、快速、到位。该体系的建立有助于进一步实现电力防灾减灾作用,加快故障排查处置速度,促进灾后及时恢复供电、灾后自救能力的进一步提升。

(六)"大营销"重点领域:创新建立"互联网 + 电力营销"智能互动体系

国网浙江电力以客户体验为导向,研究实践"互联网+电力营销"智能互动服务创新体系。发布两年行动计划,在宁波、嘉兴、绍兴先行试点,采用"大数据、云计算、物联网、移动互联网"新技术,围绕电力服务全业务流程开展优化提升。开展电水气热四表合一试点,安装完成智能电表512万只,实现智能电表全覆盖和用户信息全采集;建设企业级大数据云服务平台,接入生产、营销等22套核心系统全量数据;在国网公司系统率先开展运监业务主题库建设,识别各类异动2.7万个,促进管理改进;全面开展县公司运营监测,试点延伸至供电所。

建设完善手机APP、微信等电子服务渠道功能,拓展支付宝电费代扣、预存业务。建立客户信用体系,试点开展客户标签画像工作。国网浙江电力微信公众号关注用户超过250万个;手机绑定用户数超过280万户;手机APP注册用户25万户;95598服务网站注册用户30万户;通过支付宝缴纳电费用户196.8万户。

第三节　班组融合

班组是实现公司发展战略、安全生产、管理创新和创造效益的重要基础,是国网浙江电力组织员工完成工作任务的基本单元，是社会责任与公司运营有机结合的基本单位。为进一步加强班组建设，夯实社会责任与企业运营融合基础，根据《国家电网公司"十三五"班组建设再提升工程指导意见》，国网浙江电力从制度建设和标准化建设、日常管理、强化考核和知识管理等方面着手，将社会责任理念融入基层、融入班组工作中，提升班组履责能力和水平，促进国网浙江电力班组运营水平的有效改善（如图8-8所示）。

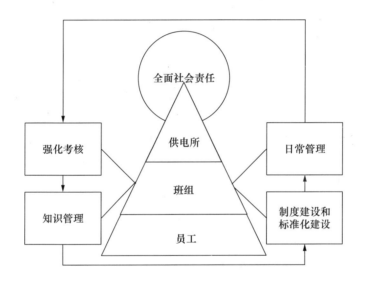

图8-8 国网浙江电力社会责任融入班组建设示意图

资料来源：作者绘制。

一、强化制度建设，以制度驱动班组创新发展

2009年8月，为贯彻国资委《关于加强中央企业班组建设指导意见》和中央企业班组建设推进会议精神，国网公司成立了班组建设领导小组，印发了公司《关于加强班组建设的实施意见》，提出了加强班组建设30条重点要求。在此基础上，2010年6月25日，国网公司印发了"创建先进班组、争当工人先锋号"实施方案，颁布了《国家电网公司班组建设管理标准》（Q/GDW）。此标准是国家电网公司成立以来颁发的第一个班组建设的管理标准，是统一全公司班组建设的管理标准和考核评价体系，是规范和加强班组建设

的一份重要的指导性文件。该标准明确了班组建设的层级管理职责，规定了国家电网公司班组基础建设、安全建设、技能建设、创新建设、民主建设、思想建设、文化建设、班组长队伍建设八个方面的管理内容和要求，提出了班组建设工作检查与考核工作要求。

在此背景下，班组建设工作得到了各级领导的高度重视，并提到企业管理的重要议事日程上，以此作为夯实公司发展基础，增强公司可持续发展能力，建设一流队伍，提升公司品牌价值、培育优秀企业文化的重要平台和基本载体。2009 年，国网浙江电力认真贯彻落实国家电网公司《关于加强班组建设的实施意见》的精神，迅速成立了班组建设领导小组，下设办公室，综合协调推进加强班级建设各项工作。国网浙江电力对班组建设 30 条重点要求进行了具体细化，明确责任部门和相关内容，提出加强班组建设 3 年行动目标和工作重点，切实加强班组基础建设，推进班组管理信息化。国网浙江电力将分三个阶段，每个阶段下达工作计划，并进行考核验收，力争通过 3 年左右时间，90% 以上班组达到考核要求。国网浙江电力公司要求各级领导干部要充分认识加强班组建设的重要性，始终将班组建设作为公司工作的一项重要内容，常抓不懈；要坚持党政工团齐抓共管，注重分工合作，扎实推进班组建设的深入开展；要按照国家电网公司的要求，切实加强班组建设的组织领导，实行统一领导，分级管理，整体规划，分步实施，确保取得实效，全面提升公司班组建设水平。

2015 年以来，国网浙江电力组织六大专业开展基层班组信息调查，统计分析 308 个班组基本情况，形成《国网浙江省电力公司基层班组建设情况调查报告》，贯彻落实《国家电网公司"十三五"班组建设再提升工程指导意见》精神，组织公司"十三五"班组建设再提升工作讨论会，以"创新激励和思想导向"为工作重点，制定"1354"再提升工程目标，下发公司《关于进一步加强班组建设的若干意见》，编制形成《公司班组建设再提升工程实施方案》，形成公司 12 项班组建设再提升工程专项实施方案进展情况，修订下发《国网浙江省电力公司班组建设管理办法》，建立各级班组建设管理责任体系、班组建设标准以及班组硬件设施基本标准，召开公司 2016 年"互联网＋班组建设"论坛，组织基层联络员座谈会，下发《关于印发国网浙江省电力公司班组建设基层联络员管理办法的通知》，发挥联络员"下情上达"信息互通的积极作用。

二、加强班组管理，推动履责行动的落地实施

在国家电网公司总体要求和国网浙江电力细化制度规范的指引下，公司将全面社会责任融入到班组的日常工作中，保证了履责目标的落地和实施。

（一）强化班组建设落实安全管理要求

国网浙江电力结合电力行业的特殊性质，以强化班组建设落实安全管理要求，对社会负责，对用户负责，对员工负责，打造负责任的企业形象。首先，以安全目标责任制引导和约束班组安全建设。要求各班组结合自身实际制定可量化考核的安全目标，逐级签订安全承诺书（责任书），提高班组成员安全意识，并在此基础上建立健全安全生产责任制，全面有效落实班组长、安全员、工作负责人、工作许可人和班组成员的安全生产岗位职责。其次，强化操作过程中的安全管理。要求班组严格执行《电力安全工作规程》和相关规程规定现场作业，积极开展班组安全性评价、事故隐患排查治理、日常安全自查整改工作和安全日活动，并要求各个班组根据生产组织和作业管理流程，系统辨识和防范作业过程事故风险，落实安全组织措施、技术措施和应急预案相关措施，加强班组劳动保护和职业安全卫生工作，保障员工在生产劳动中的安全健康。最后，对于违反安全规定的行为和个人严肃处理。建立以班组长为第一责任人杜绝班组人员"三违"（违章指挥、违章作业、违反劳动纪律），并建立员工反违章常态机制，开展创无违章班组活动，制定班组反违章工作措施，对反违章工作进行总结分析和考核。

（二）加强技能培训提升班组技能水平

班组是企业的细胞，是保证国网浙江电力高效运营的关键。国网浙江电力通过加强培训、注重岗位实操并以科学的激励手段引导班组成员技能水平的有效提升，培育技艺精湛、业务精通、勤奋好学、开放包容的一线职工，完善班组长培养机制和职业发展通道，助推员工和班组的专业技能，满足服务于用户和社会需求的目标。首先，通过不断完善培训机制，加强班组培训资源建设（培训教材、课件和书籍）、建立开放式的学习系统（职工书屋、电子阅览室）等，以正式的岗位培训和非正式的自我学习和互相学习相结合，提升了班组人员的专业技能尤其是理论水平；其次，完善了岗位实训体系，通过开展师带徒、技术讲课、反事故演习、事故预想、计算机仿真模拟培训等活动，并定期组织开展劳动竞赛、技术比武、岗位练兵、知识竞赛、

技术交流等活动，提升班组的实操水平；再次，将激励机制融入到技能培训之中，在薪酬和岗位晋升中体现培训效果的差异性，以激励促进员工技能的提升；最后，构筑员工职业生涯阶梯式发展通道，拓展员工职业发展空间，形成员工职业生涯发展良性机制。

（三）优化行动机制激励班组创新行动

在"创建世界一流智能电网，创建世界一流企业"目标指引下，国网浙江电力将创新工作融入到企业班组工作中，通过开展"争先创优"活动和发动群众性经济技术创新活动，提升国网浙江电力的创新绩效，以创新行动助推企业社会责任目标的实现。第一，大力开展班组"创争"（创建学习型组织、争做知识型员工）活动，着力提高班组成员的学习能力、创新能力和竞争能力，并以小型、多样、新颖的班组学习活动激发员工学习兴趣，引导员工将学习与岗位创新、岗位成才相结合，实现工作学习化、学习工作化。第二，鼓励群众性经济技术创新活动的开展，鼓励岗位成员立足岗位创新，开展合理化建议、技术攻关、"五小"（小发明、小革新、小改造、小设计、小建议）、QC 小组等群众性经济技术创新活动，并加快创新成果转化，促进创新成果的推广应用，实现创新创效，为员工参加创新成果的评比和专利成果的申报创造条件。第三，进一步优化整合信息系统、台账记录、培训竞赛和检查评比考核，切实减轻班组负担，集中精力做好核心业务和创新工作，提升基层一线的管理效率、工作效能和服务质量。

专栏 8-3　国网宁波供电公司叶薿和他的劳模创新工作室

2014 年 12 月，在全国劳模创新工作室创建工作推进会上，国网宁波供电公司叶薿劳模创新工作室获全国总工会表彰，成为首批 97 个全国示范性劳模创新工作室之一，也是省电力系统中唯一获"全国示范"的创新工作室。叶薿是宁波电网高压电缆安装工作的领军人物、浙江省劳动模范、全国电力行业技术能手。他常说："工作不仅要有责任心，还要喜欢和爱自己的工作，不断钻研，努力做到最好。"常年驻扎工地，热浪风雨中抢工程，叶薿 24 年如一日，投身宁波电网建设，他见证了宁波高压电缆从 20 世纪 90 年代的 0.7 公里到如今 442 公里的飞跃发展。

劳模工作室成为文化、技术传播地。叶薿劳模创新工作室现有成员 60 人，平均年龄 32 岁，分电缆、电气试验、继电保护三个专业。"我的团队

都是兄弟，干活时拧成一股劲。如果我是一粒种子，团队就是一块土壤，能培养出一批劳模，获得好的收成。"叶蕡这样描述他与劳模创新工作室团队的关系。

工作室占地约 2800 平方米，内设模拟电缆线路室、安装实训室、陈列室、展示厅、多媒体教室、智能变电站建设调试大厅等，是高压电缆安装施工技术培训、实操训练、科技攻关、智能变电站调试基地。"工作室为年轻员工创造一个很好的创新平台，员工的创新想法可以在这里实现，攻克技术难题，对技能提升有很大帮助，同时也使电缆施工培训更加规范和系统。"叶蕡说。工作室独创多种基于工作现场的培训方式，营造电缆工作现场氛围，如实物对照模型、现场高仿设备、复杂流程 3D 演示、现场图片实物对照、DIY 教学设备和示范等。

工作室新开发的智能变电站建设调试中心主要承担智能变电站单体智能设备、保护自动化装置的集成测试和联调工作，完善变电站监控系统，如程序化操作、在线检测高级功能的测试和校验工作。"智能变电站建设调试中心投运一年以来，完成 1 座 220 千伏、4 座 110 千伏智能变电站的综合集成测试，改变了以往'现场调试＋启动试验'模式，既缩短工期，又保证工程零缺陷投运。"工作室继电保护专业负责人严江波说。

叶蕡带领工作室团队精心总结电缆安装工艺，经过一年多的拍摄制作，完成 8 套 110 千伏高压电缆及 10 千伏电缆安装工艺、基本操作技能教学视频，2013 年被国网浙江电力评为优秀培训课件，目前已准备出版。如今，叶蕡劳模创新工作室已成为国网宁波供电公司企业文化的传播地、劳模精神的传承地、技能技术的传授地。工作室团队荣获全国"安康杯"竞赛优胜班组、浙江省工人先锋号、国网浙江电力先进班组等多项殊荣。叶蕡劳模创新工作室组织完成几十项工程项目的设计优化，达到有利施工、缩短工期、节约投资的目的，取得大量创新成果。

作为优秀的班组管理人才，叶蕡根据电缆班组工作特点，总结出一套"把三关，走四步"基本工作法，入选国网浙江电力 2011 年班组建设先进经验，在全省推广应用。电缆工在变电站高压电缆户外终端安装时，需搭设脚手架作为操作平台，叶蕡发现由于间隔之间距离很近，而钢管脚手架管长达 6 米，存在很大安全风险。2013 年，叶蕡和他的弟兄们开展了绝缘快装电缆终端安装工作平台项目研究。通过对比材质、实际放样、优化设计、构件制作、反复试验，研制出贴近实际应用的"110 千伏及以上交联电缆户外终端安装快搭绝缘脚手架"。改进后的绝缘脚手架，大大提高施工人员工作效率和安全性。它的零部件最长为 2 米，几乎为零安全风险；搭设绝缘脚手架只需 1 小时，比搭设钢管脚手架节省 3 小时；由于符合人工学，使用时也更加合理，提高了施工人员的舒适性。目前这项技术革新已在 110 千伏新林变扩建等工程中应用，并在申请国家实用性专利。

针对目前电缆线路设备时常被盗情况，2013 年，叶薳带领团队成员在工作室的模拟线路上，试验拓展现有智能型电缆接地箱的实时在线监测功能，在电缆工作井、电缆终端塔安全围栏上加装红外或震动传感装置，实时监控防盗，及时报警，并启用视频系统把图像传输至监控平台，这使电缆线路防盗监控工作由人工检查，升级到电子科技设备实时远程监测，节省维护成本，提高工作效率。

另外，在劳模创新精神引领下，工作室取得一系列技术创新。如《基于选择性中压母线快速保护装置的试制及系统仿真试验的研究》获得全国电力职工技术成果奖一等奖；智能变电站建设调试中心项目入选国家电网新技术推广应用目录，获得国网浙江电力 2013 年"追求卓越"项目一等奖、国网宁波供电公司科技进步一等奖；《降低仪器借用出错频率》课题被宁波市建筑业协会评为 2013 优秀质量管理小组成果一等奖。

资料来源：《杭州日报》，2014 年 12 月 30 日。

三、开展绩效考核，实现班组行为嵌入社会责任

为推动班组在全面社会责任管理中的有效行动，国网浙江电力通过制定班组绩效考核标准，并开展先进班组评比，以绩效管理推动班组将履行社会责任融入到日常行动中（如表 8-1 所示）。

表 8－1   国网浙江电力班组建设考核表

序号	考评项目	考评内容	评分标准	标准分	责任部门
1		班组基础建设		20	
1.1	岗位及人员设置(2分)	1.1.1 按照公司有关规定的要求，设立班组，配齐班组人员	班组设置不符合规定，扣1分；相应岗位人员配备不齐全，扣0.2分/人	1	人资部
		1.1.2 班组岗位设置合理，职责明确，班委会分工清晰	岗位设置不合理，扣0.2分/岗；岗位职责不明确，扣0.2分/岗；班委会分工不清晰，扣0.5分/岗	1	人资部
1.2	工作过程管理(6分)	1.2.1 对应于本班组基本职责的每项工作，班组均应建立量化、可检查的目标值。班组应积极保障所承担的各项生产（工作）指标（任务）的实现	未建立量化、可检查的目标值，扣0.1分/项	0.5	生技部、营销部
		1.2.2 班组应按照主管单位（部门）下达的年度、月度工作计划，制定本班组月度工作实施计划，并按年度、月度检查分析计划完成情况，对未按计划完成的工作应有分析说明，对发现的问题、相应的改进措施应有跟踪记录。班组应根据自身实际工作需要，将月度工作计划细化为周计划、日计划或每个轮值计划等	未制定月度工作实施计划，扣1分；未检查分析计划完成情况，对发现的问题、相应的改进措施未进行跟踪记录，扣0.2分/次	1	生技部、营销部
		1.2.3 班组的工作项目或作业项目，应有相应标准或作业指导书（卡）等标准化作业文本。标准化作业文本应包含和符合上级有关法规、标准、制度、规范、文件的要求；应明确工作或作业全过程中对人、事、物的要求；应明确工作环节或作业环节中应填写的记录、报告、报表等，实现对关键环节进行控制和追溯。主管单位（部门）要定期组织对标准化作业文本执行情况进行评价，对班组在执行中反馈的意见和建议进行分析，不断完善标准化作业文本	未建立相应标准或作业指导书（卡），扣0.2分/项目；未明确工作或作业全过程中对人、事、物的要求，扣0.1分/项；未明确填写的记录、报告、报表等，扣0.1分/项目；未定期组织对相关标准或作业指导书执行情况进行评价，扣0.5分	1	生技部、营销部

序号	考评项目	考评内容	评分标准	标准分	责任部门
1.2	工作过程管理(6分)	1.2.4 班组应严格执行标准化作业文本的规定。作业前逐条对照并确认准备工作已全部完成；作业过程应严格按要求逐条实施，确认无漏项，并按规定填写记录、报告；作业结束必须做到工完料净场地清，经检查确认后方可进行验收	作业前未逐条对照并确认准备工作项目，扣 0.2 分/项目；作业过程未严格按要求逐条实施，扣 0.2 分/次；未按规定填写记录、报告，扣 0.2 分/次；作业结束未做到工完料净场地清，扣 0.2 分/次	2	生技部、营销部
		1.2.5 班组每项工作或作业项目均应明确负责人，对工作或作业项目全过程进行管理。对所负责的工作项目或作业项目进行检查，对问题提出改进建议，并对问题、原因、措施、完成情况进行跟踪和记录	作业项目未明确负责人，扣 1 分/项目；未对工作或作业项目进行全过程管理，扣 0.5 分/项目；对发现问题未提出改进建议，并进行跟踪和记录，扣 0.2 分/项目	1	生技部、营销部
		1.2.6 班组应定期对全面工作开展检查、总结，对存在问题提出改进意见和具体措施，并对问题、原因、措施、完成情况进行记录	未定期对工作进行检查、总结，扣 0.5 分；对存在问题无改进意见、整改措施和相应记录，扣 0.1 分/次	0.5	生技部、营销部
1.3	资料管理(4分)	1.3.1 班组资料包括管理规范、技术资料台账、综合性记录三种类型	未按要求建立管理规范、技术类资料台账、综合性记录，扣 1 分/类		生技部、营销部
		——管理规范包括班组应执行的各项管理标准、岗位工作标准、管理制度以及班组内部管理规定，是班组成员的行为规范和准则	管理规范不齐全，扣 0.1 分/项	2	生技部、营销部、办公室
		——技术资料台账包括班组应执行的用以指导生产作业的各项技术标准、规程、图纸、作业指导书（卡）及原始记录、专业报表等	技术资料台账不齐全，扣 0.1 分/项		生技部、营销部、办公室

续表

序号	考评项目	考评内容	评分标准	标准分	责任部门
1.3	资料管理(4分)	——综合性记录应有工作日志、安全活动记录、班务记录三种	缺少班组工作日志、安全活动记录、班务记录，扣0.3分/种		人资部、安监部
		a) 工作日志由班长记录班组每天工作开展情况	未按要求记录，扣0.1分/次		人资部
		b) 安全活动记录按相关规定记录安全活动的开展情况	未按要求记录，扣0.1分/次		安监部
		c) 班务记录主要记录班务会、民主生活会、班组学习培训、思想文化建设等班组管理工作的开展情况，各项活动可合并记录	未按要求记录，扣0.1分/次		工会办、思政部
		1.3.2 班组应分类建立资料台账目录并能检索到相应的文本，实现动态维护并保持其有效性。资料台账的管理应尽量使用电子文档，避免重复记录	未建立资料目录，扣1分；资料文本检索不方便，扣0.5分；缺少资料文本，扣0.1分；未动态维护版本有效性，扣0.1分	1	生技部、营销部、办公室
		1.3.3 各类资料台账、记录均应有记录格式、填写规定和管理要求，班组成员对其应清楚和掌握，并由专人管理。各类原始记录、台账、报表，要求资料完整、数据准确、内容真实	未建立资料台账填写规定和管理要求，扣1分；无专人管理，扣0.2分；资料不完整、数据不准确、内容不真实，扣0.1分/项	1	生技部、营销部、办公室
1.4	信息化管理(3.5分)	1.4.1 应按照公司信息化工作的相关要求，在专业管理信息系统中为班组信息化管理创造条件	无班组专业管理信息化平台，扣1分	1	人资部
		1.4.2 应在专业管理信息系统中建立班组设备电子档案、人员信息库、班组培训标准及试题库、班组资料管理等功能模块	未建立班组设备电子档案、人员信息库、培训标准及试题库、班组资料管理等功能模块，扣0.2分/项	1	生技部、营销部

续表

序号	考评项目	考评内容	评分标准	标准分	责任部门
1.4	信息化管理 (3.5分)	1.4.3 加强专业管理信息系统的培训,使班组成员掌握并熟练应用生产管理、营销管理及办公自动化等信息系统,提高班组信息化应用水平	未进行管理信息系统的培训,扣1分;抽查班组成员不能熟练应用系统功能,扣0.2分/人	1	生技部、营销部、办公室
		1.4.4 应建立班组建设信息化平台,反映工作动态,加强经验交流,促进共同提高	未利用信息化手段反映工作动态,进行经验交流,扣0.5分	0.5	人资部
1.5	文明管理 (4.5分)	1.5.1 应结合本单位实际,加强班组环境建设,统筹协调,改善班组成员工作、学习、生活条件	未明确班组环境建设要求,扣1分;未达到要求,扣0.5分	1	工会办、办公室
		1.5.2 班组实行定置管理,班容班貌做到"五净"(门窗、桌椅、资料柜、地面、墙壁干净)、"五齐"(桌椅放置、资料柜放置、桌面办公用品摆放、上墙图表悬挂、柜内资料物品摆放整齐)	未实行定置管理,扣0.3分;班容班貌未做到"五净"、"五齐",扣0.1分/处	0.5	办公室
		1.5.3 库房物品摆放整齐,保管条件符合要求,标志正确清晰,领用手续齐全	库房物品摆放不整齐,扣0.2分;物品标志不正确、不清晰,领用手续不齐全,扣0.1分/件	0.5	办公室
		1.5.4 卫生责任区域和室外生产区环境整洁。生活设施配置到位、摆放整齐,符合卫生条件	责任区域和生产区环境不整洁、场地不平整,有杂物、杂草、烟头,扣0.1分/处;生活设施配置不到位、不符合卫生条件,扣0.5分	1	办公室
		1.5.5 上岗员工着装符合劳动保护的要求,佩戴岗位标志	上岗员工着装不符合劳动保护的要求或未佩戴岗位标志,扣0.1分/人	0.5	工会办
		1.5.6 工作现场做到"四无"(无垃圾、无杂物、无积水、无油污)	工作现场未做到"四无",扣0.2分/处	1	安监部、办公室

续表

序号	考评项目	考评内容	评分标准	标准分	责任部门
2		班组安全建设		20	
2.1	安全目标及责任制（6分）	2.1.1 结合班组实际制定可量化考核的安全目标，逐级签订安全承诺书（责任书），提高班组成员安全意识	班组未制定可量化考核的安全目标，扣2分；未逐级签订安全责任书，扣0.2分/人	2	安监部
		2.1.2 年度班组全员安规考试合格率应达到100%	年度安规考试合格率未达到100%，扣1分	1	安监部
		2.1.3 建立健全安全生产责任制，全面有效落实班组长、安全员、工作负责人、工作许可人和班组成员的安全生产岗位职责	未建立健全安全责任制和监督控制体系，扣3分；未有效落实班组长、安全员、工作负责人、工作许可人、班组成员的安全生产岗位责任制，扣0.5分/岗	3	安监部
2.2	安全管理（8分）	2.2.1 作业现场的安全、技术措施必须严格执行《电力安全工作规程》和相关规程规定	作业现场的安全、技术措施未严格执行《电力安全工作规程》和相关规程规定，扣0.5分/处	2	安监部
		2.2.2 开展作业安全风险辨识和防范，根据生产组织和作业管理流程，系统辨识和防范作业过程中事故风险，落实安全组织措施、技术措施和应急预案相关措施，确保作业安全得到有效控制	未开展危险点动态分析和预控工作，未进行作业安全风险辨识，安全预控机制不完备，扣0.2分/项目；缺少安全生产应急预案，扣0.2分/项	2	安监部
		2.2.3 积极开展班组安全性评价、事故隐患排查治理、日常安全自查整改工作和安全日活动，落实员工"三不伤害"（不伤害自己、不伤害别人、不被别人伤害）要求，严格执行"两票三制"，坚持"四不放过"（事故原因不清楚不放过、事故责任者和应受教育者没有受到教育不放过、没有采取防范措施不放过、事故责任者没有受到处罚不放过）原则，深刻吸取事故教训，举一反三，落实整改措施，提高员工自我防范能力	未按"四不放过"的原则召开分析会，扣1分/次；事故原因分析不清、责任划分不明、责任者未受到处罚、未制定相应防范措施，扣1分/次；未开展安全性评价和自查整改工作，扣1分；未按照要求开展班组安全日活动，扣1分	3	安监部

续表

序号	考评项目	考评内容	评分标准	标准分	责任部门
2.2	安全管理（8分）	2.2.4 加强班组劳动保护和职业安全卫生工作，保障员工在生产劳动中的安全健康	未开展劳动保护和职业卫生检查，扣1分；发现影响员工安全健康的隐患，扣0.2分/处	1	安监部
2.3	反违章工作（6分）	2.3.1 认真执行各种安全规程和各项安全规章制度，以班组长为第一责任人杜绝班组人员"三违"（违章指挥、违章作业、违反劳动纪律）	未建立班组长为第一责任人的反违章工作机制，扣2分；发现有"三违"行为，扣2分	2	安监部
		2.3.2 建立员工反违章常态机制，开展创无违章班组活动	反违章常态机制不健全，扣1分；未开展创无违章班组相关活动，扣1分	2	安监部
		2.3.3 应制定班组反违章工作措施，对反违章工作进行总结分析和考核	未制定反违章工作措施，扣2分；反违章工作措施不健全，扣1分；对违章行为未进行考核处罚，扣0.5分/次；未对违章情况进行月度总结分析，扣0.5分/次	2	安监部
3		班组技能建设		10	
3.1	培训管理（4分）	3.1.1 不断完善培训机制，积极贯彻培训规范，加强现场培训，增强培训的针对性，提高员工实际操作技能水平和分析、解决问题的能力	未建立培训机制，扣0.5分；机制不完善，扣0.3分；培训方式单一，扣0.2分	1	营销部生技部
		3.1.2 加强班组培训资源建设，完善培训基础设施，提供充足的班组培训教材、课件和书籍，为员工创造良好的学习条件	培训设施不完善，扣0.3分；培训教材不充足，扣0.2分	0.5	人资部

续表

序号	考评项目	考评内容	评分标准	标准分	责任部门
3.1	培训管理（4分）	3.1.3 做好班组培训需求调查，制定满足生产需要和员工发展的培训计划，加强培训效果评估，建立并及时更新培训资料库，将员工培训情况和个人能力评价纳入人员信息库进行管理	未进行培训需求调查，扣0.2分；未制定相关培训计划或计划不能满足需求，扣0.5分；未进行培训效果评估，扣0.5分；未建立或未及时更新培训资料库，扣0.2分；未将培训情况和个人能力评价纳入人员信息库管理，扣0.3分	1	人资部
		3.1.4 合理安排工作计划，创造员工受训机会，做好受训员工的岗位补充支持工作。引导班组成员利用业余时间积极参与培训和业务学习，主动提升岗位工作能力	员工未及时按计划受训，扣0.2分/人	1	人资部
		3.1.5 应建立开放式的学习系统，发挥职工书屋、电子阅览室的作用，为班组提供必要的图书音像资料；充分发挥网络培训的作用，为班组提供学习交流的渠道和平台	未建立职工书屋或电子阅览室，扣0.5分；未利用网络培训方式，扣0.5分	0.5	人资部
3.2	岗位实训（4分）	3.2.1 应制定班组岗位实训计划，组织开展形式多样的班组岗位实训活动	未制定班组实训计划，扣0.5分；未完成实训计划或实训无记录，扣0.5分	1	人资部
		3.2.2 组织开展师带徒、技术讲课、反事故演习、事故预想、计算机仿真模拟培训等活动，提升班组成员岗位技能水平	未开展师带徒、技术讲课，未按规定开展反事故演习、重大应急处置预案未演练，未开展计算机仿真模拟等活动，扣0.2分/项	1	人资部、生技部、安监部、营销部
		3.2.3 组织开展劳动竞赛、技术比武、岗位练兵、知识竞赛、技术交流等活动，营造比、学、赶、帮、超的竞争氛围，促进员工岗位成才	未参加劳动竞赛、技术比武、岗位练兵、知识竞赛、技术交流活动，扣2分	2	生技部、营销部、工会办、人资部

续表

序号	考评项目	考评内容	评分标准	标准分	责任部门
3.3	激励措施（2分）	3.3.1 建立完善员工技能提升激励机制，创造员工技能提升的良好环境。员工培训成绩应纳入班组内部绩效考核，培训结果作为员工年度绩效考核的依据之一	未建立激励措施，扣1分；培训成绩未纳入绩效考核，扣0.5分	1	人资部
		3.3.2 对在各类竞赛中获得优秀成绩的班组和员工，应按规定给予相应的奖励	在竞赛中取得优异成绩，未按规定给予相应奖励，扣0.2分/次（人）	0.5	人资部
		3.3.3 构筑员工职业生涯阶梯式发展通道，拓展员工职业发展空间，形成员工职业生涯发展良性机制	无员工职业生涯规划，扣0.1分/人	0.5	人资部
4		班组创新建设		10	
4.1	"创争"活动（4分）	4.1.1 大力开展班组"创争"（创建学习型组织、争做知识型员工）活动，着力提高班组成员的学习能力、创新能力和竞争能力，增强班组的凝聚力、创造力、执行力，班组工作效率显著提高，自主管理水平明显提升	未开展班组"创争"活动，扣2分；"创争"活动无计划、无措施、未实施、未总结，各扣0.2分	2	人资部
		4.1.2 以小型、多样、新颖的班组学习活动激发员工学习兴趣，引导员工将学习与岗位创新、岗位成才相结合，实现工作学习化、学习工作化	学习活动未结合岗位实际，扣1分；工作与学习未有机融合，扣1分	2	人资部
4.2	群众性经济技术创新活动（6分）	4.2.1 培育创新思维，提高创新技能，立足岗位创新，开展合理化建议、技术攻关、"五小"（小发明、小革新、小改造、小设计、小建议）、QC小组等群众性经济技术创新活动	未开展合理化建议、技术攻关、"五小"、QC小组等群众性经济技术创新活动，各扣0.5分；活动开展无计划、无措施、未实施、未总结，各扣0.2分	3	生技部、工会办

续表

序号	考评项目	考评内容	评分标准	标准分	责任部门
4.2	群众性经济技术创新活动（6分）	4.2.2 加快创新成果转化，促进创新成果的推广应用，实现创新创效，为员工参加创新成果的评比和专利成果的申报创造条件	创新成果未推广应用，扣2分；未为员工创新成果的评比和专利申报创造条件，扣1分/项	3	生技部
5		班组民主建设		10	
5.1		建立班组民主管理制度，发挥班组民主管理作用，增强员工主人翁意识，调动员工参与企业发展决策的积极性	未建立班组民主管理制度，扣2分	2	工会办
5.2		积极引导员工参与班组民主管理，不定期召开班组民主生活会，及时征求员工对班组工作的意见和建议	未按规定召开班组民主生活会，扣0.5分；未征求员工对班组的工作意见，扣0.5分	1	工会办
5.3		实施班务公开，公开绩效考核、奖金分配、评先选优、岗位晋级等情况	未实施班务公开，扣3分；缺少公开内容，扣0.5分/项	3	工会办
5.4		开展绩效面谈和双向沟通，及时受理班组成员绩效意见反馈，妥善解决绩效考评的矛盾	未开展绩效面谈和沟通，扣0.5分；未受理班组绩效反馈意见，扣0.5分；未妥善处理绩效考评矛盾，扣1分	1	工会办
5.5		发挥员工在安全生产中的民主监督检查作用，做好劳动保护监督检查工作，提高员工的自我保护意识和能力	未按规定开展劳动保护监督检查，扣2分	2	工会办
5.6		围绕企业改革发展、安全生产、经营管理、优质服务、降本增效等方面开展建言献策活动	未开展建言献策活动，扣1分	1	工会办

续表

序号	考评项目	考评内容	评分标准	标准分	责任部门
6		班组思想建设		10	
6.1		加强政治理论学习，开展社会主义、爱国主义、集体主义教育，引导员工树立正确的世界观、人生观和价值观	未按规定开展政治理论学习，扣2分	2	思政部
6.2		抓好员工的职业道德教育，培育企业主人翁意识，牢固树立遵纪守法、诚实守信、乐于奉献的理念，强化服务意识，自觉维护企业形象	发生影响企业形象的行为，扣3分	3	思政部
6.3		开展创建工人先锋号、党员服务窗口、青年文明号、巾帼建功和岗位能手等创先争优活动，宣传先进典型，培育进取精神	未参加创先争优活动，扣1.5分；未开展先进典型宣传教育活动，扣0.5分	2	思政部、工会办、人资部
6.4		深入细致地做好员工思想政治工作，维护员工队伍稳定，保证班组各项工作任务的圆满完成	发生员工队伍不稳定现象，扣3分；由于思想政治工作不到位，出现违反公司信访工作规定行为的，扣2分	3	思政部、办公室
7		班组文化建设		10	
7.1		贯彻公司基本价值理念体系，弘扬"努力超越、追求卓越"的企业精神，践行"诚信、责任、创新、奉献"的核心价值观，履行社会责任，培育符合公司基本价值取向、特色鲜明的员工个人愿景和班组共同愿景，引导员工在推进公司发展中实现自身价值，努力实现公司和员工的共同发展	未进行公司基本价值理念体系的宣传教育活动，扣1分；无班组共同愿景，扣1分；缺少员工个人愿景，扣0.2分/人	2	思政部、工会办
7.2		组织开展健康向上、特色鲜明、形式多样的班组文体活动，培养员工高尚的道德情操	未开展班组文体活动，扣2分	2	思政部、工会办

续表

序号	考评项目	考评内容	评分标准	标准分	责任部门
7.3		加强班组团队建设，构建和谐班组，塑造班组良好形象，提升班组凝聚力、执行力和战斗力	存在不团结现象或影响班组整体形象行为，扣1分；凝聚力、执行力、战斗力不强，扣1分	2	思政部、工会办
7.4		创建"职工小家"、开展互助互济活动，营造班组团结和谐的氛围	未开展"职工小家"建设活动，扣2分	2	思政部、工会办
7.5		遵守公司行为准则，规范员工行为，培养员工文明习惯	发生违反公司行为准则的现象，扣2分	2	思政部、工会办
8		班组长队伍建设		10	
8.1	班组长选用（5分）	8.1.1 明确规定班组长选拔、任用的条件，规范班组长选拔程序，提倡竞聘上岗，保证班组长队伍整体素质	未规定班组长选拔、任用的条件，扣1分；班组长选拔程序不规范，扣2分	2	人资部
		8.1.2 合理规定班组长的责权利，落实并保障班组长待遇，保证职责和权利相互统一，以利于班组长组织开展工作	班组长责权利不落实、不统一，扣2分	2	人资部
		8.1.3 对班组长实行动态考核管理，建立班组长的激励机制，落实相应奖惩措施	未实施班组长动态考核，扣1分	1	人资部
8.2	班组长培养（5分）	8.2.1 建立班组长的培训制度及培训规划，加强班组长培养，提高班组长综合素质	未建立班组长培训制度及规划，扣1分；未按制度及规划开展培训，扣0.5分	1	人资部
		8.2.2 根据工作安排和班组长的个人特点，有针对性地安排班组长参加各类专业技能培训	未按要求参加班组长技能培训，扣1分	1	人资部

续表

序号	考评项目	考评内容	评分标准	标准分	责任部门
8.2	班组长培养（5分）	8.2.3 开展班组长管理能力专项培训，学习绩效、安全、质量等方面的现代管理方法和技巧	未开展班组长管理能力专项培训，扣1分	1	人资部
		8.2.4 组织班组长学习交流班组建设的先进经验和管理方法，开展班组长论坛、活动日、座谈会等交流活动	未开展班组长学习交流活动，扣1分	1	人资部
		8.2.5 重视班组长后备人才的选拔和培养，加强班组长后备人才储备，建立班组长后备人才库，形成合理的人才队伍梯次结构	未建立班组长后备人才库，扣1分；人才队伍梯次结构不合理，扣0.5分	1	人资部

资料来源：国网浙江电力。

2010 年，国家电网公司发布了《国家电网公司班组建设管理标准》，并部署开展"创建先进班组，争当工人先锋号"活动。国网浙江电力全面推进该项工作，班组建设水平快速提升，全年共产生公司系统先进班组 100 个，其中 3 个班组荣获"国家电网公司先进班组"称号。2012 年以后，在先进班组评比的基础上，国网浙江电力开始对班组开展星级评定，寄希望于全面开展星级班组评定培植 100 个五星级班组。

2016 年，在创建公司专业化"五星级班组"（工人先锋号）基础上，国网浙江电力组织申报"国家电网公司一流班组"7 个、"国家电网公司先进班组"65 个。班组建设创建氛围已逐步形成，其中宁波公司"加强班组建设提升员工自身价值"在 2016 年国网班组建设经验交流会上作交流，诸暨公司"班组挂点行动"典型案例入选《国家电网公司"十三五"班组建设工作手册》。

四、注重知识管理，将卓越班组履行行动理论化

在长期班组管理的基础上，国网浙江电力注重对经验的总结，将卓越班组行动上升到理论和示范层面，推动公司班组建设的全面进步。

2011 年，浙江公司从 100 个先进班组中选取了 50 个作为经验汇编，编入班组"八大建设"的先进经验共 131 条，集中反映了班组基础、安全、技能和创新建设的突出成绩以及民主、思想文化建设的良好进展。汇编体现了该公司系统班组建设的四大趋势：一是标准化，《班组建设管理标准》得到贯彻落实，班组标准化意识有较大提升；二是信息化，班组不断拓展信息技术的应用，工作效能不断提高；三是创新性，班组的创新意识不断增强，管理创新、科技创新和 QC 活动取得佳绩；四是"以人为本"理念彰显，职工小家、"家文化"、"七必访"、"人尽其才"、民主管理等理念和实践持续深入，职工的主人翁地位不断巩固，积极性和主动性得到充分发挥。[①] 2011 年5 月 26 日，浙江公司完成《2010 年度公司系统班组建设先进经验汇编》，131条先进经验为今后的班组建设工作提供了积极借鉴和参考。

第四节　岗位融合

岗位是企业组织的最基本单位，将社会责任融入岗位之中是保证社会责任最终落实到企业的根本。基于这一认识，国网浙江电力积极贯彻落实员工主体、全员参与的全面社会责任管理要求，强调公司没有与社会责任无关的人，发动一切可能发动的员工，调动一切可能调动的员工积极性和主动性，通过将社会责任导入各层级岗位，实现社会责任融入员工的日常工作。国网浙江电力为推进全面社会责任管理的落地实施，在企业社会责任理论的基础上创新性地提出了员工社会责任的基本理论框架，在此基础上制定了《责任员工行为准则》和《员工社会责任公民行为指引》作为对员工行为的制度指引，进而针对公司的每一个岗位制定详细的社会责任履责清单，构建了完善的员工社会责任岗位体系（如图 8 - 9 所示）。

---

① 信息来源：浙江省电力公司。

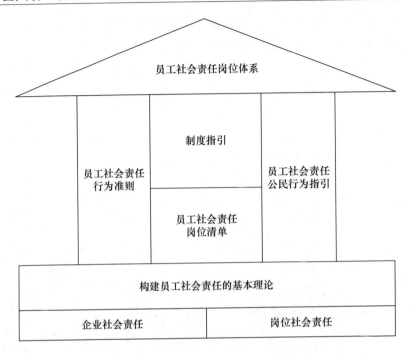

图 8 - 9 国网浙江电力岗位融入社会责任的总体模型

资料来源：作者绘制。

一、积极探索，构建员工社会责任理论

(一) 明确员工社会责任的内涵

社会责任领域的研究与实践，主要关注企业社会责任，尤其是在第二次工业革命后企业社会责任的发展日新月异。然而，对于其他主体的社会责任谈论相对较少。事实上，社会责任作为一种普适性的概念，同样适用于其他的社会对象或社会主体，比如，政府、非营利机构以及个人等。2010 年 11 月 1 日，国际标准化组织发布社会责任首个国际标准 ISO26000，将社会责任定位为所有主体的责任，这里所说的主体不仅包括企业，还包括政府、非营利性组织等。从 ISO26000 的角度来看，既然员工也是一种社会主体，那么员工自然也具有相应的社会责任，ISO2600 国际标准为提出员工社会责任理念、开展员工社会责任管理和实践提供了理论基础。

基于此，国网浙江电力对员工社会责任予以了专题研究，并给出了员工社会责任的定义。员工社会责任最基本的就是员工的社会责任行为，包括员工角色内的社会责任行为和员工角色外的社会责任行为。其中，员工角色内的行为是作为特定岗位的职工，开展工作过程中所需要履行的责任或具备的行为；员工角色外的行为是员工在八小时工作之外，作为社会公民所需要履行的责任或具备的行为。

（二）员工社会责任的理论逻辑

员工社会责任不是一个孤立的概念，它是企业社会责任基础的细化和延伸，也是对岗位社会责任的具体要求，它是国网浙江电力推进全面社会责任管理过程中的重要理论创新（如图 8 - 10 所示）。

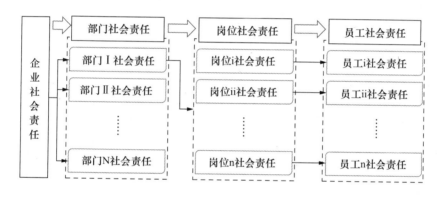

图 8 - 10 员工社会责任演进的现实逻辑

资料来源：作者绘制。

按照经典的职能式组织架构理论，企业由不同的职能部门组成，不同职能部门由各种不同的岗位构成，而不同的岗位又由相应的员工占据。也就是说，员工占据了岗位，岗位构成了职能部门，而职能部门的集合就是企业实体。对于企业社会责任而言，其目标或绩效的获得必然落实到公司的组成部门的社会责任管理或实践上。由于部门是由员工所占据的岗位组成，所以，员工社会责任实质上就是企业社会责任在员工所占据岗位上的分解或落实。无论是部门的社会责任，还是岗位的社会责任或员工的社会责任，均是对企业社会责任的反映。

（三）电网企业员工社会责任的具体内涵

对于具体的电网企业，员工社会责任具有电力行业的行业属性和个体企

国网浙江省电力公司考察

业属性。延续国家电网公司社会责任的脉络，国网浙江电力员工社会责任包括如下几个方面的内容。

首先，基于国网浙江电力的电网企业属性，首要的社会责任就是保障可靠、可信赖的电力供应，按照国家电网的规定或要求，这种保障可靠、可信赖的电力供应就是安全、高效、绿色、和谐的电力供应。由员工社会责任的逻辑来看，电网企业的这种保障可靠、可信赖的电力供应责任最终要通过层层落实的过程落实到具体的员工日常工作之中。所以，从国家电网角度来说，国网浙江电力员工社会责任中，最核心、最基础的内容就是怎么去服务、去支撑或保障供电公司保障可靠、可信赖的电力供应。

其次，电网企业的社会责任体现为负责任地对待每一个利益相关方，包括负责任地对待政府部门、负责任地对待当地社区、负责任地对待电力用户以及负责任地对待生态环境等。所以，从如何负责任地对待每一个利益相关方的角度来说，对于员工社会责任而言，就是在同利益相关方互动交流的过程中，表现出负责任的态度，体现为负责任的行为。

最后，电网企业的社会责任也表现为透明运营和自觉接受社会监督。作为自然垄断企业，国家电网的重大决策权力往往来自企业之外，比如电价的决定问题、重大的投资项目（比如特高压）等。所以，电网企业需要透明运营，要开展沟通，从而获取社会各界的理解与支持。因此，自觉接受社会监督、保持透明运营是电网企业重要的社会责任，也是员工社会责任的重要内容。

二、重构责任，融社会责任于岗位之中

在明确员工社会责任内涵的基础上，国网浙江电力以国网义乌供电公司为样本，从员工社会责任的角度重新梳理了所有岗位的职务说明书，以社会责任岗位清单的形式将社会责任融入到岗位之中。

（一）岗位清单的基本结构

具体来看，国网义乌供电公司包括四类岗位，分别为高层管理岗位、中层管理岗位、基层管理岗位和生产营销岗位，涉及部门包括安全监察部、办公室、财务资产部、党群部、发展建设部、客户服务中心（营销部）、人力资源部、调度控制中心、物流服务中心、运检部共10个部门和领导班子。员工社会责任岗位清单针对公司的每一个岗位制定，国网义乌供电公司有148

个岗位，不同岗位的职责不同，相应的也具有不同的员工社会责任内容。通过对高层管理岗位人员、中层管理岗位人员、基层管理岗位人员和生产营销岗位人员进行调研，以及对相关岗位的职务说明书进行分析考察，分别得出国网义乌供电公司148个岗位的社会责任清单。尽管不同岗位的社会责任清单内容不同，但是基本包括三个基本组成部分，分别为前置部分、主体部分和后置部分（如图8-11所示）。

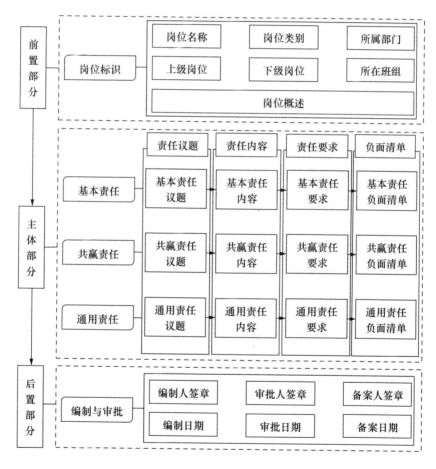

图8-11　国网义乌供电公司员工社会责任岗位清单内容框架

资料来源：国网义乌供电公司。

（1）前置部分标识了岗位的基本情况，包括岗位名称、岗位类别、所属部门、上级岗位（部门）、下级岗位（部门）、所在班组以及岗位概述。任何岗位均有岗位名称、岗位类别和岗位概述；除了高层管理人员没有上级岗位（部门），基层管理岗位人员和基层生产营销人员没有下级岗位（部门），其余岗位均有上级岗位（部门）和下级岗位（部门）；生产营销岗位均可归为特定的班组。

（2）主体部分是岗位清单的核心内容，包括基本责任、共赢责任和通用责任三个层面，每一个层面均包括责任议题、责任内容、责任要求和负面清单四个维度。其中，责任议题是员工开展社会责任的具体领域；责任内容是员工在特定责任议题之下开展社会责任的具体实践；责任要求标识了员工开展具体的责任内容所要达到的标准，分为定性要求和定量要求两个方面；负面清单则标识了员工不能开展的工作或具有的行为。

（3）后置部分标识了岗位清单的编制和审批情况，包括编制人签章和签章日期、审批人签章和签章日期、备案人签章和签章日期等内容。

（二）岗位社会责任的基本内容

岗位清单明确了企业各个岗位的社会责任内容，这些内容包括基本责任、共赢责任和通用责任三个方面。

1. 基本责任

基本责任是指员工在特定岗位上必须履行的责任，没有基本责任的履行，特定岗位的员工就不能较好地完成所在岗位上的工作。特定岗位的基本责任可能包括若干个基本责任议题，要完成特定的基本责任议题必须开展一些社会责任实践，这些社会责任实践内容构成了特定员工社会责任议题的内容。同特定责任议题之下的责任内容相对应，基本责任内容完成的好坏以及所达到的标准由责任要求来标识。在基本责任中，哪些员工不能开展的行动构成了负面清单的内容。基本责任同员工所在的岗位直接相关，不同岗位员工的基本责任不同。

2. 共赢责任

共赢责任是员工在履行基本责任的基础上，为了更好地做好工作，在同内外部利益相关方互动或开展可能对生态环境造成影响的活动时，致力于创造自身同内外部利益相关方和生态环境的共享价值，实现员工自身同内外部利益相关方和生态环境的共赢。

共赢责任包括三个方面的责任议题，分别为内部利益相关方责任、外部利益相关方责任和生态环境责任。内部利益相关方责任是员工在同公司内部利益相关方交流互动的过程中所担负的责任，包括部门内部沟通责任、部门之间沟通责任、自上而下落实责任和自下而上汇报责任四个方面的内容。外部利益相关责任是员工在同公司外部利益相关方交流互动的过程中所担负的责任，包括对政府部门、当地社区、电力用户、合作伙伴的责任以及安全生产责任。生态环境责任是员工在对生态环境可能造成影响时所担负的责任，包括节约资源、节约能源和保护环境三个方面的内容。

3. 通用责任

共赢责任具有岗位特异性，但是在共赢责任中，无论是内部利益相关责任，还是外部利益相关方责任，抑或是生态环境责任，均具有共性的内容，比如，生态环境责任中的绿色办公内容，是任何岗位均鼓励履行的共赢责任。为了突出共赢责任的岗位特异性内容，在员工社会责任岗位清单内容构建中，可以将共赢责任中共性的内容单独构建形成通用责任。由于通用责任是共赢责任中任何岗位均鼓励的那部分内容，所以，通用责任在责任议题方面也包括对内部利益相关方的责任、对外部利益相关方的责任以及对生态环境的责任。其中，内部利益相关方责任一般包括对上级岗位领导的责任、对部门同事的责任和部门内部沟通责任三个方面的内容；外部利益相关方责任一般表现为对当地社区的责任；生态环境责任体现为节约资源、节约能源和保护环境三个方面。

不仅如此，为了体现国有企业的所有制特点以及中共中央对于国有企业党员的要求，基于"党章"、党内准则、党内条例、党内规定、党内办法等党内制度体系，国网浙江电力提出"党员特别要求"，明确公司内部一般党员和领导干部党员在遵守一般责任之外还需遵守的行为规范。其中，"一般党员自律规范"是对所有党员员工的基本要求；"领导干部党员规范"为公司内部领导干部党员提出了更高的要求，非领导干部党员也需将此作为进一步规范自己行为的指南。

三、制定制度，指引员工社会责任行为

岗位清单描述了基于特定岗位的社会责任，但岗位从属于部门和企业，也内嵌于企业所存续的社会系统之中。国网义乌供电公司在制定岗位清单的基础上，制定了《国网义乌供电公司责任员工行为准则》和《国网义乌供电

公司责任公民行为指引》，以增强公司全体员工社会责任意识和公民道德意识，指引员工的社会责任行为。

（一）制定供电公司责任员工行为准则

《国网义乌供电公司责任员工行为准则》共包括 13 个部分，分别是总则、底线行为准则、基本行为准则、对工作负责、对同事负责、对政府负责、对客户负责、对伙伴负责、对社区负责、对环境负责、中层管理人员特别要求、高层管理人员特别要求以及附则（如表 8-2 所示）。其中，底线行为准则明确了员工的禁止行为，基本行为准则明确了员工需要遵守的基本规范，并在此基础上以岗位为立足点，以利益相关方视角明确了员工如何履行社会责任，并最后对中高层管理人员提出了更高的要求。

表 8-2　《国网义乌供电公司责任员工行为准则》主要内容

序号	责任对象	责任内容
1	对工作负责	爱岗敬业、勤奋创新、廉洁奉公
2	对同事负责	团结协作、互促互进、同心同德、和谐共处
3	对政府负责	执行政府决定、加强政企沟通、坚持廉洁交往
4	对客户负责	恪守服务宗旨、确保电能质量、坚持优质服务、增进沟通理解、提供便利环境
5	对伙伴负责	诚实守信、公平交易、公开透明、责任采购
6	对社区负责	参与社区共建、宣传电力知识
7	对环境负责	爱护办公环境、推行绿色办公、节约利用能源、厉行资源节约

资料来源：国网义乌供电公司。

（二）制定供电公司责任公民行为指引

《国网义乌供电公司责任公民行为指引》共包括 11 个部分，分别是总则、爱国守法、文明有礼、诚实守信、与人为善、勤俭节约、奉献社会、爱护环境、中层人员特别要求、高层人员特别要求和附则（如表 8-3 所示）。其中，员工的行为规范分为倡导的行为和抵制的行为两类，形成员工行为规范的两极。

表8-3   《国网义乌供电公司责任公民行为指引》主要内容

序号	行为规范	倡导的行为	抵制的行为
1	爱国守法	热爱祖国、热爱义乌、遵纪守法	禁止一切可能损害国家利益或民族团结的行为；禁止组织或参与聚众赌博、吸毒贩毒、卖淫嫖娼等违法犯罪活动；禁止参加任何非法组织的聚会及非法活动，不搞封建迷信；依法纳税，不准瞒报收入，不准偷税漏税；不准人为弄脏、损坏或侵占公共设施，不准占用、堵塞消防通道
2	文明有礼	文明举止、文明出行、文明观赏、文明旅游、文明上网	杜绝不文明的言行举止、不文明的交通行为、不文明的观赏行为、不文明的旅游行为、不文明的上网行为
3	诚实守信	真诚老实、信守承诺、诚信缴费、拾金不昧	不弄虚作假，不隐瞒欺骗，不损人利己；不乱许承诺，不拖欠债务，不失信于人；不违背合同约定，不恶意拖欠费用；捡到他人财物，不得损坏或占为己有
4	与人为善	孝敬老人、教育子女、家庭和谐、邻里和睦、热情待人	任何情况下，禁止使用家庭暴力；不故意隐瞒、欺骗家人，不做损害家庭利益的事；不准辱骂、虐待老人，不准逃避赡养父母义务；不得重男轻女，不得抛弃子女，不得溺爱子女；兄弟姐妹之间，不要为财产等利益纠纷你争我夺甚至反目成仇；不准嘲笑、诋毁他人，不得侵犯残疾人的合法权益
5	勤俭节约	勤奋进取、厉行节约、节约用水、节约用电、节约能源	反对享乐主义、反对奢靡之风、反对浪费粮食、反对浪费资源
6	奉献社会	参与志愿活动、助力文明创建、帮扶弱势群体、鼓励无偿献血、提倡见义勇为	遇到老人、小孩等弱势群体需要帮助，不可事不关己、漠然视之；公共利益或公民人身财产受到侵害时，不可见死不救、视而不见；不准帮助隐瞒或掩盖他人的违法违规行为
7	爱护环境	爱护公共环境、保护生态环境、减少环境污染、循环利用资源	禁止在所有室内公共场所和指定禁烟区域吸烟；禁止在非规定时间或禁放区域内燃放烟花爆竹；禁止捕杀、买卖国家保护动物，禁止破坏珍稀物种；不准在公共场所乱扔废弃物、乱涂乱写、乱贴广告；不准在街巷、楼道等公共空间违章搭建或堆放杂物；不准从天台、窗户、阳台向楼下乱扔杂物、乱倒脏水；不准随意践踏花草、摘花折枝，不准攀爬或砍伐树木；不准向河道内倾倒垃圾、污水、弃渣等；不准在河道中洗衣服、在河岸上洗车等；不准在小区内饲养家禽或有攻击性动物；早七点至晚七点之间，不准在室外遛放宠物

资料来源：国网义乌供电公司。

四、完善体系，实现社会责任与岗位融合

在"员工社会责任岗位清单"、"员工社会责任行为准则"和"员工社会责任公民行为指引"的基础上，国网义乌供电公司进一步构建了供电公司的岗位社会责任体系，形成了底线责任、基本责任、共赢责任、通用责任和公民责任共同支撑的企业岗位社会责任体系（如图 8 – 12 所示）。

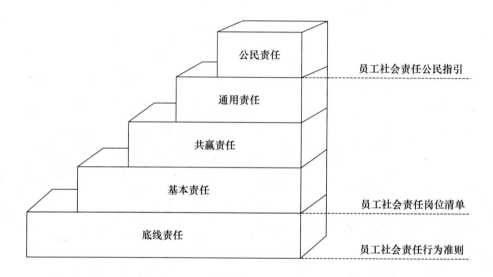

图 8 – 12 国网义乌供电公司员工社会责任行为制度体系框架

资料来源：作者绘制。

其中，"员工社会责任行为准则"是成为一名国网义乌供电公司员工的前提，对所有企业员工均适用，是"员工社会责任岗位履责清单"的底线责任。基本责任标识了成为一名员工之后，在特定岗位上履行岗位基本职责所承担的责任；共赢责任（通用责任）从公司内部利益相关方、外部利益相关方和生态环境的角度考察员工更好地完成岗位工作所承担的社会责任，基本责任和共赢责任（通用责任）为"员工社会责任岗位清单"内容。社会公民责任标识了员工八小时岗位工作之外作为社会公民所要承担的责任或义务，普遍适用于所有的员工，是国网义乌供电公司员工社会责任制度体系最高层次的鼓励内容。

综上所述，通过将社会责任融入战略管理、基础管理、职能管理和专项管理之中，国网浙江电力实现了社会责任与企业管理的深度融合；通过将社会责任融入到大规划、大建设、大运行、大检修以及大营销"五大体系"中，国网浙江电力实现了企业社会责任与电网企业专业的全面融合；通过强化制度建设、加强班组管理、开展绩效考核和知识管理，国网浙江电力实现了社会责任与班组的具体融合；通过构建完善的岗位社会责任体系，明确了岗位社会责任的底线责任、基础责任、共赢责任、通用责任和公民责任，国网浙江电力实现了社会责任与岗位的紧密融合。通过管理融合、专业融合、班组融合和岗位融合，国网浙江电力实现了社会责任与企业运营的全面融合。

第九章 社会责任绩效管理
——评价改进

绩效管理是全面社会责任管理的重要环节，它是指通过企业社会责任评价，对一定时期内企业的社会责任管理实践和效果进行评估，从而得到企业在一定时期内的社会责任水平或状况，进而为改善企业经营管理水平提供依据。国网浙江电力坚持社会责任的"闭环管理"（见图9-1），以激励和保障实现公司发展的经济、社会和环境的综合价值最大化为目标，主动探索社会责任绩效管理体系构建，建立健全企业社会责任指标体系，并通过开展定期评价和考核实现对社会责任绩效的过程管理，推动社会责任绩效持续改进，促进公司全面社会责任管理目标的有效实现。

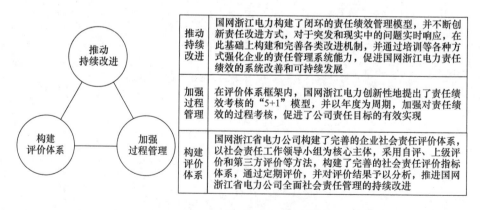

推动持续改进	国网浙江电力构建了闭环的责任绩效管理模型，并不断创新责任改进方式，对于突发和现实中的问题实时响应，在此基础上构建和完善各类改进机制，并通过培训等各种方式强化企业的责任管理系统能力，促进国网浙江电力责任绩效的系统改善和可持续发展
加强过程管理	在评价体系框架内，国网浙江电力创新性地提出了责任绩效考核的"5+1"模型，并以年度为周期，加强对责任绩效的过程考核，促进了公司责任目标的有效实现
构建评价体系	国网浙江省电力公司构建了完善的企业社会责任评价体系，以社会责任工作领导小组为核心主体，采用自评、上级评价和第三方评价等方法，构建了完善的社会责任评价指标体系，通过定期评价，并对评价结果予以分析，推进国网浙江省电力公司全面社会责任管理的持续改进

图9-1 国网浙江电力社会责任绩效管理的总体框架

资料来源：作者绘制。

第一节 构建评价体系

在理论界和实务界日益关注社会责任的新形势下，对企业履行社会责任的情况进行评价显得尤为重要（叶陈刚、曹波，2008）[①]。而且，"如果你不能度量它，那么你就不能管理它"[②]。企业社会责任评价是指通过一定的程序和过程，按照一定的标准或体系，通过直接或间接渠道收集企业的社会责任信息，对一定时期内的社会责任管理、实践和绩效进行评估，从而得到企业在一定时期内的社会责任水平或状况。按照这一定义，企业社会责任评价本质上是对企业社会责任的状况进行度量，并需要经过一定的程序和过程。在明确企业社会责任评价目标的基础上，确定社会责任评价的具体原则，由特定的评价主体对评价对象选择恰当的评价方法，构建科学的评价指标，按照一定的周期开展评价，最终得到评价的结果，进而为绩效改善提供依据。

国网浙江电力构建了完善的企业社会责任评价体系"八要素模型"（见图9-2和表9-1），以社会责任工作领导小组为核心主体，采用自评、上级评价和第三方评价等方法，构建了完善的社会责任评价指标体系，通过定期评价，并对评价结果予以分析，推进国网浙江电力全面社会责任管理的持续改进。

一、明确企业全面社会责任管理的评价主体

省公司人力资源部每年对省级各部门开展全面社会责任管理业绩考核，同时评估市级供电企业的社会责任绩效；各市级人力资源管理部门评估本单位各部门的社会责任绩效，同时评估县级供电企业的社会责任绩效（见图9-3）。

① 叶陈刚，曹波. 企业社会责任评价体系的构建 [J]. 财会月刊，2008（18）：41-44.
② Norman W. , Macdonald C. Getting to the Bottom of "Triple Bottom Line" [J]. Business Ethics Quarterly, 2004, 14（2）：243-262.

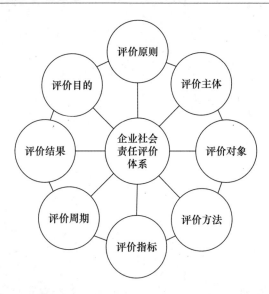

图9-2 国网浙江电力社会责任评价体系的"八要素模型"

资料来源：作者绘制。

表9-1 国网浙江电力社会责任评价体系一览

评价体系要素	内容
评价目的	通过评估、测量各部门及市、县各级供电企业的社会责任履行情况，及时识别、发现企业经营管理过程中存在的问题，并提出改进措施，促进企业的可持续发展
评价原则	满足客户、利益相关方和法律、法规的要求；确保全面社会责任管理标准的符合性和有效性
评价主体	人力资源管理部门是全面社会责任管理绩效考核的归口管理部门，社会责任办公室协助人力资源管理部门每年对省级各部门及市、县各级供电企业进行社会责任业绩考核
评价对象	省级人力资源管理部门每年对省级各部门开展全面社会责任管理业绩考核，同时评估市级供电企业的社会责任绩效；市级人力资源管理部门评估本单位各部门的社会责任绩效，同时评估县级供电企业的社会责任绩效
评价方法	人力资源管理部门协同社会责任办公室根据 CSR26000E 每年制定详细的评估办法
评价指标	全面社会责任管理绩效评估主要是考核社会责任工作领导小组的责任承诺和社会责任战略兑现及实施情况，省级各职能部门及市、县各级供电企业负责落实责任承诺和社会责任战略，责任承诺主要内容即供电企业全面社会责任管理的 14 项主题内容

续表

评价体系要素	内容
评价周期	年度评价
评价结果	全面社会责任管理绩效考核评估结果作为省级供电企业考核各职能部门和市、县各级供电企业的重要依据，纳入年终考核体系中

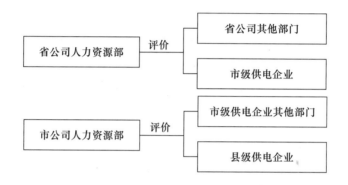

图9-3 国网浙江电力社会责任组织结构

资料来源：作者绘制。

二、多维互动确保对企业全面社会责任管理的有效评价

国网浙江电力建立了全面社会责任管理的部门、单位自评，省公司评价和第三方专业社会责任机构评价的三维互动的评价机制，以此来评价、测量各部门及市、县各级供电企业的履责情况。

（一）部门和单位自评

在省公司全面社会责任目标的指引下，各部门、市县级供电企业根据年度社会责任绩效考核指标实施自我评价和总结工作。自评的主要目的是查找自身在全面社会责任管理中可能存在的问题，为下一步提高自身履责绩效提出对策，指导下一阶段的经营管理行为。

（二）省公司评价

与自我评价相对应的是，国网浙江电力会从省公司角度对下属各部门、市县级供电企业实施社会责任评价。评价标准是年度社会责任绩效考核指标，目的是对下属各部门以及市县级供电企业履责行动与企业总体战略的匹配度予以评价，促进国网浙江电力的战略实现。

（三）第三方专业机构评价

为提高社会责任实施评价的专业化水平，国网浙江电力每年委托第三方专业社会责任机构对省公司整体及市县级供电企业社会责任实践情况进行评价（见图9－4）。

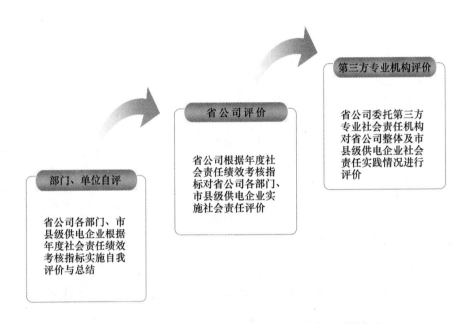

图9－4　国网浙江电力三维互动的企业社会责任评价方法

三、构建体系，引导全面社会责任管理评价目标实现

在CSR26000E标准指引下，国网浙江电力构建了全面社会责任管理的评价指标体系，这一体系是公司为反映和衡量公司整体、内部组织以及员工个人管理，公司运营对社会、环境以及利益相关者的影响效果和效率而设置的指标体系，是公司加强社会责任管理和考核、强化社会责任沟通、提升履行社会责任绩效的重要工具。

具体来看，国网浙江电力根据ISO26000社会责任国际指南、全球报告倡议组织G4、国家电网公司社会责任指南、DZCSR30000中国企业社会责任标准体系建立了一套完善的社会责任指标体系，包括责任治理、科学发展、安全供电、卓越管理、科技创新、优质服务、员工发展、伙伴共赢、企业公民、服务"三农"、沟通合作、环保低碳、全球视野和责任文化14个主题，由52个议题构成（见表9-2）。

表9-2　国网浙江电力社会责任指标体系

责任主题	责任议题	优先议题
责任治理	社会责任决策	★★
	社会责任组织	★★
	社会责任制度	★★
	社会责任推进	★★
科学发展	电网建设	★★★
	电网发展	★★★
	优化能源配置	★★★
	各级电网协调发展	★★★
安全供电	电网安全管理标准建设	★★★
	电网安全应急管理体系建设	★★★
	电网安全预控体系建设	★★★
	安全教育培训	★★★
	积极应对各种自然灾害和重要保供电任务	★★★
卓越管理	精细化管理	★★
	信息化管理	★★
	经营绩效提升	★★★
科技创新	完善科技创新体系	★★
	全面推进科技创新	★★
	创造一流科技成果	★★
	成果应用转换	★★
优质服务	践行优质服务	★★★
	提升服务水平	★★★
	提升客户满意度	★★★
员工发展	维护员工合法权益	★★★
	职业培训与发展	★★★

续表

责任主题	责任议题	优先议题
员工发展	职业健康与安全	★★★
	关心员工生活	★★★
	民主管理与监督	★★★
伙伴共赢	供应商社会责任管理	★★
	厂商链协调发展	★★★
	供应商合作共赢	★★★
	行业交流	★
企业公民	守法合规、诚实守信	★★★
	商业道德与社会公德	★★★
	社区参与管理	★★
	社会公益	★★
	志愿者服务	★★
服务"三农"	农电电气化建设	★★★
	农电管理	★★★
	农电队伍建设	★★
沟通合作	社会责任沟通机制	★★
	重大决策公开透明	★★★
	政府监管和社会监督	★★★
	利益相关方参与	★★★
环保低碳	环境管理标准	★★★
	价值链节能减排	★★★
	绿色发展	★★★
全球视野	国际运营	★★★
	国际合作交流	★
责任文化	责任价值观	★★
	责任形象提升	★★
	责任文化测评	★★

注：52个社会责任议题根据优先级设置了三个序列；★★★表示第一优先级，★★表示第二优先级，★表示第三优先级。

资料来源：国网浙江电力。

四、开展试点，检验企业全面社会责任管理体系

为推动国网浙江电力全面社会责任管理的有序实施，自 2009 年嘉善县供电局被国家电网公司确定为唯一一个社会责任管理试点县级供电企业开始，国网浙江电力积极通过试点探索和检验企业全面社会责任管理模式。2012 年，所辖国网嘉兴供电公司成为国家电网公司全面社会责任管理地市级试点单位。2013 年，国网浙江电力以企业社会责任国际标准建立起全面社会责任管理导则 CSR26000E，是第一家建立全面社会责任管理体系的国网公司。

2011 年，国网浙江电力确定了以构建嘉善供电局企业社会责任指标体系和指标评价体系为目标，建立与各管理体系相协调的全面社会责任管理体系，把社会责任 12 个方面融入企业日常运营和管理体系，在建设和运营电网的每一个方面、管理的每一个系统都有履行社会责任指标，把社会责任理念融入企业文化和生产经营的每一个环节，涵盖电网建设和运营的整个生命周期，并在战略、规划、计划、预算、日常管理、业绩考核的每一个过程都切实履行社会责任要求，实现与企业运营相关的价值链的整体优化，追求企业与社会的"和谐共成长"。在此基础上，从 2011 年下半年开始，嘉善供电局在 12 个指标的基础上，提取了比较典型的指标作为社会责任的指标体系，并细化成为 72 个指标（见表 9 - 3），作为县级供电企业全面社会责任管理的指标体系。

表 9 - 3 国网浙江电力嘉善供电局全面社会责任管理评级指标

一级指标	二级指标	
1. 科学发展	1.1	全社会用电量（亿千瓦时）
	1.2	电网建设投资（亿元）
	1.3	变电所个数（个数）
	1.4	资产总额（千元）
	1.5	投产 35 千伏及以上变电设备容量（千伏安）
	1.6	20 千伏用户覆盖率（%）

续表

一级指标	二级指标	
2. 安全供电	2.1	预警预案启动次数（次）
	2.2	应急演练启动次数（次）
	2.3	外力破坏抢修次数（次）
	2.4	人身/设备/电网（次）
	2.5	隐患排查条次数（条次）
	2.6	供电源备用率（%）
	2.7	高危及重要用户隐患治理服务/通知/报告到位率（%）
3. 卓越管理	3.1	同类企业排名
	3.2	企业获得荣誉次数（次）
	3.3	实现营业收入总额（千万元）
	3.4	实现利润总额（千万元）
	3.5	企业资质
4. 科技创新	4.1	科技投入（亿元）
	4.2	拥有专利数（项）
	4.3	远程集中抄表覆盖户数（户数）
	4.4	信息化系统上线率（%）
	4.5	员工电脑配置率（%）
	4.6	QC 小组活动成果（个/年）
	4.7	智能电网覆盖率（%）
5. 沟通合作	5.1	省级以上新闻媒体刊登篇数（篇）
	5.2	走访企业次数（次）
	5.3	发放调查表宣传品数量（张）
	5.4	大型业务活动次数（次/年）
	5.5	社会责任报告发放数量（本）
6. 全球视野	6.1	国际标准采标数（项）
	6.2	服务外资企业户数（户）
	6.3	国际新设备新技术采用数量
	6.4	境外在建工程技术项目（个）
7. 服务"三农"	7.1	新农村小区配电建设完成数（个）
	7.2	农网投资规模（亿元）

续表

一级指标	二级指标	
7. 服务"三农"	7.3	户户通电率（%）
	7.4	农电安全宣传次数（次/年）
	7.5	农网供电可靠率（%）
	7.6	农村客户端电压合格率（%）
	7.7	农户户均用电量（千瓦时）
	7.8	标准化营业所个数（个）
8. 环保节约	8.1	线损率（%）
	8.2	废旧材料无害化处理率（%）
	8.3	废旧物资回收值（千元）
	8.4	内部能源节约（千元）
	8.5	电网建设项目环评率（%）
	8.6	输变电设备噪声合格率（%）
9. 企业公民	9.1	上缴税收额（万元）
	9.2	对外捐赠总额（万元）
	9.3	员工志愿者服务人次（人次）
	9.4	义务献血次数（人次）
	9.5	社区共建活动次数（次/年）
10. 优质服务	10.1	用户投诉处置（次）
	10.2	第三方组织客户评价满意率（%）
	10.3	服务民生满意站所创建个数（个）
	10.4	业扩报装时限流程达标率（%）
	10.5	95598抢修服务队数量（个）
	10.6	抢修服务时限达标率（%）
	10.7	户均停电时间（小时）
	10.8	综合电压合格率（%）
11. 员工发展	11.1	全员培训率（%）
	11.2	员工培训投入（万元）
	11.3	高技能人才比例（%）
	11.4	女干部比例（%）
	11.5	工会组织覆盖率（%）

一级指标	二级指标	
12. 协作共赢	12.1	地方电厂上网电量（千瓦时）
	12.2	支付利息总额（千元）
	12.3	金融机构代收电费网点数（个）
	12.4	高压用户用电信息邮政服务（个）
	12.5	停电信息媒体发布（%）
	12.6	用电信息短信/电子邮箱服务（%）

资料来源：国网浙江电力嘉善供电局。

此外，为确保企业全面社会责任的有序推进，国网浙江电力在国家电网的指导下，以企业社会责任根植项目为依托，探索全面企业社会责任管理的实现。为保证根植项目效果的有效实现，国网浙江电力构建了企业社会责任根植项目评价指标体系，包括战略性、融合性、创新性、时效性、可持续性和可读性六个方面共18项指标。

第二节　加强过程管理

在建立完善的社会责任指标体系的基础上，国网浙江电力以过程管理推动社会责任目标的实现，并在推动过程中注重定期考核和评价，确保企业社会责任行动与企业整体战略目标相一致。

一、考核责任绩效

绩效考核是一个系统工程，它是在制定绩效考核计划的基础之上，对企业责任绩效予以全过程和全方位的监控，并选择恰当的方式对绩效予以评价，并注重过程中的反馈，进而促进绩效的改善，在整个过程中需要多维度和多方向的绩效沟通。国网浙江电力在责任绩效考核时，创新性地提出了责任绩效考核的"5+1"模型，为公司开展责任绩效考核提供了良好的方向指引（见图9-5）。

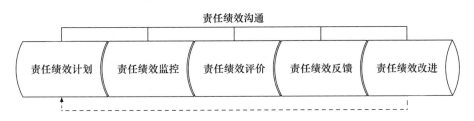

图 9 - 5　国网浙江电力社会责任考核的"5 + 1"模型

资料来源：作者绘制。

（一）责任绩效计划

责任计划包括制定责任目标计划和建立责任绩效标准两个方面，它是责任绩效管理过程的起点。制定责任绩效目标计划的主要依据是企业的战略目标，并结合所需要考核的对象职责来确定。国网浙江电力将双向沟通作为制定责任绩效计划的重要方法，促进管理者与部门、员工之间在绩效的期望问题上达成共识，并拟定部门绩效责任书和员工绩效合约。

1. 责任绩效计划的制定

责任绩效计划的制定是一个自上而下的目标确定过程，也是一个自下而上的目标回馈过程。首先，从最高层开始，将责任绩效目标层层分解到各部门，最终落实到个人。与此同时，在绩效计划的制定过程中，国网浙江电力高度重视绩效考核的对象（被考核部门、单位和员工）的广泛参与，在绩效管理相关专业团队的统筹安排下，形成了由人力资源管理的专业人员、外联部、各部门负责人、各部门兼职绩效管理员以及员工共同参与绩效计划制定的局面。在这个过程中，人力资源管理和社会责任管理的专业人员负责向部门负责人、部门兼职绩效管理员以及员工提供必要的指导和帮助，以确保公司本部绩效计划中确定的绩效结果和绩效标准具有相对稳定性，保证整个绩效管理系统的战略一致性。在人力资源专业管理和社会责任管理人员的指导下，各部门、单位和员工围绕如何更好地实现组织的目标而进行绩效计划工作。

2. 责任绩效计划制定的原则

为保证责任绩效目标的实现，国网浙江电力科学制定了责任绩效计划的相关原则。①公司发展战略与年度绩效计划相一致原则。在考核内容的选择和指标值的确定上，紧紧围绕公司的发展目标，自上而下地逐层进行分解、设计和选择。②流程系统化原则。与战略规划、企业经营计划、年度预算计划、人力资源管理等管理程序紧密相连，配套使用。③突出重点原则。在设定关键绩效指标时突出重点，选择与公司重大业绩指标关联度较大、与职位职责和工作任务结合更紧密的绩效指标和工作目标，不要追求以绩效指标来涵盖所有的管理问题。④可行性原则。关键绩效指标必须是可控的，界定在部门（员工）的职责和权利控制范围内。确定的目标要有挑战性，有一定的难度，既不宜过高，导致绩效目标无法实现而不具激励性，又不宜过低，不利于绩效提升。⑤全员参与原则。坚持多方参与，使各种利益冲突在绩效计划初期显现出来，便于制定的绩效计划更加科学、合理。

3. 责任绩效计划制定的主要工作

在制定责任绩效过程中，国网浙江电力明确了三项主要工作，分别是：

（1）准备工作。在计划制定之前，要做好相关信息的准备工作，这些信息主要包括公司的年度业绩指标、年度重点工作任务和各专业的年度工作计划类的公司信息，部门职责、部门上一年度的绩效评价结果以及各部门年度工作目标类的部门信息，员工的岗位职责、本岗位年度工作任务和该员工上一年度的绩效评价结果等员工信息。在完成这些信息收集的基础上，要进一步细化分类，并按照层级、专业的不同进行分析，并根据环境变化进行及时调整，为绩效计划的制定提供充分的依据。

（2）沟通工作。沟通工作是绩效计划阶段的核心，在沟通过程中，国网浙江电力积极营造平等宽松的沟通环境，首先回顾公司、部门和员工的有关信息，其次确定关键绩效指标，再次了解完成目标任务可能遇到的困难和障碍，最后确认沟通的成效并保持沟通的持续性。

（3）审定和确认工作。在绩效计划结束之前，形成一个管理者与被考核部门（员工）双方认可、协商一致的文档记录，明确被考核对象的绩效目标、实现绩效目标的工作结果、衡量工作结果的指标和标准、各项工作所占的权重等，然后由双方签字确认。

（二）责任绩效监控

责任绩效监控是绩效管理过程的中间环节，也是绩效管理流程中耗时最长、最关键的一个环节，这个环节能否顺利运行直接影响责任绩效管理成效，它包括从绩效计划形成起到目标实现为止的全部活动。国网浙江电力在责任绩效实施进程中全程动态地监控绩效过程是否与制定的绩效方向和进度出现偏差。

1. 明确责任绩效监控遵循的原则

为保证绩效监控的有效性、客观性和经济性，国网浙江电力制定责任绩效监控的具体原则，以指导实际监控过程中的行为。首先，需要考核者与被考核对象加强履责行为沟通，基于绩效目标定期检讨阶段性工作计划和阶段实绩有无偏差；其次，引入利益相关方对绩效结果与绩效目标予以研究分析，及时制定相关的改进和纠偏措施；最后，根据阶段性绩效监控结果，及时形成文档资料，作为最终责任绩效考核的依据。

2. 责任绩效监控的流程

针对不同的责任绩效主体，国网浙江电力采用不同的监控流程。对于部门和市县公司责任绩效监控，主要是回顾公司全面社会责任管理过程中的主要议题，指导下一阶段责任计划目标的实现；定期回顾市县公司和部门责任绩效目标的完成情况，以确保市县公司和部门业绩指标的受控及工作目标的最终实现；为部门正职的岗位责任绩效监控提供绩效数据来源。

岗位责任绩效监控主要是在公司日常运作中，考核双方全程动态地监控被考核人的绩效方向和进度是否出现偏差，其主要包括月度岗位回顾和年度岗位回顾，部门正职的年度责任绩效回顾结合部门的年度绩效回顾进行。

3. 责任绩效辅导

为提高绩效考核的有效性，国网浙江电力将责任绩效辅导作为责任绩效管理的重要内容。责任绩效管理强调考核双方的共同参与，强调考核双方形成绩效伙伴关系，共同完成绩效目标的过程，在绩效监控阶段，持续不断的绩效沟通辅导和绩效信息收集是最重要的两个阶段。

责任绩效辅导是保证员工完成绩效计划的重要手段，国网浙江电力将责任绩效辅导工作分为以下四个步骤：一是观察与反馈，即观察和了解被考核对象的绩效和行为，并给予一定的反馈。二是寻找问题和原因，对绩效改善不明显的查找原因，要求具体的行为改变，并视需要给予帮助。三是辅导分析，运用教导分析的方法找出原因，克服影响绩效的障碍。四是改进计划，在找出问题的基础上，改进绩效流程，确认方法，着眼于远期绩效目标的实现。

4. 责任绩效信息收集

责任绩效信息收集的主要目的包括：提供绩效评估事实的依据，结果判定需要明确的事实依据为支撑，通过工作过程中收集或记录部门、员工的相关信息，为下一步进行绩效评估提供依据；提供改进绩效的事实依据，为解释绩效管理中存在的问题和引发问题的原因、明确存在的不足提供客观有效的依据；发现绩效问题和产生优秀绩效的原因，收集绩效信息使我们积累一定的关键事件，发现优秀和不良绩效背后的原因，为改进绩效提供参考依据。

为提高信息的有效性和考核效率，国网浙江电力在收集信息时坚持如下两方面的原则：一方面，确保所收集的信息与关键绩效指标密切相关；另一方面，明确记录哪些信息，如未达到目标和标准的情况、关键事件数据、绩效突出或低下的具体证据等。在收集信息时，主要采用的绩效信息收集方法有工作记录法、问卷调查法、关键事件记录法、直接观察法、抽查法等。同时，在收集信息时注重利益相关方尤其是被考核对象的参与，确保信息的透明、真实、客观，并明确收集信息时的目的性，注意区分事实与推测。

（三）责任绩效评价

在获取完善、客观和有效的社会责任绩效信息的基础上，依据绩效评价的目标和标准，国网浙江电力人力资源管理部门协同社会责任办公室根据CSR26000E 每年制定详细的考核办法，并采用等级评分法、达标法、行为锚定法等，对下属单位、部门和员工个人履责目标完成情况，部门和员工工作职责履行程度，企业的整体责任绩效等进行评价。

1. 主要的责任绩效评价方法

国网浙江电力在责任绩效评价过程中主要采用的评价方法有等级评价法、达标法和行为锚定法。

（1）等级评价法。对于责任绩效指标，设定 4～5 个等级的目标，分为优秀、良好、基本完成、有差距和未完成几个等级，将被考核对象的目标完成情况与之相对应，最终确定被考核对象的绩效层次。这一方法是省公司对下属市公司和省公司职能部门责任绩效评价的常用方法，它可以有效地区分不同考核对象在履责绩效方面的差异。

（2）达标法。达标法是指预先设定相应的目标值，达到目标进行奖励加分或未达到目标进行惩罚减分，本质上是等级评分法的简化。对于责任绩效的评价，经常面临难以量化等问题，达标法以奖励加分和惩罚减分的方法，有效地解决了这一问题，这一方法也成为国网浙江电力责任绩效评价过程中最主要的方法。

（3）行为锚定法。行为锚定法是指以工作表现、工作态度、工作作风等典型情况为判断依据进行评价的方法。通过描述岗位工作可能发生的各种典型表现的不同情况进行衡量评分，并建立起相应的评分表，作为员工绩效评价的依据，对员工不同工作表现进行评价打分。这一方法对于责任绩效考核的员工对象具有较强的适应性，也是国网浙江电力对员工责任绩效评价的重要方法。

2. 责任绩效评价过程注重的关键事项

责任绩效评价本身是评价主体对评价对象的一种判断，受评价方法、评价标准、评价主体能力等方面的影响，在责任绩效评价过程中经常面临评价误差的问题。为最大限度地降低评价误差，国网浙江电力在责任绩效评价过程中将一些关键事项纳入考虑，最大限度地降低了评价误差。

首先，不断改进和优化评价标准，并创新评价工具，保证评价的科学性和有效性；其次，在评价过程中引入利益相关方参与，最大化地降低评价主体由于首因效应、晕轮效应、投射效应、近因效应等引致的主管偏差；再次，以透明和广泛参与的评价避免由于人际关系倾向导致的评价结果失真和不公平现象；最后，加强对考核者进行有关的培训，选取公正公平的人员作为考核人员。

（四）责任绩效反馈

责任绩效反馈是绩效评价的延伸，不仅能为员工指明努力方向，还可以激发员工的进取心和积极性。国网浙江电力构建了基于利益相关方视角的社会责任绩效反馈体系，实现了评价主体和评价对象对绩效评价结果达成共识，促进被考核对象认识到本绩效期内所取得的进步和存在的缺点，并促进其制定绩效改进计划，进而促进其在下一绩效管理周期的绩效目标和绩效标准的改进。

（五）责任绩效改进

责任绩效改进是根据被评价者在一定时期内有关责任绩效和责任能力改进和提高的系统计划，其中的核心是责任能力的改善。

企业社会责任能力的建设一般包括组织制度建设、学习能力培养、责任文化建设、责任管理工具开发几个方面。国网浙江电力构建了完善的责任能力改进方案，具体包括开展全员社会责任培训、举办社会责任重大活动、组织社会责任案例选编、规范社会责任根植项目、加强社会责任活动的外部交流等。

对于社会责任绩效的改善，国网浙江电力主要通过绩效结果与绩效指标的比较，利用绩效沟通过程，对与被评价者共同商议下一年度改进的方向与计划，对被评价者表现优秀的部分或专长，可以和上级一起讨论未来的规划与发展，并适当规划配套的培训。

（六）责任绩效沟通

在整个责任绩效管理的流程中，持续不断的绩效沟通是贯穿整个过程的重要部分。责任绩效沟通是否成功是决定绩效管理能否发挥作用的重要因素，是绩效管理进程中信息分享和交流的有效途径。由于工作条件和环境的快速变化，只有及时、顺畅的信息沟通才能及时应对管理面临的新问题、新要求。因此，国网浙江电力在改进公司责任绩效管理体系中充分运用绩效沟通这一有力工具。

1. 在责任评价各阶段沟通的重点

在责任绩效评价的不同阶段，国网浙江电力选择性地探寻相关的沟通重点。①在计划阶段，沟通主要是实现考核双方对工作目标和标准达成一致的过程。在这个阶段通过反复沟通确认的被考核方的工作目标和标准将成为期末开展绩效评价的依据。②在绩效辅导阶段，一方面，被考核者以沟通的方式总结汇报工作进展的情况，并就在完成工作中遇到的障碍寻求考核者的帮助和解决的办法；另一方面，考核者通过沟通了解被考核方的工作与目标计划之间出现的偏差，进行及时纠正。③绩效评价和反馈阶段，考核双方通过沟通对被考核方的工作进行合理公正和全面的评估，同时，就出现的问题及原因进行沟通分析，共同确定下一期改进的重点。

2. 绩效沟通的方式选择

为保证责任绩效沟通取得良好的效果，国网浙江电力采用定期的书面报告、不定期的绩效面谈以及定期的绩效会议沟通相结合的方法。①定期的书面报告。以文字或表格的形式，定期报告全面责任管理工作的进展情况、遇到的问题、所需支持以及计划变更等，包括年报、月报、季报、周报等工作日志等格式。在国网浙江电力公司本部，对于部门责任绩效的沟通主要采取工作月报的形式，并合并到公司的办公协同系统中进行常态化运行。②正式的单独面谈。正式单独面谈能进行比较深入的沟通，针对性和个异性比较强，有利于责任绩效沟通的持续开展，也能准确找到问题所在。国网浙江电力主要对部门和下属单位负责人采用这一沟通方式，以保证评价主体和评价对象之间的深度沟通。③定期的会议沟通。对于重要的责任绩效评价节点，如年度责任绩效考核之后，国网浙江电力会组织召开责任绩效考核动员会，对上期存在的问题以及下期的责任计划予以明确。此外，各部门和市县公司内部也会组织内部会议对部门和本单位的责任绩效评价结果予以总结。

二、注重定期考核

为保证责任绩效水平的改善，需要选择恰当的评价周期对浙江电力社会责任予以评价。评价周期的选择要适当，周期过短，会增加企业管理成本的开支；周期过长，又会降低评价的准确性，不利于绩效的改进，从而影响绩效管理的效果。在确定评价周期的过程中，需要考虑如下几个因素（见图9－6）：第一，评价对象的属性。一般来说，对于更大范围的评价对象，其评价成本更高，更长的评价周期更为经济。第二，评价指标的性质。不同的指标其性质是不同的，考核的周期也应不同，一般来说，性质稳定的指标考核周期相对要长一些，性质波动较大的指标考核周期相对就要短一些。第三，标准的性质。在确定考核周期时，还应当考核标准的性质，就是说考核周期的时间应当保证员工经过努力能够实现这些标准，这一点其实是和绩效标准的适度性联系在一起的。

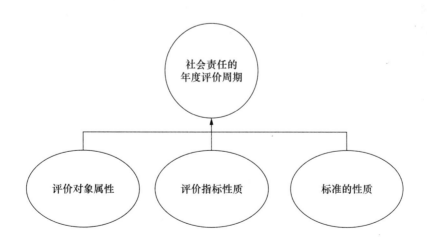

图9－6 国网浙江电力社会责任考核周期选择的关注因素

资料来源：作者绘制。

出于对上述因素的考虑，国网浙江电力结合年度工作总结，以年度为周期，每年开展一次整个公司的社会责任绩效衡量和各部室（单位）的社会责任绩效衡量，并对衡量结果进行年度之间的对比和深入分析，找出进步与不足之处，明确改进方向。

（一）融入年度综合绩效考核，对公司社会责任开展情况予以评价

按照国家电网公司企业负责人年度业绩考核指标，国网浙江电力设定了效率效益类和核心业务类指标，明确指标责任部门，并将考核指标分解落实到责任部门，纳入部门绩效考核指标中。对外联络部作为全面社会责任管理的本部职能部门，国网浙江电力每年对其社会责任工作开展的相关成果予以考核，并将部门负责人作为主要的考核对象，确保社会责任工作的有效开展。

对于下属市级供电企业全面社会责任管理的开展情况，由省公司人力资源部会同对外联络部，以市级供电企业负责人为考核对象，以年度业绩考核为载体，开展社会责任考核；市级供电企业人力资源部以年度为周期，对社会责任主责部门及主要负责人以年度为周期开展评价。对于县级供电公司社会责任开展情况，市级供电企业人力资源部对其按照年度周期予以评价。

（二）注重总结，以年度社会责任报告敦促各单位企业社会责任行动

国网浙江电力是国家电网公司系统最早发布社会责任报告的网省公司之一，自 2007 年国网浙江电力发布第一份企业社会责任报告以来，连续 10 年发布社会责任报告。并在省公司的基础上，积极推动市公司社会责任报告的编写，借鉴外部专家意见，将企业在年度的社会责任行动绩效以社会责任报告或白皮书形式体现出来，是对年度社会责任绩效的综合评价。通过开展全面社会责任管理，深入实施社会责任管理，创造企业社会责任发展的"浙江经验"，推动社会责任管理的融入和促进公司全面管理的提升。

通过将社会责任考核融入年度综合绩效考核以及发布的年度社会责任报告（白皮书），为国网浙江电力准确、及时把握公司全面社会责任管理的成效和改进提供了依据。

第三节　推动持续改进

在责任绩效考核的基础上，国网浙江电力通过多种方式和途径，促进企业责任绩效可持续发展。具体来看，国网浙江电力构建了闭环的责任绩效管理模型，并不断创新责任改进方式，对于突发和现实中的问题实时响应，在此基础上构建和完善各类改进机制，并通过培训等各种方式强化企业的责任管理系统能力，促进国网浙江电力责任绩效的系统改善和可持续发展（见图9－7）。

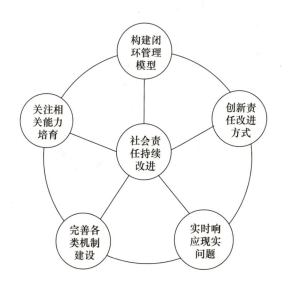

图9－7　国网浙江电力社会责任持续改进的总体框架

资料来源：作者绘制。

一、构建闭环管理模型，明确责任绩效持续改进路径

全面企业社会责任管理是一个持续的工作过程。国网浙江电力在实施全面社会责任管理的过程中，将责任评价、环境分析、需求识别、资源供给、

创新方式有机融合，将利益相关方需求和期望充分整合，以管理识别外部需求，组织建立持续改进和创新的过程，并为创新和改进过程提供必要的资源支持，推动企业各部门、过程的改进和创新，进而促进企业全面社会责任管理长期目标的实现和绩效的提升，实现公司全面社会责任管理能力的提升（见图9-8）。

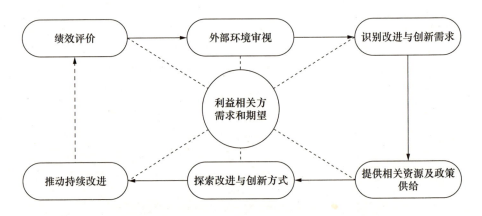

图9-8 国网浙江电力社会责任持续改进的闭环管理模型

资料来源：作者绘制。

第一，按照全面社会责任管理的指标体系和绩效管理体系，每年对企业全面社会责任管理的绩效予以评价，综合运用多种评价和分析技术，确保评价结果的科学性和有效性。

第二，对企业发展的外部环境全面扫描。运用PESTE分析法，对企业面临的政治、经济、社会文化、技术以及生态环境予以全方位的关注，并对当前全球社会责任管理的最新理论和实践予以扫描和总结，清晰勾勒出公司全面社会责任管理的环境轮廓。

第三，根据外部环境变化以及公司发展的需求，识别改进和创新需求。国网浙江电力积极响应国网公司全面社会责任管理需求，主动借鉴国内外一流企业社会责任管理的卓越实践，并加强与利益相关方的沟通与合作，明确外部利益相关方对企业的需求以及内部主体对管理、经营等方面的需求。

第四，为全面社会责任管理创新提供必要的资源和政策支持。国网浙江电力社会责任工作领导小组负责人在既有权限内的管理创新，使持续改进成为企业文化的一部分。具体来看，社会责任领导小组为企业绩效的持续改进和创新提供如下三个方面的资源和政策支持：①强化授权和分权，为员工提供参与改进活动的机会；②为员工、部门和下级单位创新提供必要的资金、人力资源、技术等方面的支持；③建立对改进的承认和奖励制度，实现对创新和改进的有效激励，持续提高改进过程自身的有效性和效率。

第五，通过工作的及时跟踪，并运用多种管理工具对工作效果予以评价，国网浙江电力组织部门和相关专家对评估成果进行综合运用，提出改进措施，分析其对企业盈利能力和实现战略目标的贡献，并建立了符合自身特点的激励政策，分享、推广改进成果，使改进活动步入良性循环。

二、创新责任改进方式，推动责任绩效创新发展

国网浙江电力在社会责任管理过程中，不断创新社会责任改进方式，具体包括如下三个方面：

首先，省公司结合全面社会责任战略及其实施计划，根据内外部客户和其他利益相关方的要求，基于卓越指标的层层分解，辅助其他部门制定各部门的创新计划，使创新活动与战略目标保持一致。

其次，省公司建立并保持管理创新控制程序的不断改进。在实施、测量改进与创新活动时，省公司积极保证组织到位、职责落实、制度完善、方法多样，并采用适当的方式进行跟踪管理。

最后，省公司综合运用科学的改进与创新方法，以确保改进与创新的成果和效率。具体包括创新管理方法和引入新的技术及工具：①针对公司全业务范围内以及不同层级企业和岗位面临的多种多样的问题，基于利益相关方视角，省公司充分发挥各级单位以及部门员工的智慧，采用员工合理化建议、QC 小组活动、六西格玛管理、业务流程再造等方式，促进多样化问题的有效解决。②根据企业实际经营过程中存在的问题，运用多种类型和先进的统计技术和其他工具，以促进问题的高效解决。

三、实时响应现实问题，补足责任绩效管理问题短板

国网浙江电力在社会责任绩效管理过程中，坚持问题导向，将全面社会责任管理理念融入实际问题的解决过程中，并通过对现实问题的解决补足公司在全面社会责任管理过程中存在的短板。例如，为解决玉树县偏远地区学

校的供电问题，国网浙江电力发起了"点亮玉树"行动，既实现了企业履责目标，又解决了困扰玉树多年的现实问题；为解决线路检修，尤其是高压、特高压线路检修的安全、成本和效率问题，国网浙江电力以管理创新为突破口，提出以优化变电设备巡检模式为抓手，整合智能巡检及管控技术，以推进智能巡检机器人应用，推动变电站辅助系统建设，建立差异化巡检机制为手段，开展实践工作，提升设备巡检质量和效率，从而提升运维人员资源利用率，取得了显著成效……这类实例不胜枚举。通过对问题的及时快速响应，国网浙江电力既解决了现实的问题，也促进了企业经营管理水平和效率的提升。

在促进现实问题解决的过程中，国网浙江电力极为重视利益相关方力量的发挥，将其整合到企业经营管理过程中，既获得了利益相关方的满意，也促进了绩效的改善。例如，为解决多年来困扰供电企业和农村用户的表后断电问题，嘉兴公司不断探索，先后开展了96345模式、光明驿站、居民表后服务站、红色义工模式等，既避免了无效抢修和减少了人财物的浪费，又降低了企业的经营成本，并提升了企业的品牌形象；为提升能源替代水平，满足国家和浙江省可持续发展的目标要求，国网嘉兴供电公司以专业化管理理念为指导，将政府、客户、供电企业凝聚起来，通过开辟绿色通道、定期开展技术交流、促动地方政府出台相关规定等方式，既帮助用户节约了成本，又提升了自身效益，并为政府可持续发展目标实现创造了条件。通过整合利益相关方，可以促进现实问题的及时解决，进而促进公司绩效的改善。

四、完善各类机制建设，形成责任绩效改进管理范式

国网浙江电力在全面社会责任管理过程中，不断探索相关的机制建设，并通过总结规范，将一些机制上升为管理范式，向其他基层单位乃至国网公司系统推进。

首先，在国家电网全面社会责任管理体系的总体要求下，国网浙江电力为确保全面社会责任管理在企业内的全面实施，构建了自上而下的管理机构。在公司社会责任工作领导小组的领导下，社会责任办公室负责日常工作，并设立社会责任专员和联络员。这一组织机构设计可以确保自上而下企业社会责任目标的分解以及行动的落实，并为自下而上的信息反馈与沟通创造了良好的条件，确保社会责任任务和信息的有效回馈。

其次，注重目标管理（MBO），确保年度和阶段性工作目标实现。国网浙江电力将自上而下的目标分解和自下而上的目标构成相结合，制定年度和阶段性工作计划，并制定计划实施方案，对工作推进过程予以监督并以备忘录的形式将任务目标记录并予以跟进，确保每一项工作目标按时、保质保量完成。

再次，不断完善社会责任根植项目机制，以点带面为全面社会责任管理奠定基础。在全面社会责任管理制度实施和推行之前，公司利用社会责任理念推动特定工作和业务，进而提升企业的管理提升和综合价值创造，这就是企业社会责任根植项目。自 2014 年实施社会责任根植项目以来，取得了良好的成绩，2015 年度就推进了 101 个社会责任根植项目。为了进一步巩固社会责任根植项目在全面社会责任管理中的作用，公司将社会责任根植项目制度化，编制了《企业社会责任管理落地根植研究：理论、方法、实践》，并将其上升为公司未来发展战略，提出开展责任根植基层"百千"行动计划（每年实施上百个社会责任根植项目，影响和带动上千人主动履责）。

最后，实事求是，促进全面企业社会责任管理从试点到全面推广。2009年，将国网嘉善供电公司作为电网公司唯一一家全面社会责任管理县级试点单位。2012 年 6 月，国网嘉兴供电公司被国网公司、国网浙江电力确立为地市级全面社会责任管理试点单位，通过试点，建立和完善了相应的组织机构，成立了实施全面社会责任管理领导小组，编制了《社会责任工作推进方案》、《基于国际标准的全面社会责任（CSR）管理手册》、《社会责任知识普及手册》、《全面社会责任管理文件体系》、《全面社会责任管理指标体系》、《全面社会责任管理感人故事案例集》等一系列制度文件，形成了一整套全面社会责任管理体系，为国网浙江电力在全省范围内推进全面社会责任管理提供参照。

此外，在总结全面社会责任管理实践中的经验教训以及试点经验方面，国网浙江电力不断积累，制定了一系列制度规范和指导手册，为未来全面社会责任管理提供指导。

五、关注相关能力培育，促进企业责任绩效系统改善

全面社会责任管理是为了实现企业的长期可持续发展。在这一原则指引下，国网浙江电力注重企业全面社会责任管理的能力培育，并通过能力培育促进企业的可持续成长。

国网浙江省电力公司考察

（1）注重培训，进一步提升人力资本存量。国网浙江电力构建了省市两个层面的培训机构，分别对经营管理人员和专业技术人员予以培训；将"走出去"和"请进来"相结合，为员工提升专业技能和综合素质打造平台；将理论培训与实践操作相结合，提升专业人员的能力水平；将专业培训和企业社会责任培训结合起来，促进企业社会责任与企业经营管理全流程的有效融合。

（2）促进发展，为员工成长构建多通道。结合企业的专业性质，国网浙江电力构建了管理、技术、技能的三类发展通道，并出台了《国网浙江电力人才发展通道实施办法》和《国网浙江电力管理、技术和技能人才发展通道选拔实施细则》等制度，为人员发展和成长提供了良好的内部环境。

（3）强化知识管理，以个人成长和单位成长助推企业成长。在实施全面社会责任管理过程中，国网浙江电力将试点单位、个人经验、根植项目等分散的实践和行动系统化，形成一系列企业知识，如《服务地方发展白皮书》、《社会责任工作推进方案》、《基于国际标准的全面社会责任（CSR）管理手册》、《社会责任知识普及手册》、《全面社会责任管理文件体系》、《全面社会责任管理指标体系》等，以全面社会责任管理成果的知识化和输出，为公司实施全面社会责任管理提供有效支撑。

综上所述，通过构建完善的社会责任评价体系，对不同层次、不同类型主体的社会责任绩效予以年度评价和考核，形成了完善、科学的社会责任评价体系，并在此基础上不断创新社会责任方式，推动国网浙江电力企业全面社会责任的持续改进。

第十章 实施全面社会责任管理的成效

国网浙江电力通过全面实施社会责任管理，实现了从内部管理到外部协作的双重素质提升。不但提升了企业的组织管理能力，而且实现了核心利益相关方的多方共赢，为浙江经济、社会发展和环境发展做出了显著的贡献。国网浙江公司实施全面社会责任带来的各方变化，可从组织管理、利益相关方管理和环境管理三个方面对全面实施企业社会责任管理的成效进行总结，具体可包括全面社会责任管理带来的企业发展和企业管理素质的提升；员工素质、利益相关方价值创造的提升；国网浙江电力全面社会责任管理带来的社会环境改善等正外部性效应。

第一节 提升员工整体素质

理论上讲，企业的社会责任管理能够对员工的组织公民行为产生直接或间接的影响。一方面，企业通过社会责任管理将企业的社会责任理念、可持续发展理念以及利益相关方管理理念等传递给员工，从而会对员工的个人行为、组织行为等产生影响，潜移默化地影响员工按照企业的社会责任观指导个人生活和工作，从而形成与企业社会责任观的契合。另一方面，企业通过全面社会责任管理，将会加强对员工责任的履行，加强对员工的关爱，从而提升员工对企业社会责任管理理念、社会责任观的认同感，加速企业全面社会责任管理融入员工管理。根据本次对国网浙江电力多个部门、多个地市公司的调研结果可以看出，国网浙江电力在实施全面社会责任管理以来，不但全方位履行了对员工这一核心利益相关方的社会责任，而且将社会责任理念潜移默化地根植于企业员工的行为中，使国网浙江电力员工的个人素质、组织公民素质、创新理念、专业素质等有了较大改观。

一、全面社会责任管理改善了员工的个人素质

根据大量文献的研究，对企业实施社会责任管理是落实企业社会责任观、探索社会责任落地、体现社会责任绩效的重要手段，从两个层面对员工的个人素质行为产生影响。一是通过企业的社会责任管理将企业社会责任观融入员工管理，会切实带动员工个人价值观与企业社会责任观的融合；二是通过企业对员工社会责任的履行，员工有更大的动力以企业社会责任观来指导个人行为。

（一）全面社会责任管理提升了员工的公益素养

全面社会责任管理实施以来，国网浙江电力在公益领域的实践明显增多，通过多种方式组织或参与公益活动，为公司赢得社会美誉的同时，也带动了员工对企业公益行为的认同，大大提升了员工的公益素养。

一方面，公司员工参与爱心公益的意识明显增强，参与人数明显增多。国网浙江电力通过构建扶贫帮困、爱心帮扶长效机制，成立员工爱心互助会，每年开展"冬送清凉、夏送温暖、平时送帮扶"以及学雷锋献爱心、金秋助学、结对帮扶、"姐妹献爱心"、志愿服务等活动。员工爱心志愿者数量明显增加，截至2014年，爱心互助会会员人数达68071人，接受捐款总额达2800余万元，累计补助住院治疗、住房毁损、生活困难、子女就学困难等会员5316人次，通过爱心互助会开展金秋助学、结对帮扶等活动，增加了爱心帮扶的力度。

另一方面，公司员工参与爱心公益的形式、内容逐渐多样化。实施全面社会责任管理以来的三年时间里，公司对爱心公益的理解从简单的捐钱捐物、救助贫困，扩展到与业务结合为社会困难人群提供专业用电服务，通过培育特色公益项目，大大拓展了爱心公益的外延。例如，深化"点亮玉树"公益行动、"国家电网公益基金会"建设等，积极结合浙江实际创新开展社区参与、社区建设等方面的公益项目，吸引了诸多员工的参与热情。

（二）责任文化改变了员工的行事准则

实施全面社会责任管理以来，随着公司社会责任观与业务管理的全面融合，以及社会责任根植项目不断推动其落地基层，越来越多的员工在实际工

作中的一些行事准则有了明显改观，从以企业利益为首要考虑，越来越转向注重从利益相关方角度换位思考、从社会发展大局出发，从领导高层到基层员工的行为原则有了明显的变化。以社会责任根植项目为例，在全面社会责任管理实践落地的过程中，地市公司领导和基层员工越来越关注到特殊群体的需求，解决问题的方式也从原先的被动回应变为主动管理。如国网舟山供电公司社会责任根植"黑楼道"过程中，由于涉及楼道灯产权问题，之前对弃管小区的用电户楼道灯停电问题往往是依据投诉被动回应；全面社会责任管理以后，通过积极联络利益相关方，主动、彻底地解决了弃管小区"黑楼道"监管空白的问题（见表10-1）。

表10-1　国网浙江电力地市公司社会责任根植项目服务特殊消费群体

项目名称	服务群体	负责任的服务方式	之前的服务方式
舟山公司"黑楼道"项目	弃管小区用电户	服务8000多户弃管小区用户	根据投诉被动响应
玉环公司"电小二"项目	"三改一拆"居民	拆迁表后服务得到保障	服务空白
龙游公司"村电共建"项目	农村用户	农网维护费用降低、表后用电响应及时	响应不及时，停电率较高
松阳公司"电力阳光服务便民图"项目	山区用户、留守儿童、军烈属、两保户、空巢老人	主动设计"电力阳光服务便民图"，提升响应时间；抢修工单下降10.91%，顾客满意度提升	无针对性服务；根据部分投诉被动响应；客户服务需求响应时间较长
嵊州公司"玠溪山乡茶叶发展"项目	茶农	主动设计，茶农年收入平均由3万元提升为3.5万元	被动响应

资料来源：作者整理。

二、全面社会责任管理改善了组织公民行为模式

有关企业社会责任管理和员工组织行为的诸多理论研究和实证分析表明，通过社会责任管理，对员工组织公民行为有明显的正向影响（何显富等，2011），不但能够提升员工的合作意识和组织协作，而且能够提升员工的满

意度和组织认同度。根据对国网浙江电力的调研情况发现，实施全面社会责任管理以来，员工的团队合作能力、组织满意度和组织认同感有所提升。

（一）全面社会责任管理提升了员工的团队合作能力

实施全面社会责任管理以来，通过更多地协同利益相关方开展工作、更多地联合其他部门解决问题的实践，在劳模工作室等平台建设、交流培训增多的条件下，国网浙江电力涌现出一批合作团队，活跃在企业的公益事业、业务合作、技术创新等多个领域，并取得了令人瞩目的合作成果。

（1）通过"师徒制"和"师带徒"的方式，培训了大量的创新型员工以及"1＋N"一专多能的合作团队。根据国网浙江电力2015年的统计数据，2015年国网共1067名专业技能人才通过与1394名员工结对进行技术教授，共评选出100对优秀师徒。其中地市公司通过劳模工作室也极大地激发了员工的创新热情，效果显著。例如，国网丽水供电公司在2015年开展师徒帮扶活动412次，组织参加各类竞赛培训3971人次，并有员工和研究成果入选省公司十大技术创新能手和全省先进职业操作法。

（2）以劳模工作室为平台，通过劳模等先进人物的引领和带动，培养出大量的创新型员工、创新性团队和大量的创新成果。目前，国网浙江电力已经成立8个劳模培训工作站，共150家劳模创新工作室和若干个劳模创新课题组、劳模敬业示范岗和劳模技能教学点。在沈佩琦、庄伟强、邵若珍、韩明华等劳模的带动下，实现了对员工创新能动性的深度挖掘。

（二）全面社会责任管理提升了员工的满意度

国网浙江电力在实施全面社会责任管理以来，进一步完善了对员工的关爱，通过基础平台建设等方式关爱员工的身心健康，使员工的组织满意度大幅提升，并且对企业的社会责任管理理念有了更多认同。

实施全面社会责任管理以来，国网浙江电力政工部企业统筹建设了快乐充电站和体能检测中心，在浙江省公司和各地市公司建设员工快乐充电站，投入近百万元为员工建设了体能检测中心，以工会牵头建设了阳光心灵家园，为员工进行心理服务。通过标准的职工活动中心建设、体育场馆建设，提供规范化的管理，如快乐充电站为职工提供锻炼身体、休闲娱乐的场所，得到了基层员工的一致好评。体能监测中心则为员工进行体检指标、体能指标的测试，形成体检报告，2015年近万名员工参与了体能测试，广受员工欢迎。阳光心灵家园特聘心理咨询师定期对员工进行心理辅导和疏解，解决了很多员工的后顾之忧，组织满意度大幅提升。

（三）全面社会责任管理提升了员工的组织认同感

实施全面社会责任管理以来，通过社会责任管理融入和社会责任根植基层，外部利益相关方的正面评价越来越多，国网浙江电力以及地市公司获得的利益相关方好评越来越多，政府或社会媒体授予的荣誉称号也越来越多，国网浙江电力负责任的形象逐渐建立起来，这让越来越多的员工感受到以社会责任理念行事带来的荣誉感、满足感，增强了对企业的组织认同感和对国网浙江电力社会责任观的认同感，员工个人工作更加投入。

三、全面社会责任管理培育了员工的责任创新理念

实施全面社会责任管理以来，以履行社会责任为出发点，员工以"社会多方共赢"为目标在专业技能和服务方面精益求精。

例如，为了保障用户不停电，技术员工就配电路线施工全面实施不停电作业，并进行了多项带电作业的创新。如衢州公司的输电运检室7人班组组成创新团队，在创新竞赛中创新性提出了"三维空间旋转作业法"，不但保障了客户用电安全，而且降低了带电作业的风险，节约了电量941.3万余度，创造了极高的经济社会综合价值。再以国网舟山供电公司为例，2015年，舟山公司以"精"、"安"、"实"、"省"为主线引导员工在劳动竞赛中培养创新精神，公司员工参与国家863项目1项，完成《AIS海缆综合监控报警系统》等重点技术研究，取得了国家专利51项，计算机软件著作权12项，创造经济效益8000余万元。嘉兴公司通过构建"风险预控、常态管理、应急处置"三位一体的电费回收模式，帮助很多地市公司将电费欠费记录纳入"公民个人信用评价系统"和"失信名单"，有效地实现了电费回收率的提升。在浙南温州，一年来该公司完成推广机场岸电、热泵、电采暖、港口岸电等电能替代项目104个，增售电量2.64亿千瓦时。

以劳模工作室为"孵化"平台，组织员工通过自选创新课题的形式进行技术创新或管理创新，成果丰富。例如，在"阿斌"服务队和"史文斌劳模创新工作室"的带动下，国网临安供电公司员工李宁积极投身供电技能和营销服务工作，承担了"穿心式电流互感器母线固定法"等10项创新课题；嘉兴海宁的全国劳模、全国五一劳动奖章获得者陈新益则取得了包括横担安装机器、带电安装驱鸟器、低压带电接线、应急救援等25项技术创新成果。

再如，浙江省职工高技能人才创新工作室"王建成劳模创新工作室"2015年获得6项国家专利。

四、全面社会责任管理提升了员工的专业素质

全面实施社会责任管理以来，国网浙江电力通过全面社会责任管理标准对员工进行社会责任理念的灌输和员工行为的规范，使员工的业务素质有了较大提升，具体表现在员工专业技能和员工创新能力的提升上。

（一）加强全员培训提升员工知识水平

履行员工责任的重要内容之一是对员工成长的责任。国网浙江电力实施全面社会责任管理以来，通过加强对员工的业务素质培训，提升了员工的专业素质水平。

目前，在工会、培训中心的带动下，形成了两大员工知识培训的平台。一是以培训中心为平台实施面对面知识教授与培训。目前由浙江省电力局下属的6个学校整合而成的培训中心，负责对员工进行知识培训和技能培训，每年约开展1000期左右的培训，并邀请劳模做培训师，2015年培训达5万人次。二是充分利用国家电网总公司开发的网络学习平台进行自主学习与培训。按照规定，员工需每年自主选择培训课程并获得200学分。三是不定期进行形式多样、跨地区的员工集中培训和专门培训。包括通过电话会议、网络会议等远程方式对员工进行集中培训，以及通过劳模工作室为载体进行专业领域的培训等。

（二）以考核、竞赛方式不断精进专业技能

全面社会责任管理强调多方共赢的理念。因此，在进行全面社会责任管理之后，国网浙江电力在以实现多方共赢的基础上，实现了员工专业技能素质的提升，并已经形成浙江公司建设职能上的特色部分。

国网浙江电力通过利用调考和劳动竞赛的方式，有效地激发了员工提升自身专业技能的积极性。一是由人资部通过调考方式开展员工劳动竞赛，员工专业知识水平明显提升。人资部调考每年一次，通过网络考试的方式，对生产人员、财务人员专业素质进行考试，根据排名选派成绩优异者前往北京参与进一步的专业技能培训和评比。二是由工会组织面向全社会的"三位一体"的劳动竞赛，有效地激励了员工的社会责任服务热情。国网浙江电力每年会选择一个技术工种，面向浙江省所有企业、组织和个人举办技术技能比

赛,近年来得到了人社厅等政府部门的支持,同时吸引了一些大企业员工的积极参与。

第二节 提升企业发展素质

一、企业发展理念转向可持续发展

实施全面社会责任管理之前,企业的发展理念偏重于经济绩效和财务绩效。这样的企业发展理念不利于国网总体实施的"两个转变"电力改革。2012 年国网浙江电力开始实施全面社会责任管理之后,企业的发展理念开始从经济绩效导向转向可持续发展导向。因此,国网浙江电力的发展战略不但要考虑企业经营目标的实现和提高,而且还要考虑其未来发展环境的可改善性和可持续性。

首先,实施全面社会责任管理以来,企业核心价值观加入了"责任",通过大力弘扬"努力超越、追求卓越"的企业精神,牢固树立"诚信、责任、创新、奉献"的核心价值观,全面履行社会责任,忠实践行"四个服务"宗旨(服务党和国家工作大局、服务电力客户、服务发电企业、服务经济社会发展),与政府、电力顾客、全体员工、主要供应商等建立了全方位、多渠道、多角度的沟通机制。这其中明确提出"全面履行社会责任",并且指明要将企业价值观、发展战略和绩效目标与利益相关方充分沟通和传播。其次,在战略执行过程中,国网浙江电力以全面社会责任管理的"社会综合价值提升"目标导向制定部门执行规划,这是企业发展转向可持续发展的重要步骤。

二、"两个转变"重大战略落实效果明显

从电网发展和企业发展两个层面来看,全面社会责任管理有效地促进了"两个转变"重大战略的落地。

(一)电网发展方式转变明显

(1)绿色供电能力持续提升。自实施全面社会责任管理以来,国网浙江

电力配合"三集五大"的改革目标，一直致力于进行电力生产供给端改革，通过开拓其他发电动能来源，实现了绿色供电能力的持续提升。根据对财务部、电科院等单位的调研情况，国网浙江电力在2015年通过攻关多个国家新能源863项目，成功建设了多个新能源发电的示范工程，有效降低了生产活动的社会成本。2015年，国网浙江电力通过实施燃煤机组有序调停和有序替代，提高机组发电负荷率，降低机组发电煤耗8.6克/千瓦时，节约标准煤262万吨，完成电能替代项目1686个，替代电量40亿千瓦时，减排二氧化碳398.8万吨。此外，很多清洁能源生产管理的替代项目大大提升了企业生产的环境友好性。如南麂、鹿西微电网示范工程项目，通过利用风力发电、光伏发电、储能发电三系统，预计实现节约标准煤1900吨，减排二氧化碳4335吨、二氧化硫38吨、粉尘19吨、灰渣380吨，并可减少相应废水排放（见图10-1）。此外，根据国家电网新能源发展的规划，2017年预计浙江风电、太阳能装机容量将分别达到200万千瓦和500万千瓦，可再生能源装机比重占电力装机比重20%，2023年要达到25%。

科技引领新能源发展

大力实施国家新能源领域863项目

➡ 开展含分布式电源的微电网关键技术研发，建成国内首个兆瓦级独立海岛智能微电网——温州南麂岛离网型和鹿西岛并网型微网示范工程

➡ 开展"高密度分布式能源接入交直流混合微电网关键技术"项目研究

➡ 开展"户用光伏智能微电网关键技术研究与示范"项目研究

➡ 开展"海上风电场送电系统与并网关键技术研究及应用"项目研究

温州南麂岛离网型和鹿西岛并网型微网示范工程

南麂、鹿西微电网由风力发电、光伏发电、储能发电三个系统组成，预计全年上网电量约570万千瓦时，每年可节约标准煤1900吨，减排二氧化碳约4335吨、二氧化硫约38吨、粉尘约19吨、灰渣约380吨，并减少相应的废水排放

图10-1　国家电网2015年新能源建设示范案例

资料来源：《国网浙江电力公司2015年服务浙江经济白皮书》。

（2）节能减排和电能替代成果明显，特高压供电节能成效显著。自2012

年6月国网浙江电力开展全面社会责任管理以来，一直将节能供电作为进行责任式生产管理的重要内容。通过社会责任管理融入"大规划"、"大建设"、"大运行"，国网浙江电力2015年协助社会用能企业开展节能和清洁能源利用，累计完成节能项目2357个，节约电能6.01亿千瓦时，节能减排能力大幅提升。通过2014年开展特高压供电节能项目，节能效果显著。2014年之前，浙江火电占比超过90%，燃煤机组常年高负荷率运转，生产对化石能源过度依赖。根据对财务部的访谈以及《服务浙江经济白皮书》（2013~2015）的统计数据，出于履行社会责任的考虑。2013年开始，国网浙江电力投资158亿元用于特高压哈密到郑州段的建设，并建成溪浙特高压直流线路，从四川运来800万千瓦清洁水电。2014年，通过特高压电网送入浙江的电量达372亿千瓦时，相当于节约省内标准煤消耗约1023万吨，减少二氧化碳排放约2700万吨，实现了生产供应环境成本的大幅降低。2015年，从三峡、溪洛渡等购入清洁水电，为1572个风电、光伏项目提供并网专属服务，消纳清洁能源1020亿千瓦时，占全社会用电量的28.7%。

（二）企业发展方式转变明显

（1）负责任的质量管理有效降低了生产过程对环境的负面影响。国网浙江电力积极履行社会责任，在注重经济效益的同时积极关注社会效益，通过召开媒体见面会和广告宣传等手段履行企业责任，同时广泛开展对客户回访工作和聘请第三方进行用户满意度调查工作，并适时举行有序用电演练和应急演练，建立危机应急处理机制，沟通社会各界，处理好公共关系，消除公众对大面积停电的隐忧。严格按照国家环境法律法规的要求，做好输变配电设施的环境保护评价和检测、验收、改进工作。持续投入大量资金对易造成环境污染的充油设备、必要场所灭火器等进行改造，更换成环保设备；专门聘请有资质的单位对生产运行中微波、电磁辐射、噪声等污染源进行监测评价。

（2）管理考核转型。节能减排项目的考核目标由收益考核转向节能考核，大大促进了各部门工作目标从"效益为先"向"责任为先"的转变。根据对浙江电科院的调研，全面社会责任管理实施以来，电科院为其他企业提供节能方案和节能服务，2015年组建了83个能效网络小组，协助企业开展节能和清洁利用，累计完成节能项目2367个，实现节能电量6.01亿千瓦时。这些服务并不以收益、成本等经济指标作为考核目标，而是从项目实现的节能绩效来进行考核。

三、创新模式更加开放

实施全面社会责任管理以来，国网浙江电力的创新理念也跟随企业发展理念的转变而发生了重要变化。在实施全面社会责任管理之前，企业的创新模式是封闭的，以通过集中优势理念进行重点技术攻关为主要创新模式；而在实施全面社会责任管理之后，随着社会责任管理理念和标准与企业管理的融合程度不断加深，以微创新为主，国网浙江电力的创新模式更加开放，呈现出创新主体多样化、创新数量扩大化、创新模式开放化的特征。

（一）创新主体呈现出平民化特征

实施全面社会责任管理以来，通过社会责任管理融入班组建设、员工社会责任宣讲和培训、社会责任绩效考核的实施，社会责任理念越来越得到普及，从而基层创新明显增多。以班组为基本单位，通过开展"争先创优"活动开展"大众创新"，产生了大量的群众性经济技术创新成果。以国网衢州供电公司的班组建设为例，2010 年以来，国网衢州供电公司输电运检室带电作业班积极从带点工作中的技术约束出发，在前期对带电作业工具进行微改进的基础上，不断通过连续技术优化和攻关，取得发明专利 2 项、实用新型专利 8 项，5 项专利成果在全省推广使用，班组还被评为国网浙江电力"五星级班组"、"青年安全示范岗"。根据 2015 年上半年的统计，该班组共实施带电作业 50 余次，共节约电量 941.3 万余度，增加经济效益近 950 多万元，不但确保了基层带电作业员工的安全，而且对线路安全稳定的运行提供了可靠的保障。由此可见，以班组为单位进行持续不断的基层微改进、微创新，成功实现了经济、社会综合效益的提升。

（二）以履责为出发点，微创新蜂拥而出

（1）以履行社会责任为出发点，重大技术创新、原始创新数量大大增加。从重大技术创新来看，以实现经济、社会、生态服务综合价值提升为导向，国网浙江电力实现了多项重大责任技术创新成果。2015 年投运的浙江舟山多端柔性直流输电示范工程突破了海缆输电的多项技术障碍，实现了 5 端换流站，单端换流站最大容量达 400 兆瓦，电压等级 ±200 千伏，成为当今世界柔性直流输电领域的最高技术水平，实现了"中国创造"和"中国引领"。"电池组快速更换系统集成技术研究与装备开发"和"电池组快速更换

系统集成技术研究与装备开发"863课题两个项目取得了丰硕成果，为实现海岛清洁能源做出了极大贡献。嘉兴在智能电网、电动汽车动力服务网络系统建设上成为了浙江省智慧城市建设的重大推动力，其中公司《高可靠性配电网接线研究及应用》项目荣获浙江省科技进步奖一等奖，并形成了7项专利、2项软件著作权，发表科技论文5篇，研究成果达到国际领先水平。

（2）实施全面社会责任管理以来，以履行社会责任为出发点，各部门及地市公司从部门到基层，微创新和微改进数量大幅提升。国网浙江电力在实施全面社会责任管理的过程中，通过从公司各个层面激励技术研发和创新，实现了技术水平的明显进步和创新实力的大幅提升，这成为支撑企业发展的核心实力。从省公司各部门（如电科院等）统筹进行技术研发，到各地市的基层班组进行岗位技术创新、开展合理化建议、技术攻关、"五小"（小发明、小革新、小改造、小设计、小建议）、QC小组等群众性经济技术创新活动，国网浙江电力形成了大量的技术创新成果。据统计，2015年共征集到105项创新成果，涉及智能电网建设、管理建设、客户智能用电服务创新、配网物资主动配送等技术创新成果以及员工绩效管理、财务管理等管理创新多个方面。

（三）创新模式多样化

（1）以社会责任理念为出发点，以"劳模工作室"为孵化平台的双创模式、项目制团队创新模式等多种模式共同推进创新发展能力的提升。以"劳模工作室"为孵化平台，组织员工通过自选创新课题的形式进行技术创新或管理创新，成果丰富。

（2）利益相关方合作开放式创新效果亮眼。以社会责任根植项目为基础，通过与利益相关方密切合作，涌现出涉及企业建设、规划、运行、营销、检修五大经营领域的创新成果。根据《国网浙江省电力公司2015年社会责任根植项目案例选编》，2015年国网浙江电力实施企业社会责任根植项目101个，以联合利益相关方共同处理问题为原则，各地市公司从优质服务创新、业务运营创新、安全供电创新、职能管理创新、公益工作创新、综合管理创新六个类别，实现了从企业内部管理到外部利益相关方管理等涉及企业各个领域的管理创新，形成了良好的创新绩效和经济社会综合价值提升。根据开展四大类配网不停电作业和电缆不停电作业项目，不停电作业次数增长10%；2014年开展配网不停电作业22.6万次；推行"主动式"供电服务，故障主动抢修 19.6 万次, 计划停电主动通知高压用户 10.4 万户; 开展为民服务百日行动, 深化优质服务无投诉竞赛, 供电服务承诺兑现率 99.99% 以上; 推进业扩报装提质提速, 实施业扩流程 "串改并", 试行低压业务受理 "免填单", 业扩平均接电时间缩短 26%。

四、企业核心能力由 "硬实力" 转向 "软实力"

实施全面社会责任管理之后, 随着企业社会责任理念融入各大领域、部门和岗位, 国网浙江电力的核心动态能力有了明显提升。之前, 企业的核心能力主要依靠企业的规模优势、垄断优势, 从而保持企业在市场竞争中的强势地位和高市场占有率。但是, 随着国家电力体制改革的不断推进, 再依靠垄断和规模优势将会越来越不利于企业竞争优势地位的保持, 而以实施全面社会责任管理为契机, 企业的核心动态能力开始从硬实力转向软实力, 大大提升了企业的组织学习能力和利益相关方动态管理能力。

(一) 企业信息化建设提升了企业利益相关方动态管理能力

全面社会责任管理融入五大运营体系后, 通过信息化建设和 "互联网 +" 的应用, 营销部门对外部利益相关方的诉求动态反馈和管理能力有了明显增强; 通过实现 "内部工作外部化、外部期望内部化", 检修部门、运行部门过于 "内部化" 的问题得到了很大程度上的解决 (见表 10 - 2)。

表 10 - 2　社会责任根植项目中五大部门参与情况

项目名称	参与部门	项目名称	参与部门
舟山公司 "黑楼道" 项目	运维部门、检修部门	嘉兴公司分布式光伏项目	规划部门、建设部门
海盐公司 "流动表箱" 项目	运维部门、检修部门、营销部门	宁波公司电能替代项目	规划部门、建设部门
绍兴公司 "电工鲁师傅" 项目	检修部门	嘉善公司光伏电站并网项目	规划部门、运维部门

续表

项目名称	参与部门	项目名称	参与部门
温州公司小微园区项目	运维部门、检修部门	嵊州公司山乡产业项目	检修部门、营销部门
环公司"电小二"项目	运维部门	台州路桥供电公司光伏产业落地项目	规划部门、建设部门、营销部门
龙游公司"村电共建"项目	运维部门、检修部门	丽水公司清洁能源项目	规划部门、建设部门
松阳公司"电力阳光服务便民图"项目	运维部门、检修部门	永嘉公司"云服务"项目	检修部门、营销部门
金华公司农村表后社会化服务项目	运维部门、检修部门、营销部门	长兴公司"智能总保"项目	检修部门
岱山公司海岛客户项目	规划部门、营销部门		

资料来源：作者整理。

（1）营销部门对利益相关方的动态管理效率提升了客户、政府等多个利益相关方的满意度。国网浙江电力自2013年开展"六位一体"智能互动服务体系建设，以微信、微博、95598互动网站、手机APP、短信、彩信为手段开展优质服务管理，提升运营效率，如今取得了良好的成效。一方面，"互联网＋电力营销"模式以用户需求为导向，赢得了客户满意度，如开展电、水、气、热"四表合一"试点，安装完成智能电表512万只，实现智能电表全覆盖和用户信息全采集；建设企业级大数据云服务平台，接入生产、营销等22套核心系统全量数据；在国网公司系统率先开展运监业务主题库建设，识别各类异动2.7万个。另一方面，"互联网＋利益相关方管理平台"以利益相关方及时、透明沟通为目标，实现了利益相关方沟通效率和满意度的提升。以企业社会责任根植项目为例，越来越多的企业在解决具体业务问题时，会寻求微信、APP等互联网平台的帮助，实现资源和信息的共享以及多方及时沟通。

（2）从运营、检修、规划、建设等部门参与全面社会责任管理、社会责任根植项目的情况来看，过于内部化问题得到了明显解决。通过《2015年国网浙江省电力公司企业社会责任根植项目白皮书》来看，通过与利益相关方合作改进的优质服务、业务运营、安全供电等方面的 28 个项目中，大部分涉及该四个部门的参与，与利益相关方的互动、联系明显增加，内部化问题有了明显解决。

（二）全面社会责任管理提升了企业的组织学习能力

（1）组织开放性提升，增加了与外界沟通学习的渠道。通过全面社会责任管理，配合社会责任根植项目的落地时间，国网浙江电力及其地市公司与外界的沟通合作明显增多，寻求借鉴、学习的渠道也有了很大程度的拓宽，组织学习模式从原先的封闭式自我提升为主，转变为以利益相关方合作、跨部门合作和员工自我提升等多种组织学习模式相结合，组织创新能力、管理能力、资源配置能力明显提升。从创新成果来看，产生了诸多与利益相关方合作进行的管理创新，与其他科研部门合作产生的原创创新、重大技术创新等。从管理效率提升来看，通过与政府、其他企业、媒体沟通的增加，企业内部管理效率有效改进，如劳动用工规范、财务管理集约化、物资采购透明化等有了明显提升，外部利益相关方满意度也有了较大提升。

（2）项目制提升了组织灵活性，增进了部门之间、企业与外部利益相关方之间的沟通，从而加快了学习速度和效率。国网浙江电力实施全面社会责任管理以来，公司各部门以及各地市公司以社会责任根植项目为基础，产生了很多项目制创新团队，产生了丰富的重大创新成果。例如，由国网浙江电科院环化技术室最初在社会责任根植项目实施过程中成立的"科技绿"党员志愿者服务队，以社会责任管理理念为引导，其责任创新成果带来了极大的综合收益。利用 3000 余万元的科研投入，通过主持 8 个省市级科技项目、参与 2 个国家级重大项目，为社会和企业带来了不菲的综合收益。减排电厂循环冷却水废水技术年减排废水量 4000 余万吨，保护了海洋生态；累计完成了 45 台统调机组的脱硝改造工程的调试、喷氨优化工作，并且将 300 兆瓦及以上机组的脱硫系统投用率提高到 100%。

第三节　提升企业管理素质

国网浙江电力公司实施全面社会责任管理以来，将"责任"写入企业核心价值观，提出全面履行社会责任，有效地提升了企业的管理绩效。

一、战略决策更加科学

自国网浙江电力开展全面社会责任管理以来，战略决策过程中充分考虑利益相关方的融入，听取利益相关各方的意见，不但有效地规避了社会风险，而且保障一系列重大决策能够获得政府、社会等利益相关方的支持。

（一）利益相关方对浙江电力决策支持度提升

自实施全面社会责任管理以来，浙江电力公司与利益相关方的沟通机制由一事一议沟通转向全面系统沟通，以"国网浙江电力沟通机制"为指导与利益相关方沟通，战略决策过程中充分融入了与利益相关方的沟通交流（见表 10 - 3、表 10 - 4），重大决策不但有效地避免了社会风险，而且得到的社会支持程度大幅提升。

表 10 - 3　国网浙江电力及地市公司战略决策过程的利益相关方参与情况

决策主体	战略决策内容	决策过程的外部参与方
浙江省公司	能源互联网建设	浙江省政府
浙江省公司	重点项目服务浙江产业升级	浙江省政府
浙江省公司	节能减排	浙江省政府
浙西公司	"互联网＋电网"双网发展战略	浙西政府、淘宝村、电商企业
浙江省公司	能源替代	小微企业、浙江省政府
浙江黄岩公司	智能配网建设	特色小镇、黄岩政府、光伏企业、智能电网研究机构

资料来源：作者整理。

表 10 - 4　国网浙江电力沟通机制

利益相关方	沟通主要内容	沟通机制	沟通目标
政府	电力供应与保障 电力优质服务 电力行业科学发展 守法合规、增长税收 扩大就业、惠及民生 确保安全、绿色发展	专题汇报、专题座谈会 统计准确、信息及时 领导督察、行政交流 现场调研	诚信合规 地方战略调整 完善内部管理

续表

利益相关方		沟通主要内容	沟通机制	沟通目标
客户		供电稳定性 电价公开、信息公开 电力费用情况、服务质量 客户投诉处理	客户满意度调查 切实推动基层调研工作 客户互动，及时发布信息 召开意见征询会 邀请社会代表现场体验 投诉、反馈电话热线	了解客户需求 分析市场动态 完善服务机制 推动电力发展
员工		全面保障员工各项权益 企业文化建设 员工职业生涯发展 员工合理化建议	职工代表大会 员工手册等规章制度 员工岗位培训 安全教育培训 信访接待、员工投诉箱	满足员工合理需求 改进人力资源管理 提升员工幸福度
合作伙伴	供应商	规范合作协议 提高商业信用度 合作共赢及发展	商务谈判、招投标 发布相关信息公告 召开透明合作座谈会 定期走访、合作协议 公文及函电往来 网站、报刊等信息公告平台 咨询座谈会	彼此了解 成果分享 合作伙伴 共生共荣
	其他合作伙伴	电力交易计划等信息 电力行业发展计划 业务拓展领域 潜在合作机会		
社会		参与公益事业 "美丽浙江"建设 促进社会和谐	公益活动 绿色电网推广 举办、参与和谐社会共建活动	建立沟通交流机制 有效加大公益投入
媒体		社会发展贡献率 综合发展价值 公众满意度	发布预告 新闻发布会 报刊、电视台、网络多渠道 传播	优化舆论环境 提升品牌形象

资料来源：国网浙江电力外联部。

（二）战略决策标准更加科学

自实施全面社会责任管理以来，国网浙江电力的战略决策标准更加全面、科学。以"诚信、责任、创新、奉献"为核心价值观，在进行决策的过程中，立足于"服务浙江经济社会发展目标"，国网浙江电力公司强调全面履行社会责任、忠实践行"四个服务"宗旨（服务党和国家工作大局、服务电力客户、服务发电企业、服务经济社会发展）。战略决策的标准体系不但包含宏观和微观环境、顾客与市场等关键因素指标，如政治法律环境、经济环境、社会环境、竞争环境、技术发展、人力资源、财务资源、实物资源、信息资源、企业品牌、合作伙伴供应链、持续发展等，而且利用多种科学分析工具，通过公开数据分析、市场调研、走访反馈等形式进行全面分析后，制定相关的能源结构布局、主网配网设计、科技创新规划、工程基建质量管控等具体职能部门和业务部门的战略执行规划，整个战略决策的制定过程标准更加科学。

二、企业的资源整合能力进一步增强

自实施全面社会责任管理以来，随着社会责任管理理念的深度融合，企业整合资源的范围从内而外延伸，不但企业内部资源的整合能力有所提升，而且通过有效的利益相关方沟通与合作，充分利用了外部利益相关方的资源，企业的外部资源整合能力也有了进一步提升。

（一）企业内部合作提升了跨部门资源整合能力

从国网浙江电力职能部门的协调管理来看，实施全面社会责任管理以来，以社会责任管理理念为指导，有效地增加了各部门之间协调沟通的机会，从而提升了企业跨部门整合资源的能力。

从国网浙江电力下属地市公司的社会责任根植项目实践来看，实施社会责任管理有效地提升了地市公司各部门之间协调解决问题的能力。以《国网浙江省电力公司 2015 年社会责任根植项目案例选编》所选的 36 个案例来看（见表 10 - 5），大部分的社会责任根植项目中，都涉及多个公司内部职能部门之间的协调和配合，增进了部门之间的协调沟通机会，也提高了工作效率。

表 10 - 5　2015 年国网浙江电力地市公司社会责任根植项目情况

地市公司名称	社会责任根植项目名称	协调部门
国网舟山供电公司	让"黑楼道持续地亮起来"	运维部、办公室、营销部、党群部
国网绍兴供电公司	依托"电工鲁师傅"化解用户侧供电服务难题	抢修班组、95588 服务热线
国网温州供电公司	社会责任根植小微企业园供电服务	客户服务中心、办公室、发展部、运检部、营销部

续表

地市公司名称	社会责任根植项目名称	协调部门
国网义乌供电公司	以"3+3+3"模式构建企业员工社会责任体系实施方案	社会责任工作办公室、人力资源部、党群工作部、办公室、工会、团委、各党支部
国网萧山供电公司	建立"朋友圈"式业扩"阳光服务365"工作室实施方案	党群部、客服中心、发展建设部、运维检修部

资料来源：作者整理。

（二）与外部利益相关方合作提升了外部资源整合能力

自实施全面社会责任以来，随着各大业务领域社会责任理念的融合，通过与外部利益相关方沟通的加强，企业整合外部利益相关方资源的能力有了明显提高。在进行具体业务操作或解决内部问题的过程中，以联合利益相关方共同协商解决的工作思路，整合多方能够整合的资源，不但降低了自身的成本，而且与其他利益相关方的关系更加密切，提升了利益相关方满意度。以 2015 年国网浙江电力的社会责任根植项目为例（如表 10-6 所示），可以看出很多地市公司在进行业务、服务改进时，有效地整合了利益相关方资源，并取得了良好的效果。

表 10-6　2015 年国网浙江电力社会责任根植项目整合外部资源案例

项目名称	政府资源	社会资源	消费者资源	媒体资源	企业资源
舟山"黑楼道"治理项目	政府行政资源协助	社区街道协调沟通	自我治理、媒体传播	信息披露、事件报道	
海盐公司"流动表箱"项目	政府加快行政审批；村委会承担临时用电审批责任		村民购买流动表箱		
宁波公司水电气业务合作项目	政府稽查	社区、物业、村委会提供人力进行客户服务基础信息的搜集			水电气公司用量数据和基础信息共享、客户信息共享，共建数据校验机制，合作开展异常稽查

三、管理效率进一步提升

通过战略管理、资源整合方面充分融入利益相关方参与，并积极整合外部利益相关方的资源，国网浙江电力及地市公司通过管理创新、业务创新等方式，大大提升了企业管理效率，包括全面社会责任管理带来的生产运营管理效率提升、人力资源管理能力提升以及社会责任管理效力提升。

（一）生产运营管理效率提升

全面社会责任管理的贯彻实施首先明显地节约了企业的生产经营管理成本，有效地促进了"三集五大"集约化管理改革目标的实现。具体表现在以下方面：

（1）2012 年开始实施全面社会责任管理以来，国家电网从自身经营入手，厉行节约，通过办公大楼的节能改造实现了显著的节能减排效果和电能节约，大大降低了经营成本。根据调研结果和《国网浙江省电力公司 2015 年服务浙江经济社会发展白皮书》的统计数据显示，由电科院主导实施的办公大楼节能化改造，包括照明改造、路灯改造、楼宇节能改造等。截至 2015 年共完成 11 座电力调度大楼的节能改造示范，2015 年全年节约电量 572 万千瓦时，节约标准煤约 1899 吨，减排二氧化碳约 4665 吨、二氧化硫 171.6 吨。国网浙江电力的办公大楼节能改造不但节约了经营成本，而且减少了对环境的负面影响，实现了节能减排和降成本的双重功效。

（2）信息化建设大大节约了办公成本，提升了办公效率。随着国网浙江电力内部职能部门的信息化建设不断推进，越来越多的部门办公通过网络、信息系统进行日常办公，形成了标准的统一化，大大推进了无纸办公的进程，节约了办公成本。

（二）人力资源管理能力提升

实施全面社会责任管理以来，国网浙江电力的人力资源管理效率大幅提升。第一，实施全面社会责任管理提升了企业的组织活力。从对人力资源的调配效率来看，通过推进公司内部人力资源市场建设，实现了公司内部的人员优化配置，盘活了存量。以现代绩效管理体系为支撑，以信息化系统管理为途径，以人才培训、师带徒、人才分级管理为通道，大大提升了人才配置效率，从而员工责任创新成果层出不穷，表现出对企业发展的强有力支撑。第二，从对员工工作效率的改进来看，员工活力大大提升。通过人员精减、员工减负，提升了员工的整体工作效率。从人员精减效果来看，随着管理上移，省级以下部门人员数量有所减少，人工成本节约明显。从员工减负效果来看，通过开展班组减负，基层员工工作负担明显减轻，增加了企业活力。2015 年，公司通过对班组员工负担过重的情况进行调研，发现存在上级单位"压力前移"、交叉管理等问题，导致一线员工花在管理工作中的时间占比高达 48%，并制定了《班组减负十二项工作方案》和《班组减负工作责任分解表》，有效地减轻了一线员工的负担，提升了组织活力和员工工作效率。

（三）社会责任管理效率提升

1. 社会责任管理工具呈现多样化、普及化发展

根据国网浙江电力的全面社会责任管理实践来看，从省公司各职能部门到下属地市公司，有关社会责任管理工具的应用、研发成果显著，表现出社会责任管理工具的多样化、社会责任管理工具应用的普及化。

首先，依托企业社会责任管理理论，企业社会责任管理工具呈现出多样化发展趋势。一方面，省公司实施全面社会责任管理以来，全面社会责任管理模型的开发以 ISO26000 社会责任国际指南为参考，以建设"世界一流电网、国际一流企业"为标准，以追求经济、社会、环境的综合价值最大化为目标，国网浙江电力研发形成了《基于国际标准的供电企业全面社会责任管理导论》（简称 CSR26000E），建立了包括社会责任组织体系、社会责任能力建设体系、社会责任经营管理体系、社会责任沟通体系、社会责任指标体系、社会责任评估体系六大子体系为主体的全面社会责任管理体系。在此基础上，结合供电企业的特点，还形成了 14 个核心主题、52 个议题、276 项评估细项的全面社会责任指标池。另一方面，从市公司全面社会责任管理的实践来看，以嘉善公司为例，在国网公司《履行社会责任指南》框架下，早在 2011 年就建立起了全面社会责任管理的体系，将企业的愿景、措施与社会的期望相结合，将服务社会与环境密切相关的企业生产经营中的各项专业指标形成了 12 类 27 个指标的企业社会责任实践指标以及评价机制。此外，在省公司各部门以及地市公司进行社会责任管理的实践中，以社会责任管理理论为借鉴、以全面社会责任管理的 CSR26000E 模型为指导，形成了国网浙江电力社会责任经营管理体系模型、企业社会责任评估范式指导下的"企业社会责任三级评估体系"，用于实施全面社会责任管理。

其次，依托社会责任根植项目和全面社会责任管理项目，社会责任管理

的主流思想和有效工具得到了充分应用。地市公司在进行社会责任根植项目的过程中，以 SWOT 分析、利益相关方管理等管理工具为基础，各地市公司以问题为导向，在社会责任根植项目实践中广泛应用理论工具指导社会责任实践，形成了包括 SWOT 管理工具的应用、利益相关方管理工具应用（舟山公司）（见表 10-7），社会责任根植模型的设计与应用（湖州公司）（见图 10-2），"一体双翼、七维当责"模型（杭州公司）（见图 10-3）等社会责任管理工具和模型，在社会责任根植项目的成效形成过程中发挥了重要的管理价值。

表 10-7　国网舟山公司社会责任根植项目利益相关方管理工具应用

利益相关方	治理意愿	资源	可负担成本
政府部门	强烈	财政资金、政策	少量财政资金
社区（街道）	强烈	协调能力、社区管理权力、社区财政资金	沟通协调成本、少量财政资金
供电企业	非常强烈	专业技术、维护工人	少量维护资金、专业技术、维护工人
居民	非常强烈	维护资金	少量维护资金
媒体	强烈	舆论监督权和媒体影响力	新闻报道成本

资料来源：参考《国网浙江省电力公司 2015 年企业社会责任根植项目白皮书》。

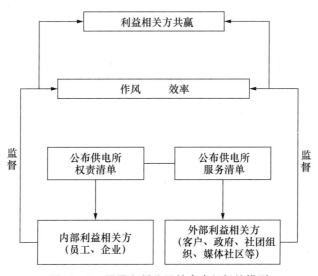

图 10-2　国网湖州公司社会责任根植模型

资料来源：参考《企业社会责任管理落地根植研究：理论、方法、实践》。

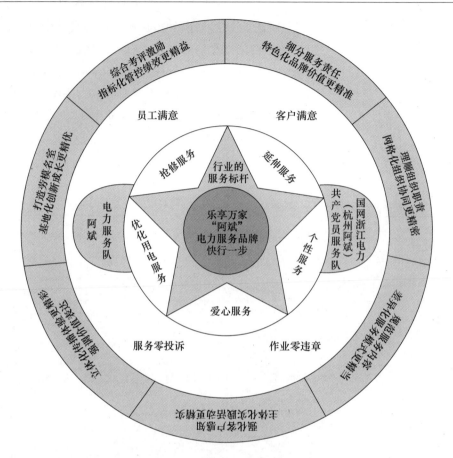

图 10-3　杭州市电力公司社会责任根植项目阿斌服务队"一体双翼、七维当责"模型
资料来源：参考《国网浙江省电力公司 2015 年企业社会责任根植项目白皮书》。

2. 企业的社会责任管理能力明显提升

目前，全面社会责任管理的框架是以国网浙江电力社会责任工作领导小组为领导、以社会责任办公室（外联部）为核心、覆盖各职能部门的社会责任管理组织网络，并由外联部、政工部、工会、人力资源部、财务部等职能管理部门以及电科院、送变电公司、检修公司、物资公司等业务部门共同组成，进行全面社会责任管理的覆盖和融合。结合国网浙江电力实施全面社会责任管理四年来的具体效果来看，企业社会责任管理的关键部门、配合部门的社会责任管理能力以及下属企业社会责任根植项目的管理能力都有了明显提升。

首先，对于全面社会责任管理的关键职能部门，社会责任管理意识、社会责任管理能力有明显提升，履责绩效良好。以省电力公司外联部、政工部、工会、人力资源部、培训中心、综合运营部、财务部、工会等职能部门为核心，在公司进行全面社会责任管理过程中，通过实施包括员工社会责任管理培训、社会责任文化建设与传播、本部门社会责任管理绩效体系的设计与实施、社会责任活动的组织与配合、社会责任根植项目的设计与实施等与全面社会责任管理"全融合、全覆盖"相关的各个方面，部门员工的社会责任意识有明显提升，履责绩效良好，具体如表 10 - 8 所示。

表 10 - 8　国网浙江电力公司企业社会责任管理能力评估

能力指标	定量评估
员工社会责任培训情况	基层各单位社会责任专题培训每年 2 次，培训人员覆盖 3000 人次；建设企业社会责任文化管理模块、展厅展示、开展认知测评、开辟专栏，建立优秀案例库
员工志愿者数量及发展情况	2014 年爱心互助会会员吸纳人数增加至 68071 人；捐款总额达 2800 余万元；累计补助困难会员 5316 人次
社会责任活动开展情况	2015 年社会责任根植项目 101 个；社会责任重大活动多个
社会责任绩效实施情况	各部门逐步开展了社会责任绩效考核
负责任形象建设情况	社会责任报道数量不断增加，尤其是中央媒体的相关报道不断增加

资料来源：作者绘制。

其次，对于全面社会责任管理的配合部门而言，通过社会责任根植项目、全面社会责任管理建设，实现了全员社会责任意识、履行社会责任能力、社会责任管理能力的三重提升。

最后，地市公司社会责任管理水平全面提升。以社会责任根植项目为载体，各地市公司通过多样化选题的社会责任根植项目，加深了对社会责任管理的理解，也提升了社会责任管理水平。从 2015 年地市公司社会责任根植项目的选题情况可以看出，社会责任根植项目几乎覆盖企业运营的各个领域（见表 10 - 9）。从社会责任根植项目的实施效果来看，通过社会责任管理，企业面临的问题都得到了不同程度的改善（见表 10 - 10）。

表 10-9　2015 年国网浙江电力企业社会责任根植项目示范项目汇总

企业社会责任根植项目涉及领域	企业社会责任根植项目数量
优质服务	14 个
业务运营	12 个
安全供电	2 个
职能管理	2 个
公益工作	4 个
综合管理	4 个

资料来源：笔者根据《国网浙江省电力公司 2015 年社会责任根植项目案例选编》进行概括整理。

表 10-10　2015 年地市公司社会责任根植项目及管理成效

项目名称	社会责任管理成效
舟山公司"黑楼道治理"项目	投诉率明显下降；多部门配合效率提升；获得政府、社区等多方好评，负责任形象建立
海盐县公司"流动表箱"项目	节约费用 56.53 亿元
萧山公司"阳光办电"项目	业扩耗时相比 2014 年缩短 27 天；累计争创经济产值亿元以上；客户满意度 95%；员工对社会责任认识大幅提升
绍兴公司"电工鲁师傅"项目	客户满意度提升 8%；抢修班组投诉减少 10%
温州公司"小微园区"项目	减少电费抄录工作量 27 小时；客户服务能力提升；零投诉、零舆情提升社会责任形象
龙泉公司"二维码"项目	客户投诉率下降 80.8%；供电稳定性提升
杭州公司"阿斌电力服务"项目	配网供电可靠率 99.9925%，提升 0.001%；减少经济损失 346.8 万元，带来间接经济效益 1.84 亿元；员工获评劳动模范、各类荣誉称号 3 个；累计获得 20 多项荣誉激励，卓越履责形象建设成效显著；第三方满意度提升 2.37%；配网平均事故处理时间减少 9 分钟；抢修人员到达现场时间减少 5 分钟
玉环县公司"店小二"项目	投诉数量逐月明显下降；用户满意度达 99%
国网海宁供电公司"提高办电效率，深化为民服务项目"	电费增长 914.96 万元；窗口应答方案 384 户；提前完成报装容量
龙游县公司"村电共建"项目	农网维护成本显著下降；供电服务满意率实现 100%；树立良好履责形象

资料来源：笔者根据《国网浙江省电力公司 2015 年社会责任根植项目案例选编》进行概括整理。

四、企业社会责任文化初步形成

自国网浙江电力实施全面社会责任管理以来，社会责任理念逐渐在各大领域、各个职能部门中潜移默化地形成，配合以全省各地市进行的社会责任根植项目，目前在浙江省公司以及下属地市公司的企业文化中，社会责任的理念已经逐渐融入，并初步形成了企业社会责任文化。

（1）从企业文化的内容和口号中可以看出，社会责任理念已经显性地融入企业文化中。一方面，从企业的品牌宣传和社会责任宣传中可以看出，企业对社会责任的宣传力度和好评度逐渐提升。国网浙江电力2016年开展了履责微电影大赛和优秀履责图片评选，涌现出一批精品，宣传程度和影响力较高。2015年，共产党员服务队组建和为民服务百日活动带动全公司员工参与为民服务"创先争优"活动热潮，新华社发表动态《浙江电力创建群众满意基层站所 科学务实获群众认可》，并抄送国务院副总理张高丽、中央书记处书记赵洪祝和国务委员王勇。另一方面，从国网浙江电力以及地市公司的企业文化展厅、宣传材料等展现企业文化的显性化产品来看，"社会责任"已经成为企业文化中的一个重要部分。从国网浙江电力设计的社会责任指标体系来看，14个主题之一便包含了"责任文化"，并由综合管理部门对企业社会责任的价值观、责任形象、责任文化等进行测评。从地市公司的企业文化展厅的内容来看，越来越多的企业正在将"社会责任"或"责任"等纳入企业文化标语中，越来越多的地市公司进行企业文化宣传或讲解时，会专门介绍企业履行社会责任的活动或理念，部分企业还设有专门的企业社会责任展区，对企业履行社会责任的信息、活动进行公开。

（2）从领导决策来看，全面考虑企业决策的利益相关方综合影响，已经成为领导决策的重要依据。一方面，在解决企业面临的问题时，考虑利益相关方的资源。从国网浙江电力近年来的社会责任根植项目来看，当企业遇到的问题无法依靠企业自身解决或依靠自身需要花费较高成本时，越来越多的企业已经形成了联合利益相关方参与共同解决的思维理念，不再大包大揽，大大提升了具有外部性的问题解决效率。另一方面，在企业进行行为决策时，越来越注重利益相关方的诉求，注重与利益相关方进行有效沟通。从国网浙江电力发布的《服务浙江经济社会发展白皮书》来看，每年国网浙江电力会对其社会责任行为、社会责任绩效等信息进行公开发布和披露，这确保了政府、媒体或供应商等能够通过公开、透明的渠道了解国网浙江电力的社会责任行为和社会责任态度，有效地增进了利益相关方对企业社会责任行为的了解。从国网浙江电力发布的《社会责任根植项目书》对省、地、市、县等各个层级供电公司的社会责任根植项目的发布信息来看，在通过社会责任理念解决企业运营过程中的问题时，都会通过组织利益相关方沟通交流会、利益相关方管理平台的方式来进行利益相关方管理，说明在决策过程中，与利益相关方协作的理念已经基本形成。

（3）从员工行为方式来看，通过全面社会责任管理下的绩效考核标准的规范以及员工履行社会责任的激励，越来越多的员工积极投身于社会公益活动或社会责任根植项目活动中，表现出较强的社会责任意识。例如，国网浙江电力近年来在实施电力扶贫工程、爱心工程、希望工程、送温暖工程、灾区捐款、失学儿童救助、员工义务献血、市区绿化工程义务建设等活动进行爱心公益捐助时，或者地市公司在进行爱心公益的社会责任根植项目时，爱心志愿者数量和员工的参与热情明显有所提升。公司连续第五届入选"浙江省最具社会责任感企业"，并居10家入选企业榜首；入选浙江省"十大善美企业"；连续多年荣获浙江省委、省政府减轻农民负担工作优秀单位称号；连续七年被浙江省委、省政府授予"低收入农户奔小康工程"结对帮扶工作先进单位。这些荣誉都表明了员工对于社会责任理念的认同，以及在日常行为中的贯彻体现。

第四节　价值创造素质提升

企业是生产要素的集合，通过经营管理活动调配生产要素，为顾客提供产品和服务，并形成价值创造。根据价值创造理论，在"一般价值"概念下，企业创造的价值在组织管理过程中会形成网络，通过一定的价值传递机制，由价值链上的不同利益主体利用其专用性资产，共同为顾客创造价值。因此，企业的价值创造素质不但与企业调动价值网成员参与价值创造的能力相关，而且与其参与价值分配的能力相关。

国网浙江电力公司在实施全面社会责任管理以来，其调动价值网络成员参与价值创造和分配的方式发生了重大转变，从以经济社会的综合价值最大化逐渐向共享价值最大化转变。通过实施全面社会责任管理，企业不但注重经营管理行为的经济、社会、环境综合价值最大化，而且从全面社会责任管理理念出发，以共赢为原则，联合价值链上的其他利益相关方实现了共享价值的最大化。对国网浙江电力实施全面企业社会责任管理后的价值创造素质效果评价，可通过图 10 - 4 的各个维度和指标来进行。

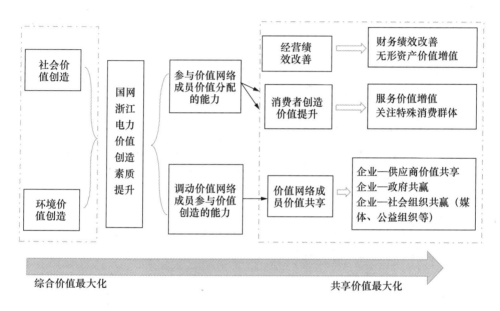

图 10 - 4　国网浙江电力全面社会责任管理提升价值创造素质评价

一、企业经营绩效有所提升

（1）国网浙江电力实施全面企业社会责任管理以来，经营财务绩效提升明显，远高于地方经济增长速度。2012 年开始，国网浙江电力开始实施全面社会责任管理至今已 4 年，全面企业社会责任管理带来的企业经营财务绩效的提升也有所表现。从国网浙江电力提供的有关省公司本部和地市公司的经营财务数据来看，国网浙江电力实施全面社会责任管理期间，即便是在经济不景气的宏观背景下，财务绩效也提升显著、资产总额增速、营业总收入增速保持较快发展，并高于浙江省 GDP 增速。嘉兴公司实施全面社会责任管理以来，其资产总额增长率和营业总收入增长率也有所改善（见表10－11和表10－12）。

表10－11　国网浙江电力本部、嘉兴市公司资产总额变化（2011～2015年）

年份	省公司本部资产总额（元）	嘉兴公司资产总额（元）	省公司资产总额增长率（%）	嘉兴公司资产总额增长率（%）	浙江GDP增长率（%）
2011	95711689370	6603881626			
2012	129426618416	11229190698	35.23	70.04	7.26
2013	148603882820	10639444802	14.82	−5.25	8.92
2014	170832648014	11068400552	14.96	4.03	6.40
2015	211904230369	11567359011	24.04	4.51	6.75

资料来源：作者根据国网浙江电力财务部门提供数据、国家统计局数据测算。

表10－12　国网浙江电力本部、嘉兴市公司营业收入变化（2011～2015年）

年份	省公司本部营业总收入（元）	嘉兴公司营业总收入（元）	省公司营业总收入增长率（%）	嘉兴公司营业总收入增长率（%）	浙江GDP增长率（%）
2011	722854633.9	16833969943			
2012	1120233926	31087470376	54.97	84.67	7.26
2013	1684965868	33832006017	50.41	8.83	8.92
2014	2929630636	34308221381	73.87	1.41	6.40
2015	3958907924	34943333496	35.13	1.85	6.75

资料来源：作者根据国网浙江电力财务部门提供数据、国家统计局数据测算。

（2）全面社会责任管理塑造了企业负责任形象、形成了负责任品牌价值，创造了企业的无形资产价值。国网浙江电力在实施全面企业社会责任管理以来，除了财务经营绩效的改善外，还逐渐建立了负责任的企业形象，形成了企业负责任的品牌价值，这些都是全面社会责任管理带给企业的无形资产价值增值。

二、社会共享价值创造能力有所提升

实施全面社会责任管理以来，以共赢、共享为基本理念，浙江省公司在实现经营绩效不断提升的同时，还注重与利益相关方共赢、共享价值。通过不断关注利益相关方的诉求、沟通了解利益相关方的期望，国网浙江电力以价值共享为原则，通过一系列措施来回应其核心利益相关方，如员工、消费者、供应商的诉求和期望，利益相关方也通过与国网的合作和沟通实现了自身利益的提升，从而形成了国网浙江电力与利益相关方之间的良性互动。

（一）为员工创造共享价值的能力大幅提升

全面社会责任管理实施以来，国网浙江电力尤为重视员工的社会责任，并且从共享价值创造的角度，通过基础设施建设、员工培训等方式，将员工为企业创造的经济价值分享给员工，从多方面保障员工的基本福利，并实现员工与企业的共同成长。

1. 基础设施平台建设为员工身心健康发展保驾护航

实施全面社会责任管理以来，国网浙江电力外联部、工会、人力资源部等职能部门联合培训中心等支撑部门，通过基础设施建设，为员工身心素质提升提供了良好的保障。

（1）建设了快乐充电站和体能检测中心，全面提升员工的身体素质。一方面，通过开展"全员建设"活动，制定三年规划，以每年 3 亿元的投资，在浙江省公司和各地市公司建设员工快乐充电站，通过标准的职工活动中心建设、体育场馆建设，提供规范化的管理，为职工提供锻炼身体、休闲娱乐的场所，得到了基层员工的一致好评。另一方面，政工部奉行国家全民建设标准，投入近百万元为员工建设了体能检测中心，为员工进行体检指标、体能指标的测试，形成体检报告，2015 年近万名员工参与了体能测试，广受欢迎。

（2）建设阳光心灵家园，保障了职工心理健康。随着电改、社会责任管理的全面推行，客户服务考核要求不断提升，基层工作压力也越来越大。为保障员工心理健康，以工会牵头建设了阳光心灵家园，为员工进行心理服务。目前阳光心灵家园具有特聘三级心理咨询师，负责对员工进行心理知识培训、员工团队辅导和团队建设培训等。

（3）文体协会助力员工全面发展。国网浙江电力员工众多，兴趣爱好多种多样，为了满足员工在工作之余的兴趣爱好，工会通过成立职工文体协会的方式，为员工提供个人兴趣爱好的展示平台，为员工的全面素质发展提供了助力。目前，国网浙江电力已成立 12 个职工文体协会，分别聚集了具有摄影、歌唱、球类运动、美术等不同爱好的员工参与业余文体活动，不但有助于个人的成长，更加增加了员工之间的沟通交流和团队协作能力。

2. 全员培训实现员工与企业的共同成长

员工知识水平的提升是员工业务能力、管理能力等其他能力提升的基础，因此得到了国网浙江电力的重视。目前，在工会、培训中心的带动下，形成了两大员工知识培训的平台。

（1）以培训中心为平台实施面对面知识教授与培训。目前由浙江省电力局下属的6个学校整合而成的培训中心，负责对员工进行知识培训和技能培训，每年约开展1000期左右的培训，并邀请劳模做培训师，2015年培训达5万人次。

（2）充分利用国家电网总公司开发的网络学习平台进行自主学习与培训。按照规定，员工需每年自主选择培训课程并修满200学分。

（3）不定期进行形式多样、跨地区的员工集中培训和专门培训。通过电话会议、网络会议等远程方式对员工进行集中培训，以及以"劳模工作室"为载体进行专业领域的培训。

（二）为电力客户创造共享价值的能力大幅提升

客户服务价值在企业总价值中是重要的构成因素，客户服务价值的创造、所起的变化对企业总价值产生影响。国网浙江电力实施全面企业社会责任的目标是"以推进可持续发展，追求经济、社会、环境和文化的综合价值最大化"。相应的在消费者价值创造方面，国网浙江电力以增进消费者整体福利为出发点，不仅精益求精地提升服务质量，也关注于特殊消费群体的实际需求，为更广泛的消费者群体提供更优质的产品和服务，实现了消费者价值创造的显著提升。

1. 精益提升消费者服务价值创造能力

首先，关注消费者个性化需求，"六位一体"智能互动服务体系建设提升顾客服务效率。在客户服务方面，实施全面社会责任管理以来，配合"三集五大"改革，国网浙江电力注重消费者个性化需求多样化的特征，以实现共赢价值为目标，以"互联网＋"的方式积极创新服务方式，以微信、微博、95598互动网站、手机APP、短信、彩信"六位一体"智能互动服务体系建设为基础，使得企业与用户之间的沟通即时化，解决了供电服务"最后一公里"问题，大大提升了用户体验。目前，"六位一体"智能互动服务体系渠道用户多达850万，浙江公司逐渐建成群体数量大、客户活跃度高的

"互联网＋"电力客户生态圈，有效促进了供电服务水平和消费者服务效率。

其次，推动多方协作有效提升消费者满意度。在全面社会责任管理的基本理念指导下，以实现综合价值最大化为目标，以推动利益相关方积极参与为手段，国网浙江电力对于久攻不破的消费者服务难题，通过协同多个利益相关方的方式，大大提升了消费者的满意度（见表10－13）。

表10－13　地市公司企业社会责任根植项目管理的消费者满意度提升

地市公司社会责任根植项目	消费者满意度提升
萧山公司"阳光办电"项目	客户满意度95%
绍兴公司"电工鲁师傅"项目	客户满意度提升8%
龙泉公司"二维码"项目	客户投诉率下降80.8%
杭州公司"阿斌电力服务"项目	第三方满意度提升2.37%
玉环公司"电小二"项目	用户满意度达99%
龙游县公司"村电共建"项目	供电服务满意率实现100%
国网金华供电公司"微服务"项目	受访者对供电企业满意度提升90%

资料来源：笔者根据《国网浙江省电力公司2015年社会责任根植项目案例选编》进行概括整理。

2. 特殊群体消费者服务价值创造能力显著提升

立足于服务经济、社会、民生等综合价值提升的基础上，国网浙江电力在努力提升消费者服务效率、提升消费者满意度的同时，对于特殊消费群体的关注逐年增加，并通过技术创新、管理创新等多样化方式，主动关注特殊用电企业、特殊用电人群的用电需求，为特殊消费群体带来了明显的服务价值增值。

首先，国网浙江电力及下属地市公司越来越关注特殊企业的用电需求，并协调多个利益相关方为特殊企业解决了诸多用电难题，特殊企业用户的满意度大幅提升，创造了显著的服务价值（见表10－14）。同时，提升特殊群体服务的同时，电力公司本身也产生了许多技术创新和管理创新成果，从而实现了特殊用电群体与企业的双向共赢。如宁波公司的"岸电建设"社会责任根植项目，在解决岸电建设中船舶燃油造成大气污染的问题，通过推行电能替代的方式，不但推动了岸电建设合作模式的创新，而且攻克技术难题并获得发明专利2项、实用新型专利2项，实现了客户价值、公司价值的双赢增长。

表 10 - 14   国网浙江电力地市公司社会责任根植项目服务特殊企业

项目名称	服务企业群体	服务价值体现
温州公司"小微企业园"项目	小微企业	园区企业电费支出每年降低 260 万元
玉环公司"电小二"项目	"三改一拆"企业	停电风险得以控制，降低企业损失
松阳公司"电力阳光服务便民图"项目	山区中小企业	无效抢修率降低，企业生产经营成本下降
岱山公司"感知边远海岛客户诉求"项目	边远海岛企业	业扩报装零投诉，海岛专变客户认同率 100%，企业成本下降
宁波公司"岸电建设"项目	船舶公司	发明专利 2 项、实用新型专利 2 项，参与完成国家电网《电能替代及港口岸电系列标准》报批稿编制，探索创新电力公司与港口的"岸电建设商务合作模式"
嵊州公司"玠溪山乡茶叶发展"项目	茶园、茶企业	能耗水平、制茶成本降低，茶机利用率提升
台州公司"促进光伏产业落地"项目	光伏园区企业	光伏企业巨东节约标准煤用量 3600 吨，实现了净收益的提升，促进工业企业从制造升级为"智造"

资料来源：笔者根据《国网浙江省电力公司 2015 年社会责任根植项目案例选编》进行概括整理。

其次，国网浙江电力及下属公司越来越关注特殊消费者群体的用电难题，以服务民生、提升社会共同福利为目标，为部分农户、部分特殊城市用户带来了生活水平和用电体验的改善（见表 10 - 15）。

表 10 - 15   国网浙江电力地市公司社会责任根植项目服务特殊消费群体

项目名称	服务群体	服务价值体现
舟山公司"黑楼道"项目	弃管小区用电户	服务 8000 多户弃管小区用户
玉环公司"电小二"项目	"三改一拆"居民	拆迁表后服务得以保障
龙游公司"村电共建"项目	农村用户	农网维护费用降低、表后用电响应及时

续表

项目名称	服务群体	服务价值体现
松阳公司"电力阳光服务便民图"项目	山区用户、留守儿童、军烈属、两保户、空巢老人	抢修工单下降 10.91%，顾客满意度提升
嵊州公司"玠溪山乡茶叶发展"项目	茶农	茶农年收入平均由 3 万元提升为 3.5 万元

资料来源：笔者根据《国网浙江省电力公司2015 年社会责任根植项目案例选编》进行概括整理。

（三）合作伙伴价值共赢能力提升

在国网浙江电力全面社会责任管理的指标体系中，伙伴共赢是 14 个实施全面企业社会责任管理的主题之一，合作伙伴作为企业的核心利益相关方之一，从利益相关方视角来看，就是要追求价值最大化；各级政府作为利益相关方的重要代表，国网浙江电力与政府充分开展了政企合作，共同推进电网发展的双赢模式。

（1）在全面社会责任管理实施之后，国网浙江电力注重对供应商的服务价值提升来获取双赢价值。2012 年 9 月，国网浙江电力建成供应商服务中心，共两层，约 1000 平方米，为供应商提供"一站式"服务，全面满足供应商物资供应相关业务的需求。以供应商服务中心为基础，公司不定期召开供应商大会，组织供应商培训，对其进行企业社会责任相关内容的培训，如"重质量、讲诚信"签约大会等；与供应商面对面交流，向他们传达公司有关全面社会责任管理的要求等；不定期组织供应商见面会，跟进供应商的合作情况。

（2）在全面社会责任管理实施之后，国网浙江电力注重推动供应商等合作企业履行社会责任，带动利益相关方创造社会综合价值。一方面，出于社会责任管理理念，国网浙江电力通过推进供应商履行社会责任的方式来增进双方合作的共赢。如嘉兴公司全面社会责任管理对供应商合作规定，"应特别关注与供方和合作伙伴的关系，根据对组织成功的影响程度确定关键供方和合作伙伴，基于平等互利、共同发展的原则，推动和促进双向沟通和知识分享，提供如技术、管理、人员和资金等方面的支持；建立长期合作伙伴关系或战略联盟等，共同提高过程的有效性和效率，达到双赢的目的"。另一方面，在与供应商的合作过程中，通过供应商选择和评价体系的完善，提升供应商履行社会责任的能力，如供方和合作伙伴为本企业和利益方创造价值的能力；持续提高能力的可能性；通过与供方和合作伙伴的合作，提高自身的能力；与供方和合作伙伴关系相关的风险。

三、环境共享价值创造能力提升

国网浙江电力实施全面社会责任管理以来，在实现自我经营绩效改善的同时，通过与利益相关方价值共享，还实现了与社会、环境共享价值的同步提升。

（一）创造价值改善企业经营环境

实施全面社会责任管理以来，国网浙江电力及地市公司在实施重大决策过程中，配合浙江省政府及地市政府的发展规划、产业调整政策，通过多种方式为当地经济发展、部分产业转型、企业发展的基础设施环境建设等方面做出了贡献。

1. 助力地方经济增长和经济发展方式转型

（1）经济带动能力明显提升。根据表 10 - 16 中国网浙江电力资产总额增长情况可知，其收入增长率远远高于浙江省 GDP 增长率，为拉动地方经济增长做出了贡献。

表 10 - 16　国网浙江电力财务指标

年份	省公司资产总额增长率 （%）	省公司营业总收入增长率 （%）	浙江 GDP 增长率 （%）
2012	35.23	54.97	7.26
2013	14.82	50.41	8.92
2014	14.96	73.87	6.40
2015	24.04	35.13	6.75

资料来源：笔者根据国网浙江电力提供的数据及浙江省历年政府工作报告整理。

（2）电网新技术助力海洋经济，舟山群岛经济发展环境全面改善。随着舟山群岛成立新区以来，浙江海洋经济发展和舟山群岛新区建设上升为国家战略。为保障浙江海洋经济发展，突破舟山海岛地理限制，浙江电力自主创新攻克柔直输电前沿技术、"含分布式电源的微电网"等，解决海岛用电问题，为浙江海洋经济发展解决了重大的电力基础设施难题。

2. 助力部分产业转型与发展

（1）助力光伏产业等过剩产能行业升级。根据国网浙江电力 2015 年的统计，为了实现光伏等产能过剩行业的成功转型，公司通过建立绿色通道，提高电网的开放性和灵活度，为 1572 个风电、光伏项目提供并网专属服务，清洁能源全消纳，为光伏行业升级转型提供了助力。此外，地市公司通过企业社会责任根植项目，助力光伏产业转型。例如，台州公司通过"促进光伏产业落地"社会责任根植项目，推进当地光伏园区光伏企业的标准煤用量，净收益大幅提升，也推进了企业从粗放生产向"智能"制造的转变。

（2）助力新能源行业的发展，实现省域经济向集约化转型。近年来，在我国经济受内外部因素影响下行压力较大的环境下，各行业经济发展遇到瓶颈，均在积极需求转型和突破。在浙江省清洁能源示范省的创建目标指引下，国网浙江电力将能源替代综合节能纳入规划体系中，主要包括优化电力供应、电网项目落地、保障局部区域电力供应、致力于新能源项目的利用和配套、助力新能源行业的发展。

3. 助力企业基础设施环境改善

（1）实施全面社会责任管理以来，战略决策和决策执行过程中，都融入了对企业基础设施环境改善的考虑，通过特高压建设推进电能替代，为地方经济、产业发展方式转型提供了重要的基础设施支持。例如，为了改善电力能源短缺对企业生态、经济发展的负面影响，国网浙江电力实施浙江省内特高压工程建设战略，用电局面得到快速改观。截至 2016 年，浙江电网"两交两直"特高压骨干网架形成后，将为全省增加供电能力近 2500 万千瓦，可基本满足"十三五"期间的电力需求。

（2）各地市公司通过社会责任根植项目，帮扶特殊企业经营环境改善。根据表 10 - 17，国网浙江电力 2015 年 36 个优秀地市公司的社会责任根植项目中，有 5 个根植项目关注小微企业、边远地区企业、农业企业和过剩产能的光伏行业企业，大大改善了企业经营的用电成本，降低了企业经营成本，提升了企业经营绩效。

表 10 – 17　国网浙江电力社会责任根植项目改善企业经营环境

项目名称	特殊企业群	经营环境改善效果
温州公司"小微企业园"项目	小微企业	园区企业电费支出每年降低 260 万元
松阳公司"电力阳光服务便民图"项目	山区中小企业	无效抢修率降低，企业生产经营成本下降
岱山公司"感知边远海岛客户诉求"项目	边远海岛企业	业扩报装零投诉，海岛专变客户认同率 100%，企业成本下降
嵊州公司"珍溪山乡茶叶发展"项目	茶园、茶企业	能耗水平、制茶成本降低；茶机利用率提升
台州公司"促进光伏产业落地"项目	光伏园区企业	光伏企业巨东节约标准煤用量 3600 吨，实现了净收益的提升

资料来源：笔者整理。

（二）创造价值保障民生

1. 提升了"三农"发展支撑力度

国网浙江电力在实施全面社会责任管理的过程中，始终将服务"三农"活动放在重要的位置。国网浙江电力坚持新农村、新电力、新服务的农电发展战略，将服务"三农"的各项工作切实落到实处，取得了显著的成效。

（1）农网电气化改造确保农网安全可靠。电力对于农业生产和农民基本生活有着特殊意义，农网的电气化改造旨在确保农网安全可靠。通过智能总保及剩余电流动作保护器的安装，改造老旧设备，推广使用节能的变压器、架空集束导线、防雷绝缘子等新设备，应用配网自动化、智能配电台区、光伏接入、智能楼宇等新技术，农村电网安全水平得到提升，节能降耗成效显著。目前，浙江全省 28050 个行政村全部实现了电气化，浙江省在国网公司系统率先实现村村电气化。农网供电可靠率达 99.958%，用户端电压合格率达 99.570%，既保障了农民生活需要，又助推了农村乡镇企业、农业龙头企业、经济养殖业的发展。相信在不久的将来，供电可靠，服务优质，这些老百姓的愿望都将成为现实。

（2）农网供电服务优化，提升农户满意度。国网浙江电力认真贯彻国家电网公司"新农村、新电力、新服务"农电发展战略，以服务"三农"为企业的重要使命，积极组织开展农电特色服务，帮助用户解决用电设施运维的问题。同时，各公司单位深入田间地头进行"零距离"服务，通过巡视、消缺、清除树障，及时处理各种隐患，全力保障好农民生产生活的电力需求。同时，与村镇进行服务共建，各村自行聘用一名具有相应资格证的用电服务员，负责农业生产线路和村级路灯等集体资产的建设和管理，同时维护居民漏电保护器的运行和提供表后线服务；供电部门协助各村开展村用电服务员电工作业资格培训、取证，并提供业务指导和技术考核；用电服务员协助供电部门做好用电监督等相关工作。这既提升服务管理，又促进就业，在安全、经济和社会等方面产生显著效益，不论是电力公司、当地政府，还是农民，均享受到了服务管理带来的实惠。

2. 大大改善了民生环境

让民众用上安全优质的电，保障民生，是国网浙江电力一直致力的目标。改善用电环境，提高民众生活水平，国网浙江电力同样取得显著成果。

（1）纯电动微公交系统建设助力人居便民环境建设。国网浙江电力通过纯电动微公交系统（简称"微公交"）建设，不但提升了公共交通的环境友好性，而且大大方便了居民出行。目前，2300多辆"微公交"和4个立体停车库、17个酒店网站点及20个平面站点已经遍布主城区。方便的汽车租赁服务和低廉的使用成本，为市民生活提供了诸多改善。

（2）智能配网建设让顾客用电更方便快捷。国网浙江电力累计投运自动化配电站所2924座，馈线自动化覆盖线路1482条。目前，三批配电自动化试点建设单位均已通过验收，浙江全省城市供电可靠率达99.9801%。杭州、宁波等重点城市核心区域的供电可靠率达99.999%，达到国际先进水平。配电自动化系统在故障处理中大大降低了停电时间和范围，确保了供电快速恢复，方便了用电客户的使用。

（3）积极开展公益活动，关注社会弱势群体，为弱势群体创造了共享价值。根据国网浙江电力的统计，2015年全面对外捐赠资金达1004.8万元，实施扶贫项目313个，惠及32000余人。与此同时，通过企业社会责任根植项目，国网浙江电力及下属地市县公司还开展对外帮扶工作，分别助力四川广元扶贫、甘肃"点亮玉树"众筹资金改善牧区学校用电等。

（三）创造价值改善生态环境

国网浙江电力在保护生态自然环境方面也做出富有成效的努力，主要体现在如下方面：

(1) 着力开拓新能源汽车行业发展，支持节能减排。为了解决传统机动车造成的大气污染、大城市拥堵问题，推进新能源汽车的普及成为城市节能减排、减少大气污染的重要任务。按照"十三五"规划的要求，到 2020 年，PM2.5 超标 30% 以内的城市有望率先实现 PM2.5 年均浓度达标。培育资源节约型、环境友好型的新的经济增长点已经成为战略选择。在交通领域，新能源汽车的推广显得必要而及时。国网浙江电力在电网建设和充电设施报装增容服务等基础设施上给予大力配合，建立节能与新能源汽车配套服务体系。新能源汽车作为科技含量高、附加值高、清洁环保的新兴行业，无疑对经济新的增长点将起到引领作用。

(2) 全力推动节能减排，服务清洁能源示范省建设。通过贯彻"浙江大气污染防治行动计划"，利用清洁电能代替煤、油等传统能源，提高电能在终端能源消费中的占比，减少污染气体排放。国网浙江电力已成功打造一批港口岸电、空港岸电、锅炉煤改电示范项目，全年完成电能替代项目 1686 个，替代电量 40 亿千瓦时。创新节能项目商业运作模式，扩展社会节能项目，完成节能项目 2357 个，节约电能 6 亿千瓦时。推进电动汽车产业发展，与省交投集团合作建成高速公路电动汽车快充站 35 座。加快科技创新，降低电网损耗，完成高效变压器项目 994 个、线路改造项目 597 个，实现年节约电能 2.95 亿千瓦时。

(3) 积极推动能源供应清洁化，优化电网运行。根据统计，2014 年国网浙江电力通过特高压电网推动清洁能源大规模入浙，浙江接受特高压来电 378 亿千瓦时，占全社会用电量的 10.7%。2015 年，浙江电网利用水电、风电、光伏发电等清洁能源 812 亿千瓦时，达到全社会用电总量的 23.2%。通过推广电锅炉等电能替代项目，全年实现替代电量 22.66 亿千瓦时，走在全国前列，极大地促进了节能减排。

2015 年，国网浙江电力结合电力供需实际，落实"电从远方来，来的是清洁电"，全年共从三峡、溪洛渡等水电厂购入清洁水电电量 382 亿千瓦时，节约标准煤 1100 万吨，减排二氧化硫 14 万吨。实施燃煤机组有序调停和有序替代，提高机组发电负荷率，降低机组发电煤耗 8.6 克/千瓦时，节约标准煤超过 262 万吨。通过有效承接西南水电、西北风电和太阳能等绿色能源，大幅降低了化石能源的消费比例，每年可减少排放二氧化碳 5880 万吨、二氧化硫 4.9 万吨、烟尘 1.5 万吨。

第五节　外部支撑素质提升

在商业生态环境下，企业通过与外部环境组织之间的互动会逐渐建立起关系网络，并基于关系网络积累起获取资源和信息的优势，得到外部环境的支撑和社会资本的增值。国网浙江电力在实施全面社会责任管理以来，不但企业自身的管理水平有所提升，对外部的支撑能力有所改善，而且以综合价值最大化、共赢价值最大化为导向的管理过程中建立起了与外部核心利益相关方之间良好的社会关系，得到了外部环境的正向回馈，外部环境对企业发展的支撑力较之实施全面社会责任管理之前有了很大的改善。从外部利益相关方对国网浙江电力发展评价、合作、扶持等情况来看，实施全面社会责任管理以来，国网浙江电力得到了政府、合作伙伴、社会组织和媒体等重要外部利益相关方的支持。

一、国网浙江电力获得了更多政府部门的支持

从省公司层面来看，实施全面社会责任管理后，国网浙江电力服务浙江经济社会发展的诸多行为得到了省政府、地市政府的很多好评和赞扬，并且随着全面社会责任管理的推进，2012～2015 年，政府对国网浙江电力的正面评价呈现出阶梯性增加的趋势（见表 10 – 18 和表 10 – 19）。

在政府部门进行政策制定或社会公共管理时，国网浙江电力及其地市公司的话语权得到了更多重视，政府政策、制度环境对国网浙江电力的支撑力度也有所提升。例如，国网浙江电力通过依法治企工作的开展，在 2014 年被浙江省政府评为"最具社会责任感企业"，并且参与《浙江省电网设施建设保护和供用电秩序维护条例》的编写。

从地市公司层面评估，根据地市公司企业社会责任根植项目的实践情况，企业行为中更多地纳入了政府的参与，加强了与政府之间的互动，并获得了更多的政府支持。在绝大多数的企业社会责任根植项目中，以社会综合价值最大化为目标，以问题为导向，建立了利益相关方联合治理平台，其中政府部门的参与越来越普遍，从而为企业赢得了更多的政府支持。

表 10 – 18   国网浙江电力取得的政府支撑

政府支撑	企业行为	政府正面评价
参与政府法制建设	参与编写《浙江省电网设施建设保护和供用电秩序维护条例》；开展"学习宪法遵法守法"主题活动；开展岗前、在岗法治培训，法律风险管控与实务操作培训	公司被评为浙江省 2012 年度依法治企先进单位，荣获国家电网公司 2012 年、2014 年经济法律工作先进单位，连续五年被浙江省人民政府授予"最具社会责任感企业"
参与政府纪检监察制度建设	广泛宣传审计、法律、财务、纪检监察协同监督成果与典型经验	增强全公司职工的法治观念和法律意识，提高依法治企水平，全公司形成依法经营、依法办事的良好法治氛围
参与地市政府经济社会发展建设	连续 8 年结对帮扶浙江丽水龙泉贫困山区	公司入选浙江省"十大善美企业"，省公司连续多年荣获省委、省政府减轻农民负担工作优秀单位称号，连续七年被省委、省政府授予"低收入农户奔小康工程"结对帮扶工作先进单位
参与其他省市政府关系建设	针对四川广元，浙江龙泉兰巨乡、道太乡进行对口帮扶；对于甘肃玉树，省公司牵头由国网萧山供电公司深化"点亮玉树"公益行动	建设浙江电力光明小学等；申请注册了国内首例供电企业公益品牌商标"点亮玉树"

资料来源：作者整理。

表 10 – 19   国家电网浙江电力公司 2012～2015 年履行社会责任管理部分荣誉

2012 年	2013 年	2014 年	2015 年
中国电力科学技术奖 3 项	国家工业化、信息化深度融合示范单位	国家科学技术进步奖	公司及七家基层单位获评全国文明单位
中央企业思想政治工作先进单位	公司工会及所属 10 家工会获"全国模范职工之家"称号	国家优质工程奖	国家优质工程奖
公司所属 2 家单位获全国五一劳动奖章	公司所属 1 家单位获"2013 年度中国最佳呼叫中心运营奖"	首届浙江省工业大奖金奖	中国电力优质工程奖

续表

2012 年	2013 年	2014 年	2015 年
公司所属 1 家单位获全国工人先锋号	公司所属 1 家单位获全国五一劳动奖章	全国电力行业思想政治工作优秀单位	中国电力科学技术奖 2 项
公司所属 1 家单位获全国质量信得过班组	国家电网公司级及以上科技成果奖励 40 项	电力行业 AAA 级信用企业	全国"五四红旗团委"
公司所属 1 家单位获 201 中国最佳呼叫中心客户满意度奖	浙江省"十大善美企业"	央企精神文明建设"五个一工程"获奖单位	中央企业法制宣传教育先进单位
公司所属 1 家单位获中国能源物流最佳示范基地大奖	浙江省企业文化建设示范单位	浙江省最具社会责任感企业	浙江省科学技术奖 8 项
公司所属 1 家单位获全国供电可靠性金牌企业	浙江省 2012 年度减轻农民负担工作优秀单位	浙江省减轻农民负担优秀单位	浙江省职工职业道德建设标兵单位
公司所属 3 家单位获全国模范职工之家	浙江省 2012 年度社会主义新农村建设优秀单位	浙江省绿色低碳经济标兵企业	公司系统 17 家基层单位获得行风评议第一或者成为免评单位
公司所属 21 家单位获全国"安康杯"竞赛优胜单位	浙江省"低收入农户奔小康工程"结对帮扶工作先进单位	浙江省科学技术奖 6 项	公司系统 1 人入选全国道德模范提名奖和中央企业道德模范，4 人入选全国劳模，2 人入选浙江省道德模范
公司所属 2 家单位获全国职工书屋	2013 年浙江省企业社会责任优秀报告企业	公司系统 14 个单位（集体）和 15 名个人入选全国五一劳动奖章、工人先锋号，省劳模，工人先锋号	公众透明度评价省级电网企业"最佳专题报告奖"

续表

2012 年	2013 年	2014 年	2015 年
公司所属 1 个工程获中国电力优质工程	浙江省"优环境促发展"考评中列公用服务行业第一名	公司系统 44 家单位获得行业评议第一或免评单位	
国家电网公司优质服务工作单位	公司所属 5 家基层站所获评浙江省"群众满意基层站所"（服务窗口）示范单位		
第四届"浙江省最具社会责任感企业"	公司所属 11 家单位获浙江省第三届行风建设奖		
浙江省 2012 年度"低收入农户奔小康工程"结对帮扶工作先进单位			
浙江省减轻农民负担工作优秀单位			
浙江省"十一五"节能工作先进集体			
浙江省"十一五"污染减排工作优秀集体先进单位			
浙江省科学技术奖7 项			
2012 年浙江省企业社会责任优秀报告			
浙江省厂务公开民主管理先进单位			

资料来源：作者整理。

二、国网浙江电力获得了良好的产业合作环境

国网浙江电力在实施全面社会责任管理以来，通过全面营造和谐的利益相关方关系，以共享价值为原则，赢得利益相关方和社会的利益认同、情感认同和价值认同，增进利益相关方和社会对公司的理解、信任、支持和合作，切实为国网浙江电力的生产运营创造了良好的产业合作环境。目前，供应商、发电企业、设计施工企业、科研合作单位、金融机构纷纷与国家电网公司建立了紧密合作关系，为公司的电网建设与运营提供了不可或缺的支持，公司的产业带动力进一步凸显。

通过与产业合作伙伴的密切配合，国网浙江电力实施全面社会责任管理以来，供应商的履约率不断提升，截至 2015 年，供应商合同履约率达到 100％。与发电企业之间的协同效率也有所提升，通过密切与国家电网公司合作开展调度交易，共同为经济社会发展供得上电、供得好电、持续供得好电；设计施工单位积极支持国家电网公司的工程建设，认真落实了安全管理、质量管理、技术管理、造价管理、项目控制等各项要求，保障了"安全、高效、绿色、和谐"的电网建设；科研单位与国网浙江电力合作进行科技研发的成果越来越令人瞩目，如 2015 年投运的舟山多端柔性直流输电示范工程就是与外部科研机构合作研发共同完成的重大技术创新，实现了"中国创造"和"中国引领"。

此外，通过社会责任根植项目的全面开展，利益相关方长效沟通机制的建设成效显著，国网浙江电力及地市公司与合作伙伴关系有了较大改善，得到了它们的广泛好评。一方面，从公司组织层面，国网浙江电力通过推动电力社区（乡村）、村邮站、便民服务站等共建平台，定期召集社区代表、大客户代表座谈，以及走访、宣传、上门指导等方式，大大提升了与消费者、社区等外部利益相关方的沟通频次。另一方面，以社会责任根植项目为平台，大部分社会责任根植项目申报单位成立或推动成立了利益相关方协调机构，并通过长效机制设计，固化为企业内部特定的利益相关方协调沟通组织平台。通过该平台，地市公司会定期或不定期地主持或推动开展利益相关方座谈会，同样有效地提升了企业与外部利益相关方的沟通频率。

三、国网浙江电力获得了社会媒体的更多好评

首先，全面社会责任管理实施以来，与媒体、社会大众的互动渠道不断拓展，向全社会展现了公司的真诚和开放，有效地增进了社会各界对公司的了解，新闻媒体和社会公众对公司的认识逐步深入，越来越感受到公司正在为建设成为可靠可信赖的企业持续付出努力，因此也从内心深处和实际行动上支持公司的发展。根据表10－20，通过网络互动、信息系统建设、组织机构建设、基础设施建设等多种渠道与社会大众、媒体进行沟通，大大增进了外界对企业的了解和沟通效率，感受到企业的责任心和为社会进步所做出的努力。

表 10 – 20　全面社会责任管理的外部利益相关方沟通实现情况

沟通方式	实现渠道	实现方式
"互联网＋"	微信、微博、95598 互动网站、手机 APP、短信、彩信"六位一体"	与消费者、供应商、媒体等外部利益相关方实时沟通和互动
公共宣传	媒体见面会和广告宣传	信息传播
第三方参与	客户的回访机制	聘请第三方进行用户满意度调查
信息化系统	电力营销系统、客服系统等内部专业系统	实时信息反馈与交互
组织机构建设	设立客户经理、台区经理和社区经理制度，联合电力社区（乡村）、村邮站、便民服务站等共建平台	走访、宣传、上门指导、定期座谈、大客户代表或社区代表座谈
供电营业厅基础设施建设	供电营业厅配备自助交费终端等便民设备	实时交互沟通
与社会公益组织合作	向浙江省残联提供爱心捐助资金；与浙江省青少年发展基金会合作开展"希望工程圆梦大学助学行动"	成立"国家电网公益基金会"，每年投入 900 余万元开展对外捐赠；通过实施"国家电网浙江电力希望工程爱心基金"，帮助浙江省低收入农户青少年和四川地震灾区青少年实现上大学的梦想

资料来源：作者整理。

其次，全面社会责任管理实施以来，国网浙江电力通过多种渠道进行信息公开和披露，随着出版物和披露信息的增多，新闻媒体和社会舆论越来越注重与公司的沟通，对于国网浙江电力发布的一些信息、重大事件、相关活动进行积极推广和大力宣传报道，将国网浙江电力的正面信息传递给更多的受众，切实为公司的持续健康发展提供了不断优化的舆论环境。根据表10-21，国网浙江电力通过出版物、发布报告和白皮书、新闻媒体报道等多种形式公开履行社会责任的行为、服务浙江经济社会发展行为等，得到了国内很多主流媒体的正面积极报道，如人民日报、光明日报、新华社专刊、工人日报等；同时，网络媒体进行了大量转载，促进了社会对国家电网公司致力于建设成为一个可靠可信赖企业的了解、理解和支持。

表10-21　国网浙江电力利益相关方社会责任信息披露情况

披露渠道	披露数量	披露频次
出版物	《企业社会责任管理落地根植研究：理论、方法、实践》	不定时发布
报告和白皮书	《服务浙江发展白皮书》； 《国网浙江省电力公司企业社会责任报告》； 《国家电网浙江省电力公司社会责任实践报告》； 《国网浙江省电力公司社会责任根植项目案例选编》； 《浙江供电信息参考》（季度发布）	年度发布
新闻媒体报道	《国网报》、《亮报》、《国家电网》、《中国电力报》、《人民日报》、《光明日报》、《新华社专刊》、《工人日报》、《浙江工人日报》等； 新闻媒体发布会；门户网站；政府信息公开网等	不定时发布
平台共享	微信公众号、手机APP、微博、95598互动网站、短信和彩信	实时信息发布

资料来源：作者整理。

最后，国网浙江电力的外部舆论评价有所提升，影响力扩大。全面社会责任管理实施以来，配合"三集五大"的改革目标，国网浙江电力公司将快速反应作为组织危机管理的重要内容，努力推进各个系统快速反应机制的建立和完善。目前已经建立了以95598、政府信息公开网、公司办公室等接收顾客投诉和来信来访的渠道，实施客户投诉意见的闭环管理、规范化处理，并开展全流程客户满意度提升工程，外部媒体和舆论的满意度明显有所提升。
例如，地方供电公司通过社会责任根植项目，切实提升了对外部利益相关方
反应的实时响应，客户满意度、政府或供应商的满意度都有明显提升（见表
10－22）。与此同时，企业通过重大社会责任活动提升了企业的社会责任影
响力。例如，2016 年国网浙江电力圆满完成 G20 杭州峰会保电任务，经过一
年半时间的准备，公司在 G20 杭州峰会前将电网运行、客户服务、安全保
卫、综合保障、应急管理等调整到最佳状态，G20 峰会期间，公司 3.4 万余
名保电干部员工连续奋战 10 个日夜，完成了"设备零故障、客户零闪动、工
作零差错、服务零投诉"的保电目标，获得了媒体和社会舆论的称赞，相关
报道广泛传播，负责任影响力大大提升。

表 10－22　地市公司企业社会责任根植项目管理的外部利益相关方舆情管控

地市公司社会责任根植项目	外部利益相关方舆情反馈
萧山公司"阳光办电"项目	客户满意度 95%
绍兴公司"电工鲁师傅"项目	客户满意度提升 8%，抢修班组投诉减少 10%
温州公司"小微园区"项目	零投诉、零舆情
龙泉公司"二维码"项目	客户投诉率下降 80.8%
杭州公司"阿斌电力服务"项目	第三方满意度提升 2.37%
玉环县公司"店小二"项目	投诉数量逐月明显下降，用户满意度达 99%
龙游县公司"村电共建"项目	供电服务满意率实现 100%
国网金华供电公司"微服务"项目	受访者对供电企业满意度提升 90%
国网金华供电公司"农村表后社会化服务体系"项目	消费者满意度提高，政府授牌"综合治理先进单位"
国网岱山供电公司"边缘海岛业务办理不出岛"项目	客户业扩保障"零投诉"，政府和海岛转变客户认同率 100%

资料来源：作者整理。

第十一章　实施全面社会责任管理展望

国网浙江电力自实施全面社会责任管理以来，企业从内而外的管理和绩效都发生了明显的变化，并且在员工管理、价值创造、企业创新能力、透明化沟通等多个方面表现出较大进步。但是，依据全面实施企业社会责任管理的漏斗理论，要以建设更美好浙江为动力，全面实现有效地定位责任、有效治理、透明沟通、履责能力提升、全面融合和绩效管理的不断改进。国网浙江电力以实现"全员参与、全过程覆盖、全方位融合"为目标，对当前全面社会责任管理推进的进展和不足进行了评估（见图11-1），结合全面社会责

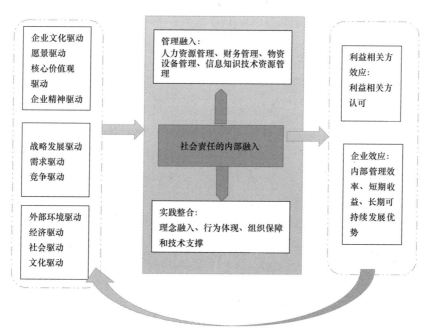

图 11-1　全面社会责任管理融入评估框架

资料来源：作者绘制。

任管理的战略规划，提出了未来实施全面社会责任管理的方向。

根据对社会责任融入发展阶段的理论分析，参照前文对国网浙江电力发展素质、管理素质、价值共享素质和环境支撑素质的评价来看，国网浙江电力的全面社会责任管理已经进入了高契合管理状态。一方面，外部利益相关方的好评度、外部环境的支撑度等说明企业推行全面社会责任管理和社会责任根植实践已经取得了良好的成效，外部期望契合度提升进入高契合度状态。另一方面，从实践整合度来看，企业目前已经进入了管理状态向统筹状态升级过渡的阶段。该判断主要依据国网浙江电力社会责任根植项目实践带来的高实践整合度，以及企业在管理层面进行的统筹规划等方面综合判断得出，具体如表 11 - 1 所示。

表 11 - 1　国网浙江电力全面社会责任管理的融入度评价

社会责任融入度评价的维度	内容模块	优劣势分析
融入动力	企业文化动力	待优化
	战略发展动力	优势
	外部环境动力	优势
管理融入	人力资源管理	待优化
	财务管理	待优化
	物资设备管理	待优化
	信息知识技术资源管理与创新	优势
实践整合	理念融入	待优化
	行为体现	待优化
	组织保障	优势
	技术支撑	优势
外部契合	利益相关方认可	优势
	企业短期收益	优势
	企业长期可持续发展支撑力	优势

资料来源：作者整理。

第一节　深化全面社会责任管理的内部制度建设

根据以上对国网浙江电力全面社会责任管理的推进进展的评估，国网浙江电力在加强管理制度融入、管理实践融合等方面还存在较多的可作为之处。不但包括社会责任管理的制度建设，更重要的是在内部社会责任管理制度的规范下，指导实现社会责任理念能够"全面融入"社会责任管理实践。

一、继续推进形成对企业社会责任管理的认知达成共识

根据课题组对国网浙江电力以及分公司进行的调研情况，结合国网浙江电力近年来各地市和部门进行社会责任根植项目的实施情况来看，很多部门或地市公司仍然对企业社会责任的定位理解不清晰，导致在进行社会责任管理的工作中，或全面落实企业社会责任管理的过程中，出现了对社会责任边界界定不明确的问题，导致在以社会责任理念落实管理战略或管理行为的过程中发现偏差。

首先，有些部门的管理人员或员工对于何为企业社会责任管理、如何参与企业社会责任管理存在误解。有些部门领导认为，企业的第一社会责任是"经济责任"，在保障企业盈利的前提下，应该适当履行社会责任，这是对企业社会责任的误解，导致在实施全面社会责任管理过程中，无法快速、积极融入。其次，有些部门或地市公司在进行社会责任根植项目时，仍然存在对企业社会责任边界的误区。企业社会责任根植项目应当是立足于某一个社会性问题，结合多个利益相关方的共同诉求，寻求社会多个利益相关方合作解决问题的过程，既不应该由电力公司"大包大揽"，也不应该"视而不见"，而应该在问题解决过程中，利用自身所有的关系资本，集合多方资源共同寻求解决问题的方法。最后，全面社会责任管理是一个长效实施的过程，并非短期工程，更非面子工程，在进行社会责任管理标准、制度的设计过程中，应当切实以"长效"落实企业社会责任为原则进行社会责任管理制度的设计，并且在不断的实施过程中通过"试错"、"改错"的方式进行完善，形成可供持续实施的长效管理模式。

因此，未来应深化企业社会责任定位的认知，及时矫正社会责任根植项目的误区。在地市公司社会责任管理实践中，社会责任根植项目作为先行方式，为地市公司实施全面社会责任管理奠定了良好的基础。然而，根据目前地市公司在社会责任根植项目实施过程中存在的误区，建议进行及时矫正，切实发挥社会责任根植项目的价值。社会责任根植项目对于全省各地市县推行全面社会责任管理具有双重意义，不但能够增加各级公司对全面社会责任管理的经验并加深各部门管理人员和员工对社会责任的理解，而且还能够对社会责任管理带来社会综合价值进行验证。要想发挥社会责任根植项目的双重价值，必须对当前社会责任根植项目的误区进行校正。一是可利用根植项目评选以及优秀案例宣贯推广的机会，对先进经验予以总结和推广，帮扶一些存在误区的地市公司和部门，改变其对全面社会责任管理的认识。二是可改进社会责任根植项目的评选规则，督促企业在进行社会责任根植项目设计时，以形成长效社会责任治理为出发点，减少面子工程、高成本低回报的短效项目。三是以社会责任根植优秀案例单位为带动，结对进行社会责任根植项目学习，不但能够加强公司之间、部门之间的沟通，而且有助于加快全面社会责任管理的有效落实。

二、继续完善全面社会责任管理人才制度建设

推进全面社会责任管理要有良好的配套措施，保证必要的资源投入，特别是组建高素质的推进队伍。推进全面社会责任管理是一项覆盖面广、历时漫长、充满挑战的系统工程，需要企业采取全方位、可持续的配套措施。国家电网公司从组织、人才、资金等各个方面，对推进工作给予持续的支持和保障。公司专门设立了推进工作常设机构，相关工作人员长期参与国内外社会责任课题研究，是一支具有丰富经验和较高素质的工作团队。同时，公司多年来坚持开展全面社会责任管理培训，在公司总部、网省公司以及地市公司培养了一批专业素质过硬的工作人员，为推进工作提供了重要的人才支撑。

推进全面社会责任管理不是一项临时性的工作，因此有必要成立一个专门的组织机构。企业应依据其性质、规模、层级成立相应的推进机构，组建一支专业、高效的推进队伍，将其作为一项专业管理工作来有序开展。推进机构要坚持"领导带头、专人负责、共同参与"的原则，即确保有号召力和影响力的领导团队引领工作，选择有丰富管理经验的专职管理者负责具体工

作，并且制定有效的推进工作制度与考核激励机制，促使企业各层级、各专业、各岗位的员工积极参与、共同推进。

推进全面社会责任管理最核心的要素是人才，企业除了充分发挥内部人才的作用之外，还可以积极寻求外部专家的智力支持。首先，企业在推进工作之前，可以邀请国内社会责任研究领域的专家学者，对企业领导团队进行第一轮培训，目的是在领导层形成正确共识；其次，企业在推进工作之初，可以邀请国内社会责任工作标杆企业的相关负责人，对企业推进团队进行第二轮培训，目的是从实践层面给予指导；最后，企业在推进工作过程中，可以根据具体需要聘请外部咨询专家，确保推进工作的顺利开展。

三、推动社会责任绩效考核制度落地

激励是管理的核心内容，建立社会责任激励机制是推进全面社会责任管理的有效手段，而社会责任绩效考核体系是社会责任激励机制的重要组成部分。如果建立一套可量化的社会责任绩效指标，将会大大促进全面社会责任管理的推进，提高全体员工履行社会责任的积极性和主动性。因此，国网浙江电力未来实施全面社会责任管理的重点应该是探索将践行社会责任的要求纳入公司的绩效考核，引导各层级单位结合工作实际建立一套科学、合理的社会责任绩效考核指标体系，使企业、员工履行社会责任绩效可衡量。

由上文对员工企业社会责任绩效考核的调研情况来看，国网浙江电力企业社会责任绩效考核指标的落地还有待进一步推进，并且在已有的企业社会责任考核标准体系下，应该依据落实情况推动进行持续改进。

一方面，国网浙江电力应当在未来实施全面企业社会责任管理的过程中，切实推进企业社会责任考核绩效落到实处。一是社会责任考核绩效与既有考核体系进行融合。二是在实际考核中，应当对规定的社会责任考核内容和指标进行考核，并纳入各项考核体系中进行公正、综合的测评。另一方面，在形成完善的企业社会责任考核体系基础上，应该进一步将社会责任考核落到实处。

四、优化负责任的创新组织结构并形成制度规范

以社会责任根植项目和班组、"劳模工作室"为平台推进企业员工微创新、团队微创新。在全面社会责任管理的实施过程中，从国网公司和国网浙

江电力自上而下地推动极有效率。但是，在自上而下推动的同时，需要关注基层单位和员工在某些领域、环节上的"微创新"活动，形成自上而下和自下而上交织的全面社会责任推进机制。通过价值引导和文化营造，让全员参与到全面社会责任管理过程中，并鼓励员工在局部环节和局部领域开展全面社会责任管理的微创新，并为其提供相关的资源和政策支持，提升其履责的有效性和可行性。在此基础上，通过对根植项目以及成功的微创新项目总结，形成相关的制度规范，进而在更大范围内推广和实施，促进企业全面社会责任管理的升级发展。

第二节　推进全面社会责任管理理念与实践的融合

"全员、全过程、全覆盖"是国网浙江电力战略性推进公司全面社会责任管理工作的目标。在健全社会责任推进的制度体系建设的同时，实现"三全"目标的核心在于推动全面社会责任管理理念与具体企业管理实践的融合。从上文对全面社会责任管理的成效分析中可以看出，尽管企业的管理效率、员工素质、价值创造等有了大幅提升，但是，距离全面融合仍然还有很远的距离。根据全面社会责任管理中的全面融合任务模块的内容，全面融合应该包括社会责任在组织管理方面的全面融合、基层组织行为与社会责任理念的融合、业务与社会责任的融合以及员工岗位与企业社会责任理念的融合。但是，根据国网浙江电力全面企业社会责任融合的情况来看，目前在以上四个领域都存在着进一步融入社会责任理念的空间。

一、发挥领导表率作用为社会责任融入提供内在动力

近年来，随着社会责任理念深入人心，越来越多的企业开始积极实施社会责任管理。从很多社会责任管理成效优秀的企业案例中可以看出，领导的示范表率作用在推动企业社会责任管理过程中起到了重大的作用，为社会责任融入企业提供了较强的内在动力。这在我们对国网浙江电力的实践调研情况中也有明显表现。为此，建议在国网浙江电力继续推进全面社会责任管理变革的过程中，应当注重继续发挥领导的表率示范作用。

一方面，由公司党组明确要求和积极推动各级领导层按照承诺规范和完善自身行为，切实成为落实企业价值观的榜样和社会责任管理的表率，引领广大员工在工作岗位中自觉践行社会责任管理要求和企业价值观，为责任文化建设提供强劲动力。

另一方面，推进工作是领导亲自抓的"一把手工程"，要认识到其艰巨性、复杂性和挑战性，继续深入探索全面社会责任管理理念的落地融合。通过将国网浙江电力积累的全面社会责任领导和管理经验进行总结提炼，凝聚成可理解、易复制、便操作的指导性方案读本，供各部门基层员工学习。

二、推进企业责任核心价值观融入企业文化

根据全面企业社会责任管理的漏斗理论，企业落实全面社会责任管理的内生动力机制主要是依靠公司使命驱动、价值观驱动、战略定位驱动、责任愿景驱动、责任意识驱动，而这一系列的内生驱动动力源自对企业社会责任价值观的认同，也就是企业社会责任文化的建设。根据对国网浙江电力各部门的调研情况来看，企业社会责任文化的建设目前仍处于初级阶段，有待进一步推进，在员工之间形成企业社会责任文化的核心价值认同，在企业领导决策和员工行为中进一步形成社会责任"非正式制度"。

根据对企业文化处的调研，国网浙江电力的企业文化建设主要是由三大工程配合完成的，分别为传播工程、落地工程和评价工程。其中传播工程是国网浙江电力一直以来的优势和强项部分，近年来通过微传播、先进选送等方式获得了基层员工、社会大众和主流媒体（光明网、新闻联播等）或政府部门（中央文明办）的认可。但是除了显性社会责任文化传播之外，对于企业社会责任文化的落地和评价还未能落到实处。一方面，企业社会责任未能落地，还未能融入制度、建设和日常工作中。尽管在制度、建设的管理规范中落实了企业社会责任管理的相关标准，但是，在员工的具体执行过程中，仍然存在着知行不合一的情况。尤其是对于基层的班组，目前省公司还无法对班组的精神文明建设等文化层面的建设进行统一管理，从而导致企业社会责任文化还无法真正落地。另一方面，企业社会责任非正式制度未能形成，无法实施责任文化的评价工程。企业文化应该是组织内员工所共同认可的价值观和文化内涵，从而会以此为行动指导，形成以社会责任核心价值观为基础的组织非正式制度。但是，目前在全面社会责任管理实施的前期，企业社

会责任的核心价值观还未能在基层员工之间达成普遍、广泛共识，从而还未能形成企业社会责任的非正式制度。

根据前文对目前企业社会责任文化建设的现状评估，从形式上看，企业责任文化已经成为企业文化中的重要组成部分，责任文化建设也有了诸多呈现。但是，根据目前国网浙江电力全面社会责任管理中企业社会责任文化建设中面临的瓶颈可以发现，从社会责任文化落地到社会责任非正式制度的形成，还需要一个积累的过程，需要循序渐进地实现企业社会责任文化建设的由浅入深。建议未来可从社会责任文化全面落地和形成非正式制度两个层面进行责任文化建设。

第一，推进企业责任文化的全面落地。根据对国网浙江电力总部的调研，以及对地市公司社会责任管理、社会责任根植项目实施情况的调研，领导层对企业责任文化建设尤为重视，并且社会责任管理的核心部门如工会、人资部、政工部等对落实责任文化做出了诸多努力，但是，对于如何落地到基层组织，仍然需要进行深入探索。建议可以社会责任根植项目为载体，推进基层单位社会责任根植项目申报、评比，通过"树典型"、建立优秀班组案例库等形式，展开社会责任根植基层活动，从而推进责任文化扎实落地基层组织。

第二，深入推进企业社会责任理念形成非正式制度。继续以社会责任文化传播为手段，带动社会责任理念、价值观内涵的传播。一方面，可继续加强对企业社会责任的显性传播和宣传，具体可通过新闻稿、社会责任周、社会责任报告、文艺节目排演的方式，对企业社会责任的核心价值观和理念进行宣传，增加受众群体规模。另一方面，可通过多渠道、多形式的企业社会责任培训来增进员工对企业社会责任、全面企业社会责任管理的理解。

三、通过全面社会责任管理培训和宣传推进全员融入

针对当前企业管理人员和员工对企业社会责任管理工作认知不全面的问题，并结合国网浙江电力对员工进行企业社会责任培训、管理宣传和培训取得的良好成效，建议可以加强管理培训、员工培训和企业社会责任宣传的方式，有针对性地加强不同职能部门、不同级别员工有关全面社会责任管理的认知和理解。

对于基层员工，需要通过更通俗、与员工实际业务更为紧密结合的指导

文件和知识普及类读物，加深对社会责任的认知，提升对全面企业社会责任管理的感知能力和参与能力。根据嘉兴全面社会责任管理试点多年的经验来看，通过制作发行《社会责任认知普及手册》，将有关企业社会责任定义、国家电网企业社会责任、企业社会责任实践的内容、企业社会责任根植项目的内容以及全面履行社会责任管理平台等内容汇集成册，便于员工学习和传播，在形成员工企业社会责任认知方面起到了重要作用。

对于部门领导和管理人员，通过全面社会责任管理理论培训、国网浙江电力全面社会责任管理战略规划和实施细则的学习，推动各部门领导人员依据各部门的具体业务和工作实际情况，由社会责任办公室配合完成各部门对应的全面社会责任管理准则或细则。再以嘉兴公司为例，自从其承担全面社会责任管理试点以来，将《CSR 管理手册》作为企业全面社会责任管理的纲领文件，以"红船精神、电力传承"为核心要义，依据对全面社会责任管理的战略设计、部门职责、过程评价、监测分析和改进创新等内容，针对不同的部门进行了对照划分，提升了各部门管理人员全面社会责任管理的实际操作性，极大地加快了社会责任管理理念与企业管理实践的融合，推进了企业社会责任管理绩效对企业管理绩效促进作用的发挥。

对于不同的地市公司，可依靠其社会责任根植项目积累的社会责任管理经验，有针对性地制定全面社会责任管理战略和发展规划。根据国网浙江电力全面社会责任管理以来各地市公司进行社会责任管理实践的具体情况来看，以社会责任根植项目为主要参与形式，各地市公司已经对社会责任管理理念、方法等有了一定的认识，并且大部分地市公司积累了社会责任管理的成功经验，这为全面社会责任管理向地市公司推行奠定了基础，未来可由地市公司依据国网浙江电力全面社会责任管理实践的具体理念、目标、内容等，结合当地公司的责任文化和责任认知，形成适合企业发展的管理战略和发展规划。

四、稳步推动社会责任全面融入

根据对国网浙江电力全面社会责任管理调研和评估的情况来看，社会责任管理的全面融合仍然有很长的路要走。全面社会责任管理涉及企业文化理念、企业管理和实践的各个方面，属于企业集团的重大变革。由于全面社会责任管理覆盖面太广，必须采取分步实施、有序推进的方式，确定每一步骤的推进重点和方法。要让不断的阶段性成功，也就是持续的正向反馈，内生出不断变革的动力，保证全面社会责任管理自组织、自发展、自完善、自推进。从业务领域融合、企业文化融合以及职工管理、岗位管理融合等各个层面来看，全面社会责任管理的融入面临着诸多瓶颈。未来推进全面社会责任管理的融合，还需要一系列稳步推进措施，循序渐进地实现企业经营管理理念和行为的双重融合。

第一，以划重点为形式、以业务单元为单位，加速全面社会责任管理的全流程、全业务领域覆盖。第二，以职能管理为单元，加速全面社会责任管理从部门向基层班所的全覆盖。第三，以"互联网＋"为手段，快速实现全面社会责任管理的全员覆盖。充分利用第三次工业革命和互联网革命的历史机遇，创新沟通工具、实施工具，进一步提升国网浙江电力在全面社会责任管理中的地位，吸纳更多主体参与。第四，推进责任绩效考核标准在员工绩效考核过程中的执行，加快员工对企业实施全面社会责任管理的认识，推动责任理念与员工行为的融合。第五，对全面社会责任管理未覆盖的领域进行查漏补缺，通过社会责任根植项目的形式予以重点解决。例如，在调研过程中，工会、送变电公司等多个职能部门或业务部门提出在实施全面社会责任管理的过程中，对劳务合同工人的社会责任管理仍然存在空白。因此，在全面社会责任实施过程中，相关部门可借助社会责任根植项目的形式，通过问题导向的方式探索问题解决方式。

第三节　加强全面社会责任管理的内外沟通创新

根据对国网浙江电力全面社会责任管理推进的各项工作评估来看，利益相关方管理、沟通的各个方面都有了较大的提升，并取得了足够的社会认可。在与国网浙江电力的访谈过程中，各职能部门仍然将加强企业与内部、外部利益相关方沟通管理放在重要位置，即国网浙江电力的全面社会责任管理战略中，提出增强企业履责能力的重要内容之一是要"以提升绩效为根本"，实现"利益相关方管理有效"，"开展责任沟通"。因此，未来国网浙江电力在深入推进全面社会责任管理的过程中，将会以社会责任绩效为导向，进一步提升社会责任履责能力，并最终实现经济、社会和环境综合价值创造能力显著增强。带动产业链上下游企业共同履责、共享价值、共同发展，使公司成为影响较大的、保持国内社会责任领先地位的创新基地和展示基地，持续引领浙江企业社会责任工作，深化责任表率央企的公众记忆。基于此，未来加强内外沟通方面，国网浙江电力应在现有的进展和成果基础上，进一步加强内外利益相关方管理和沟通的创新。

一、进一步完善员工社会责任管理

根据课题组对浙江省供电公司工会、政工部进行的访谈可以发现，尽管国网浙江电力在履行员工企业社会责任管理方面投入了大量精力，建设了多项基础设施平台，并获得了员工的好评，但对员工实现全面的社会责任管理仍然存在被忽视和待改进的两个方面：

一是应继续推进对劳务工的责任履行。政工部、工会以及送变电等生产部门都曾反映，目前国网浙江电力存在大批劳务员工，无法按照正式员工对待，属于全面企业社会责任管理中被遗忘的部分。目前国网浙江电力共有正式员工900多人，其中农电工、代理制员工远多于正式员工，而他们目前不能进入工会表达诉求，无法像正式员工一样享受应有的福利待遇。由于没有完整的契约保护，有时会发生包工头克扣工资的情况，以及劳务员工上访案件等。

二是应当积极改进员工社会责任考核体系。尽管员工考核体系和指标内已经纳入了企业社会责任相关指标，但是在目前具体实行的员工考核体系中，有关企业社会责任的考核内容仍然还没有被重视起来。根据人资部反映，目前对员工进行考核的考核体系中，主要仍然是以业绩考核为主，但是能够体现出社会责任的相关考核标准，如绿色办公考核、社会责任的其他方面考核，仍然还未被纳入考核体系中去。未来如果继续推行企业全面社会责任管理，就必然要对员工考核体系进行本质性的改革，将社会责任考核落到实处，才能够督促员工用社会责任的基本理念行事，从而形成社会责任文化。

二、创新外部利益相关方沟通模式提升外部契合度

从国网浙江电力实施全面社会责任管理以来获得的政府和社会各类荣誉称号和奖项，以及外部利益相关方的满意度评价可以看出，国网浙江电力通过全面社会责任管理的确提升了外部社会期望的契合度。然而，处于从高契

合管理向高契合统筹过度的过程中，仍然需要注重对外部利益相关方进行分层次的统筹管理，获得更多的利益相关方认同。据此，可将利益相关方认同分为三个层次。第一个层次是利益认同，即让各利益相关方了解公司的运营和发展关系到它们的切身利益，说明公司为此做出的贡献。第二个层次是情感认同，通过增加透明度，让公众了解真实的国家电网公司，彻底改变公众对自然垄断行业大型央企的误解。第三个层次是价值认同，即以经济、社会、环境综合价值最大化为目标，说明公司在综合价值创造过程中发挥的重要作用。未来应该以三个层次为基础，对外部利益相关方认同进行统筹管理，并进一步提升外部契合度。

第一，为更大范围外部利益相关方群体创造服务价值。通过继续推进城乡供电一体化，服务浙江更广泛的农村用户。实施全面社会责任管理以来，国网浙江电力在服务偏远恶劣环境的特殊农户、困难用户等方面做出了诸多的服务模式创新，也取得了良好的效果，但在推进基础公共服务均等化、促进城乡协调发展方面仍然值得进一步深入。以"一年提升、三年领先"为目标，优化网络结构，建设城乡统筹、安全可靠、经济高效、技术先进、环境友好的智能电网。实施地级市核心区供电可靠性和供电保障能力提升工程，全省城市、城镇、乡村供电可靠率达国际先进水平。坚持"新农村、新电力、新服务"理念，真诚服务"三农"，开展农村电网改造升级，持续创建星级供电所和精品台区，加强农村安全用电管理，推动美丽乡村建设，全面解决乡村及偏远地区电网薄弱问题。

第二，进一步拓展与核心利益相关方的互动沟通渠道。国网浙江电力开始实施全面社会责任管理以来，配合"互联网＋"以及公司信息化建设，通过各类信息化系统、"六位一体"服务体系的建设，大大增进了企业与核心利益相关方的沟通效率，与外部利益相关方的社会责任期望契合度越来越高。

第三，发挥电网企业优势，以社会责任根植项目和示范基地建设项目为基础，积极探索与利益相关方建设沟通长效机制。国网浙江电力过去两年通过"百千"行动，以社会责任根植项目为抓手，以实施上百个社会责任根植项目来影响和带动上千人主动履责的方式，在提升企业社会责任融入企业运营全过程的同时，也带动了产业链合作伙伴、用电需求企业和个人的共赢与发展。从2016年开始，国网浙江电力开始着手进行全面社会责任管理示范基地建设，并且在浙江省开展全面社会责任管理示范基地建设试点，未来将会有更多的地市公司加入社会责任示范基地建设中。未来有关外部利益相关方的沟通交流工作中，仍然可继续通过"百千"行动、全面社会责任管理示范基地建设两大社会责任管理和实践活动，积极发挥电网企业自身特点和自身优势，推进专业化分工协作，促进产业链资源配置优化，与合作伙伴共赢发展。

后　记

　　本书是黄速建研究员主持的 2016 年度中国社会科学院国情调研项目——"国网浙江省电力公司考察"的最终成果，是中国社会科学院国情调研课题"中国企业调研"的一个子项目。"中国企业调研"项目是中国社会科学院经济学部组织的重大国情调研项目之一，项目的总负责人是陈佳贵研究员和黄群慧研究员。"国网浙江省电力公司考察"课题由中国社会科学院工业经济研究所和国网浙江省电力公司联合立项，并共同完成。

　　随着可持续发展理念影响力的不断扩大和深化，企业对社会责任的认知和实践都发生了巨大的变化，全面社会责任管理已成为企业探寻新的管理方式和价值创造方式的重要选择。在"奉献清洁能源，建设和谐社会"使命的指引下，在"建设世界一流电网，建设国际一流企业"愿景的引导下，作为国网公司系统综合实力较强的省级电网公司，同时也作为浙江省内最重要的能源企业之一，国网浙江省电力公司致力于打造成为供电更可靠、服务更优质、运营更高效、环境更友好的现代公司，实现率先引领、率先发展，在国网公司系统内力争成为"两个一流"的标杆。为培育新的竞争力、创新管理模式、优化价值创造方式和提升企业绩效，在国家电网公司的总体部署和领导下，国网浙江省电力公司坚持将社会责任行动理念落到实处，努力走在国网公司系统乃至国内前列，勇立全面社会责任管理潮头，打造形成全面社会责任管理引领者的积极形象。

　　经过十余年的探索与创新，国网浙江省电力公司形成了具有领先意义的全面社会责任管理模式。在全面社会责任管理过程中，公司注重机制构建以培育全面社会责任管理动力，清晰界定社会责任内容以明确公司的社会责任定位，积极构建有效的治理体系以促进社会责任治理完善，努力强化沟通管理以促进全面社会责任管理的公开透明，全面加强能力建设以夯实全面社会责任管理的能力基础，大力推动管理、专业、班组和岗位融合以促进社会责任与经营管理的全面融合，科学建立社会责任的绩效管理体系以形成有效的激励约束机制。通过全面实施社会责任管理，公司实现了从内部管理到外部协作的双重素质提升，不但提升了企业的组织管理能力，而且实现了核心利益相关方的多方共赢，为浙江省经济、社会和环境发展做出了显著的贡献。与此同时，公司创新了实施全面社会责任管理的实践与理论，并形成独具特色的全面社会责任管理"浙江经验"和"浙江模式"，助力扩大"国家电网"的品牌影响，助推"创新、协调、绿色、开放、共享"五大发展理念的践行。

合卷之时，感谢那些为本书做出贡献的每一个人。作为本书的主要编者，中国社会科学院工业经济研究所黄速建研究员和国网浙江省电力公司的肖世杰总经理、陈安伟书记设计与制定了本书的战略写作方案，以睿智的洞察力赋予每一章灼见和灵魂。具体到每一章，各章作者如下：总论由黄速建、余兆忠、董毓华执笔；第一章由王欣、汪华强执笔；第二章由肖红军执笔；第三章由王欣执笔；第四章由程俊杰、王楚东执笔；第五章由刘建丽与赵欣执笔；第六章由刘建丽执笔；第七章由程俊杰执笔；第八章由李先军、胡加明执笔；第九章由李先军执笔；第十章由张哲、胡叶琳执笔；第十一章由张哲执笔。

本书的完成得到了国家电网公司对外联络部的关怀和指导，得到了国网浙江省电力公司各主要部门和下属单位的大力支持，尤其是得到了那些接受课题组访谈、提供写作资料、对书稿提出修改意见的同志的协助，在此表示由衷的感谢！

疏漏之处，在所难免，敬请广大读者批评指正！

《国网浙江省电力公司考察》课题组
2017 年 3 月于北京